本书由"十四五"江苏省重点学科

苏州大学哲学学科资助

老子的时间哲学和历史哲学

周可真 著

广陵书社

图书在版编目（CIP）数据

老子的时间哲学和历史哲学 / 周可真著. -- 扬州 ：
广陵书社，2024. 12. -- ISBN 978-7-5554-2405-5

Ⅰ. B223.15

中国国家版本馆CIP数据核字第20249BM693号

书　　名	老子的时间哲学和历史哲学	
著　　者	周可真	
责任编辑	孙语婧	

出版发行　　广陵书社

扬州市四望亭路 2-4 号　　邮编　225001

（0514）85228081（总编办）　85228088（发行部）

http://www.yzglpub.com　E-mail:yzglss@163.com

印　　刷	无锡市海得印务有限公司	
装　　订	无锡市西新印刷有限公司	
开　　本	720 毫米 × 1020 毫米　1/16	
印　　张	18	
字　　数	300 千字	
版　　次	2024 年 12 月第 1 版	
印　　次	2024 年 12 月第 1 次印刷	
标准书号	ISBN 978-7-5554-2405-5	
定　　价	90.00 元	

体古今人性之常　通古今人性之变

——论中国哲学史研究的意义和目的[①]

（代序）

一

原始人类是蒙昧无知的,当蒙昧无知的人类逐渐开化到自觉无知时,遂有一批积极探索世界与人生的好问好学之士应运而生,由于他们及其后继者们问学求知的不断开展,就逐渐形成了后来被中国人称作"学问"、西方人称作"爱智"的学术。古希腊语"爱智"一词,即后世所谓"哲学"一词的原型,中国古语中没有与之完全对应的词,但是据实说,西方的"爱智"之说和中国的"学问"之说初意本无二致,不过是指事相同而所指重点不一罢了。它们都是指好问好学者自觉求知之事,但"学问"是意重于自觉求知的问学活动,"爱智"是意重于自觉求知的意欲态度。我们或许可以这样来描述它们的关系:"爱智"是"学问"的心理动机,"学问"是"爱智"的行为体现。但是后来,"爱智"和"学问"都被用来称谓专门的智力活动,这个时候它们就有了较大差异:西方的"爱智"(哲学)之名是在其求知活动发展到学者的思想发生分化从而各有其不同的学术追求时用于指称只为探求真理的理论学术(尤指探求宇宙终极原因的理论学术)[②],而中国的"学问"之名则是泛称一切可成一家之言的学说和相应的学术[③]。这意味着西方的"爱智之学"比较重视智力活动中求真方法及其技术训练,中国的"学问之术"则比较重视智力活动中表意方法及其技艺训练。

---

① 本文原载《湖北大学学报(哲学社会科学版)》2013 年第 6 期。

② 例如,亚里士多德把当时所有的学术划分为"实用学术""制造学术""理论学术"三类,并把理论学术中"研究既是独立又不动变的事物"者称作"第一哲学"。(参见〔古希腊〕亚里士多德:《形而上学》,吴寿彭译,商务印书馆 1959 年版,第 119—120 页)

③ 《史记》作者司马迁《报任少卿书》有"究天人之际,通古今之变,成一家之言"之说。

然而,当我们撇开其学术形式差异,只看其智力活动的对象与内容时,我们便可以发现,无论是西方的"爱智之学",还是中国的"学问之术",它们都不外乎是智者或学者们对于包括他们自己在内的人类与人类所生活的世界的相互关系和由这种关系所引出的种种问题的思考,而且这种思考在其古代阶段都不是基于反复的经验观察与实验所提供的确实可靠的事实来进行的实证思维,而是以思考者在求知过程中所积累起来的相当有限的直接和间接的经验知识作为基础,主要凭借其先天固有并经过其后天的锻炼所发展起来的悟性与理性来进行的感想、联想、比附、类推、推理等主观性鲜明而强烈的思辨活动。借用当年恩格斯(Friedrich Von Engels,1820—1895)站在实证科学的立场上来评论以往的自然哲学的话来说,那种思辨活动是"用观念的、幻想的联系来代替尚未知道的现实的联系,用想象来补充缺少的事实,用纯粹的臆想来填补现实的空白。它在这样做的时候提出了一些天才的思想,预测到一些后来的发现,但是也发表了十分荒唐的见解,这在当时是不可能不这样的"①。

古代学术较之于现代实证科学,其知识是如此不确切,其求知方法是如此不可靠,我们为何还要去研究古代学术?是否意味着要把古代学术当作现代实证科学的反面教材来进行研究,以便吸取古人在认识道路上误入歧途的教训呢?假如是这样,难道现代实证科学竟无足够的认知教训可以自我总结和自我吸取,必欲寻访古人以求可以"训今"的前车之鉴吗?

显然,如果仅仅是为了发展现代实证科学,则古代的学术方法及知识除却其少量早就被这种科学吸收了的因素以外,是根本无助于这种科学发展的。这意味着至少在直接意义上,研究古代学术是与发展现代实证科学无关的。那么,究竟为什么要研究古代学术呢?著名英国哲学家、数学家、逻辑学家伯特兰·罗素(Bertrand Russell,1872—1970)对于哲学的有关论述为解答这个问题提供了有益的启示。

罗素在他所写的《西方哲学史》(1945)的"绪论"中,首先从哲学内容的构成上说明了哲学之所以为哲学的本质特征是在于它在某种程度上同时兼有两种因素——属于传统的宗教及伦理范畴的东西(信仰因素与思想因素)和属于广

---

① 〔德〕恩格斯:《路德维希·费尔巴哈和德国古典哲学的终结》,《马克思恩格斯选集》第4卷,人民出版社2012年版,第252页。

义科学范畴的东西（知识因素）[①]，进而将哲学理解为"某种介乎神学与科学之间的东西"，意思是说，哲学是依凭和运用人类理性对于那些迄今仍为确切的知识所不能肯定但却是心灵所最感兴趣的事物或问题的思考、研究[②]。在该书最后一章"逻辑分析哲学"中，罗素阐明了科学昌明时代之所以还会有哲学的原因和哲学之所以有必要继续存在的理由：该时代的学术"仍旧有一个传统上包括在哲学内的广阔领域，在那里科学方法是不够的。这个领域包括关于价值的种种根本问题。例如，单凭科学不能证明以对人残忍为乐是坏事。凡是能够知道的事，通过科学都能够知道；但是那些理当算是感情问题的事情却是在科学的范围之外"[③]。这里罗素非常明确地表示：科学只能知道它能够知道的事，但有些事（如价值方面的事）是科学不足以完全了知的，还有些事（如感情方面的事）则是超出科学的认知能力的。这样，他实际上是直接和间接地说明了如下几个相互关联的问题：

第一，科学及其他学术（涉及或专门研究诸如价值、情感之类问题的学术）有互相并存的充分根据和互相补充的积极关系；

第二，研究古代学术对发展实证科学也许是没有什么实际意义或至少没有直接的积极意义，但对于发展非实证性学术（哲学、人文、艺术、神学等）却是有意义，有必要的；

第三，非实证性学术是以价值、情感等为主题的文化研究，它们对古代学术的研究本质上也是属于文化研究，即对反映在古代学术中的价值、情感等文化因素的研究。

由此可以领悟到研究古代学术的意义：通过对反映在古代学术中的价值、情感等文化因素的研究，把握寓于这些文化因素之中的人性，由以体古今人性之常，通古今人性之变，从而达到如苏格拉底（Socrates，前469—前399）所谓"认识你自己"的目的。

人性之为人类之本性，自然不只是同一些特定的人有关，而是与古今中外所有人乃至于未来人都有密切关系。因为凡人都有人性，只要是人，就必有人性。由于自然界长期进化而由自然界中产生出来并生活在仍在进化着的自然界的人

---

① 参见〔英〕伯特兰·罗素：《西方哲学史》，何兆武、李约瑟译，商务印书馆1963年版，第11页。

② 同上，第11—12页。

③ 同上，第395页。

类,其人性当然不可避免地有其变动的一面,但它同时又有其恒常的一面,历史范畴的人性即是"常"与"变"的对立统一。人性若无其"变"的方面,则是意味着人类永远保持其绝对的自我同一而无所谓进化、无所谓发展;若无其"常"的方面,则是意味着人类在变化中不能保持其同质性,变得不再是人类而成了别的物种。正因为人性是历史的常与变的统一,所以古今中外一切人之间都既有其个性又有其共性,既有其特殊性又有其普遍性。这种辩证关系体现在世界各民族之间就是这些民族的人类共性与民族特性的统一,体现在同一民族不同群族之间就是这些群族的民族共性与群族特性的统一——这是人性的"常""变"统一在历史空间向度上的表现形式;体现在同一民族不同时代之间就是这个民族的族类通性与时代特性的统一,体现在不同时代的人类之间就是人类的自我同质性与时代变异性的统一——这是人性的"常""变"统一在历史时间向度上的表现形式。

非实证性学术的文化研究无非有两种向度:一种是空间向度,一种是时间向度。空间向度的文化研究又有两种维度:一是人类学维度,即通过对世界异质文化(如中、西文化)的比较研究来把握人性在不同民族之间所表现出来的常变关系;一是心理学维度,即通过对某一民族不同区域文化(大者如中国的北方文化与南方文化,中者如中国南方的吴越文化与闽南文化,小者如吴越的吴文化与越文化)的比较研究来把握其民族特性在不同群族(大如中国的北方人与南方人,中如中国南方的吴越人与闽南人,小如吴越的苏州人与绍兴人)之间所表现出来的"常""变"关系。时间向度的文化研究也有两种维度:一是世界史维度,即通过对人类文明史的研究来把握人性在文明进化不同阶段之间所表现出来的"常""变"关系;一是国别史维度,即通过对某个民族文化史(如中国文化史)的研究来把握其民族特性在其文化发展不同阶段之间所表现出来的"常""变"关系。

学术史研究本质上也是属于文化研究,其有别于一般的文化研究之处在于:一般的文化研究是偏重于人的心理(意识)的情感形式和意志形式,是以"情""意"为主题和核心的"心灵文化研究";学术史研究是偏重于人的心理的认知形式,是以"知"为主题和核心的"智慧文化研究"。

哲学史研究作为学术史研究的一种特殊形式,它也是以"知"为主题和核心的"智慧文化研究",只是作为哲学史研究对象的"知"是"哲学之知",而非一般的"人文之知"——如"文学之知""历史之知""艺术之知"之类。这意味着，哲学史研究和其他一切形式的文化研究一样，根本目的也是为了把握人性，达到对人的自我认识。具体而言，哲学史研究的目的是为了把握反映在哲学之知中的人性，达到对人的哲学知性的自我认识。

对人的哲学知性的自我认识这一哲学史研究的一般目标，体现在中国哲学史研究中，就是要通过研究中国哲学之知，达到对中华民族所特有的哲学知性的认识，对于华人学者来说，即达到对中华哲学知性的自知之明。

二

提出"中华哲学知性"的新概念，自然会带来诸多问题。其中首要的问题便是最近一些年来成为中国哲学史界"热门话题"之一的所谓"中国哲学合法性问题"，亦即中国究竟有没有哲学的问题。笔者本无意于参与这个话题的讨论，但在本文的具体语境下无法避而不谈这个问题。

依笔者之见，所谓"中国哲学合法性问题"，其真意其实不过是某个特定的哲学概念的合法性问题，因为无论是肯定还是否定中国有哲学，其肯定者或否定者总是依据某一特定哲学概念，以其概念的内涵所蕴含着的哲学标准来做出相应判断的。其论争诸方的意见分歧，归根结底是由于各方所依据的哲学概念和相应的哲学标准不同所造成的。

然而，哲学概念是具有相当大的不确定性的，其情形类似文化、科学、宗教等概念，这是一些反映人类生活现象的文化科学概念或精神科学概念[①]。它们绝不似反映自然物质现象的自然科学概念(如"光""电""原子""分子""细

---

① 这里"科学"一词是取义于德文单词"wisseschaft"。"Wissenschaft"的含义比英文单词"science"要宽泛得多，自然科学学科和历史学、文学等人文学科都可称作"Wissenschaft"。在德语世界里，"文化科学"(kulturwisseschaft)和"精神科学"(Geisteswissenschaft)一样，都是同"自然科学"(Naturwissenschaft)相对的学科概念，它相当于英语世界中同"science"(自然科学)相对的"humanities"(人文科学)。只是德国学者中有的人比较喜欢使用"精神科学"(Geisteswissenschaft)概念，例如狄尔泰(Wilhelm Dilthey，1833—1911)，他著有《精神科学引论》(*einleitung in die geisteswissenschaften*，1883)；有的人则比较喜欢使用"文化科学"(kulturwisseschaft)，例如李凯尔特(Heinrich John Rickert，1863—1936)，他著有《文化科学和自然科学》(*Kulturwissenschaft und Naturwissenschaft*，1899)。

胞",等等)那样,可用经验观察或实验的方式来确证其意义,因而可以达到形式逻辑所要求的其概念的清晰性及其使用的同一性,以及自然科学所要求的其概念的精确性、确定性及其使用的统一性。以文化概念来说,关于它的定义迄今有数百种之多。科学概念也并不统一,从标志科学概念的语词方面说,著名英国科学史家丹皮尔(William Cecil Dampier,1867—1952)曾指出:"拉丁语词 Scientia(Scire,学或知)就其最广泛的意义来说,是学问或知识的意思。但英语词'science'却是 natural science(自然科学)的简称,虽然最接近的德语对应词 Wisseschaft 仍然包括一切有系统的学问,不但包括我们所谓的 science(科学),而且包括历史、语言学及哲学。"① 另外,从科学概念的思想基础方面说,自从 18 世纪英国哲学家休谟(David Hume,1711—1776)提出科学理论中归纳方法的有效性问题以来,关于归纳法的合理性就一直是许多哲学家所关注和讨论的问题,像波普尔(Karl Raimund Popper,1902—1994)这样坚定的反归纳主义者,其对归纳逻辑的批判,在某种程度上其实也是对基于实证主义和归纳主义的科学概念的一种批判;而波普尔的证伪主义及由此所引发的有关"证伪"话题的讨论,也表明了近代以来一直流行于科学界并实际地支配科学界内外大多数人头脑的实证科学概念并非是什么不容置疑的确切概念。宗教概念同样是不确定的,这尤其突显在近些年来中国哲学史界关于"儒教是否宗教"的讨论中。至于哲学概念,它其实从来是不确定的,就是"哲学"一词的发源地古希腊,其哲学发展不同时期也有不同的哲学概念。例如,亚里士多德(Aristoteles,前 384—前 322)的哲学概念有广义和狭义之分:广义的哲学概念是指理论学术,狭义的哲学概念是指理论学术中的神学(又称"第一哲学"或"第一学术")。② 但是古希腊哲学晚期,"斯多葛派认为哲学有三部分:物理学、伦理学与逻辑学。当我们考察宇宙同它所包含的东西时,便是物理学;从事考虑人的生活时,便是伦理学;当考虑到理性时,便是逻辑学,或者叫做辩证法"③。这显然不同于亚里士多德的哲学概念(无论是广义的还是狭义的),因为亚氏是把伦理学归入"实用学术"的,在亚氏看来,伦理学连"理论学术"都算不上。中世纪的哲学概念又有变化,例如,

---

① 〔英〕W·C·丹皮尔:《科学史及其与哲学和宗教的关系》,李珩译,商务印书馆 1975 年版,第 9 页。
② 参见〔古希腊〕亚里士多德:《形而上学》,吴寿彭译,商务印书馆 1959 年版,第 5—6 页、第 33 页、第 119—120 页。
③ 《哲学原理发展概述》编写组:《哲学原理发展概述》(上),福建人民出版社 1981 年版,第 5 页。

经院哲学家托马斯·阿奎那（Thomas Aquinas,1225—1274）说,哲学（又名"思辨科学"）有三门：物理学、数学和神学。"除了上述三门以外,并没有什么第四门的哲学。"其中神学"所以称为神学,是因为它所研究的对象主要是上帝。它也称为形而上学,意思是超过了物理学,因为我们在物理学之后遇到这个研究对象,我们是必须从感性事物前进到非感性事物的。它又称为'第一哲学',因为其他的科学都从它取得自己的原则,都跟从它"①。阿奎那的"第一哲学"概念与亚里士多德的"第一哲学"概念根本是两码事,尽管后者也被亚氏称作"神学",但它并不是以"上帝"为对象的宗教神学。进入近代以后,就更没有一个被一切自称为从事哲学研究的学者所共同接受的哲学概念了。据笔者的初步考察,近代以来关于哲学的研究对象至少有八种观点：（1）以实际事物为研究对象的"物理哲学观"——以英国哲学家弗兰西斯·培根（Francis Bacon,1561—1626）为代表；（2）以人生为研究对象的"伦理哲学观"——以中国哲学家冯友兰（1895—1990）为代表；（3）以人心为研究对象的"心理哲学观"——以德国哲学家费希特（Johann Gottlieb Fichte,1762—1814）为代表；（4）以超人间、超自然的实体为研究对象的"神性哲学观"——以德国哲学家黑格尔（Georg Wilhelm Friedrich Hegel,1770—1831）为代表；（5）以科学为研究对象的"论理哲学观"——以科学哲学（the philosophy of science）学派为代表；（6）以知识为研究对象的"知性哲学观"——以中国哲学家毛泽东（1893—1976）为代表；（7）以语言为研究对象的"语义哲学观"——以德国哲学家维特根斯坦（Ludwig Wittgenstein,1889—1951）为代表；（8）以历史上的哲学（主要是"中、西、马"）为研究对象的"史义哲学观"——这是当代中国哲学界虽并无其理论形式却实际上被广泛应用着的一种哲学观。②

哲学观和相应的哲学概念是如此多变多样而不确定,以至于著名德国哲学家、哲学史家文德尔班（Wilhelm Windelband,1848—1915）在《哲学史教程》（1892）中只能如此向学习哲学者道以实情："鉴于'哲学'一词的涵义在时间的进程中变化多端,从历史的比较中要想获得哲学的普遍概念似乎是不现实的。

---

① 北京大学哲学系外国哲学史教研室编译：《西方哲学原著选读》上卷,商务印书馆1981年版,第266页。

② 参见周可真：《中国哲学、西方哲学、马克思主义哲学在哲学观上的会通——对当代中国哲学创新的元哲学及方法论思考》,《中国社会科学》（英文版）2009年第3期。

根据这种目的提出来的概念,没有一个适用于所有自称为哲学的思维活动的结构。"① 在这种背景下,自然也不可能形成统一的哲学方法论。正是鉴于这种情况,当代英国分析哲学家迈克尔·达米特(Michael Dummett)曾中肯地指出:"哲学没有一致的方法论,而且也很难有任何毋庸置疑的成就,因而哲学特别容易形成派别和宗派主义。但是这些东西只能对哲学有害。"② 以笔者之见,最近几年以来中国哲学史界之所以会发生关于中国有没有哲学的所谓"中国哲学合法性问题"的争论,恐怕是与达米特所说的那种哲学宗派主义大有关系的。

对于像哲学、宗教、科学、文化等这样的概念,我们首先应该尊重传统或习惯所赋予它们的涵义,就像文德尔班在《哲学史教程》中所做的那样,尽管他感到要想提炼出一个"适用于所有自称为哲学的思维活动"的哲学概念是极困难的事,但他既没有因此而陷入哲学概念问题上的相对主义和虚无主义,也没有自说自话地或以主观主义和独断主义给哲学下一个莫明其妙的定义,而是尊重习惯的理解给哲学概念作了如是界说:"所谓哲学,按照现在习惯的理解,是对宇宙观和人生观一般问题的科学论述。"③ 罗素在《西方哲学史》的"绪论"中开宗明义的第一句话"我们所说的'哲学的'人生观与世界观乃是两种因素的产物……"④ 也表明了他所说的"哲学"是就"人生观与世界观"而言,这与文德尔班按"习惯的理解"所下的哲学定义具有明显一致性,表明了罗素和文德尔班一样,也是尊重这个"习惯的理解"的。长期流行于我国哲学教科书上的哲学定义(通常被表述为"哲学是理论化、系统化的世界观"),同样是尊重了上述习惯上对哲学的理解。这个习惯的理解其实是渊源于亚里士多德在《形而上学》中关于形而上学(第一哲学)的学术特征的一段论述:

> 有一门学术,它研究"实是之所以为实是",以及"实是由于本性所应有的秉赋"。这与任何所谓专门学术不同。那些专门学术没有一门普遍地研究实是之所以为实是。它们把实是切下一段来,研究这一段

① 〔德〕文德尔班:《哲学史教程》,罗达仁译,商务印书馆1987年版,第11页。
② 〔英〕迈克尔·达米特:《分析哲学的起源》,王路译,上海译文出版社2005年版,第5页。
③ 〔德〕文德尔班:《哲学史教程》,罗达仁译,商务印书馆1987年版,第1页。
④ 〔英〕伯特兰·罗素:《西方哲学史》,何兆武、李约瑟译,商务印书馆1963年版,第11—12页。

的质性。例如数学就是这样做。①

在这段论述中,亚里士多德指出了形而上学有两个基本特点:其一,研究对象是"实是"整体或整个"实是";其二,研究内容有两个要点,一是研究"实是"的所以然之故,一是研究"实是"的所当然之理。在理解亚里士多德这段话的意义时,不应纠缠于细节,拘泥于这里所讲的"实是"的具体涵义(按:这里"实是"概念在外延上包括一切存在),以为唯有研究这个意义的"实是"才属于形而上学,才是真正的哲学,而是应当抓住这段话的精神实质,把握其思想的基本原则,对其本义作合乎其思想基本原则的合理引申,将"实是"看作是一个泛指一定研究领域的客体存在的语词,从而把亚里士多德所指形而上学的学术特点理解为是它在研究客体存在时所表现出来的区别于其他学术的特殊思维路向,即它不是去研究而且也无意于去研究客体存在的具体属性及这些属性之间的具体联系,而是把着意点放到客体存在的本体(按:它的各种属性都不过是其本体的现象形态)上,去探究客体存在的"所自然之体""所以然之故"和"所当然之理"。

所谓客体存在的"所自然之体",就是研究它、认识它的人所欲探知的它的本来状态之究竟,这种状态相对于它显示在研究它、认识它的人面前的感性形象来说,就是它的本体,后者则是它的现象。对研究它、认识它的人来说,它的本来状态(本体)不仅隐藏在他所感知到的它的感性形象(现象)背后,而且外在于他的感觉,丝毫不受他的感觉因素的影响,因而不仅是它的本来状态,也是它的自然状态,在这种状态中,它就是它自己,一个独立而完整的自在之体。哲学对客体存在的"所自然之体"的穷究,是意味着要达到对客体存在的全面性认识或整体性把握。在这个意义上,"哲学之知"即是"全面之知""整体之知"。

所谓客体存在的"所以然之故",就是对于研究它、认识它的人来说欲知它为何如是的原因和原理。它的原因就是对研究它、认识它的人来说尚不清楚的、促使它产生出来的他物;它的原理就是促使它产生出来的这个未知的他物的内在动力——假使这个未知的他物是人抑或被想象为似人一样有意识的东西(神),那么,这个他物的内在动力就是他(人或神)的动机或目的。哲学所关注和

---

① 〔古希腊〕亚里士多德:《形而上学》,吴寿彭译,商务印书馆 1959 年版,第 56 页。

研究的客体存在,其原因和原理都不是在它自身之中,而是外在于它的他物及其本性,因此,对它的原因和理由的研究,就是意味着把它和在研究者看来是与它相关的他物联系到一起,考察它与他物相互影响、相互作用的关系,以发现它与他物之间的必然联系。哲学对客体存在的"所以然之故"的追究,是意味着要达到对隐藏在客体存在背后的必然联系的认识。在这个意义上,"哲学之知"即是"必然之知"。

所谓客体存在的"所当然之理",就是在已知其背后的必然联系的人看来它在这种联系中为它的原因和原理所决定的它与它的未来之间的联系。对于研究它、认识它的人来说,它与它的未来之间的联系也是隐藏在它背后的必然联系,但是这种必然联系中的未知之物与它的关系不是它与他物之间的关系,而是它的自我关系——它与未来之它的关系。从客体存在的时空维度上说,它与他物之间的必然联系是空间上的必然联系,它与未来之它的必然联系是时间上的必然联系。对研究这两种必然联系的人来说,如果他把握了这些联系,那么,其空间上的必然联系对他来说乃是已然性的实然联系,其时间上的必然联系对他来说则是未然性的应然联系。未然而应然的必然联系即为当然联系。哲学对客体存在的"所当然之理"的研究,是意味着要达到对隐藏在客体存在背后的当然联系的认识。在这个意义上,"哲学之知"即是"当然之知"。

如果我们尊重传统或习惯所赋予哲学的涵义,我们就有理由认为,按其本性来说,哲学就是"求体""求故""求理"之学。这门学问所追求的知识是关于客体存在的属性或现象之外的知识,亦即关于客体存在的现象界背后的本体界的知识。这便是传统哲学的学术特性之所在。

三

以上所述乃是依据渊源于亚里士多德哲学的西方传统的哲学概念来对传统哲学的学术特性所作的分析与判断,但是,这种西方传统的哲学概念是否也适用于中国? 换言之,中国固有的学术中是否也有一个追求"整体之知""必然之知""当然之知"的传统?

中国学术的发端如果从西周算起,那么,从西周开始,经历春秋、战国、秦朝,至西汉武帝时,已经形成了一个如司马迁(约前 145 或前 135—?)所称的"究天人之际,通古今之变,成一家之言"①的学术传统。所谓"究天人之际"②,按西语习惯来表达,就是研究宇宙和人生及其相互关系;如此探究所得到的知识、思想、观念,按西语习惯来表达,正是中国传统的宇宙观和人生观。自西周以来逐渐形成而至西汉初年已成传统的"究天人之际"的学问,就是中国传统学术中的哲学——中国传统哲学。

和西方传统哲学一样,中国传统哲学同样是"求体""求故""求理"之学。这里无须亦不容作长篇大论,只消考察和分析一下老子之学,即可收"窥斑见豹"之效。

先从"求体"说起,老学已开其端。老子说:"天下有始,以为天下母。既得其母,以知其子;既知其子,复守其母。"③老子想象宇宙有一个开端,他称开端时的宇宙为"天下母"。开端时的宇宙是怎样? 这是老子首先要探究并且后来他自认为终于弄明白了的问题。就他当初探究这个问题时,开端时的宇宙或宇宙的本来状态便是他所未知而欲探究的宇宙的所自然之体。"得其母"便是指获知宇宙的所自然之体。对宇宙的认识者来说,这个被他称作"天下母"又"字之曰道"的原始宇宙与由它所派生出来的万物的关系,就是宇宙本体与这个本体的属性或现象之间的关系。所谓"既得其母,以知其子"的"母"与"子",正是老子认识论中用以标识本体与属性或现象的一对范畴。"既得其母,以知其子"是意味着以"得母"(把握本体)为"知子"(理解现象或属性)的必要条件,这是老子认识论的根本观点。这个观点蕴含着被他称作"道纪"的认识路线与认知方法:"执古之道,以御今之有,能知古始,是谓道纪。"④老子之所以坚持从本体(道)到现象(有、万物)的认知路线和依据对本体的认识来理解具体的现象或属性的认知方法,这显然意味着他是要达到对世界认识的全面性,避免认识的片面性。事实上,老子的确说"圣人不行而知""不出户,知天下;不窥牖,见天道",他所摆出的理由就是:"其出弥远,其知弥少。"⑤即认为由经验活动("行")得来的知识是完全不靠谱的,对于认识世界的真相毫无益处,相反,越是沉迷于经验

---

① 转引自《汉书·司马迁传》。
② 与司马谈同时代的董仲舒则称为"观天人相与之际"(转引自班固《汉书·董仲舒传》),而魏何晏(? —249)则有"论天人之际"(刘义庆《世说新语·文学四》)之说。
③ 《老子·五十二章》。
④ 《老子·十四章》。
⑤ 《老子·四十七章》。

知识的索求,就越是远离世界的真相。老子的"求体(道)"方法,在大思路上颇似弗兰西斯·培根在《新工具》(1620)中评论创自亚里士多德的传统演绎法时所指这种方法在把握宇宙本体方面的表现:"从感官和特殊的东西飞越到最普遍的原理"[1],"开始时一下子就建立起某些抽象的、无用的、普遍的东西"[2]。实际上,老子所谓"既得其母,以知其子"的认知逻辑,与西方传统演绎法所蕴含的认知逻辑并无二致,在认识路线上是同一的,只是老子并没有像亚里士多德那样按照这套认知逻辑去深入钻研怎样进行演绎推理从而创立关于演绎推理的理则学(logic)[3]。

从另一维度看,老子不仅"求体",他同时还"求故",因为"道"既被他看作是本体(本来状态或自然状态)、整体(混然为一的混沌状态)的宇宙,又被他看作是万物由以产生的根源。"道"作为万物的根源对认识者(老子)来说,正就是他起初想要知道且后来他自认为终于获知了的造成现象世界(万物)的原因。正是从这个维度看,老子所谓"母""子"也具有认识论上的因果意义,从而其"既得其母,以知其子"的认知逻辑,也可以被理解为是他将自己所把握到的"道"与万物之间必然的因果联系引入到认知领域,把它当作认识世界的思想规律来看待的结果。另外,从促使万物产生的"道"的内在动力来看,老子所谓"道常无为而无不为"[4]的"常无为",恰恰就是他起初欲知其究竟而后自以为得知的万物为何能产生和存在的原理,这个原理同时也是他所理解的"道"为何能生万物的缘故。"求故"在老子之学中的具体意义,就是既求万物生存之理,又求"道"生万物之故。而"常无为",就是老子所求得的并且自以为是千真万确的万物生存之理和"道"生万物之故。从老子思想的整体来看,"常无为"之理是他所最为看重的,因为在他看来,对治理天下的"侯王"来说,认识万物生存之理和"道"生万物之故最为重要,如果掌握了这两个方面的原理(实为同一原理的两个方面),"侯王"就能"同于道":"道常无为而无不为,侯王若能守之,万物将自

---

[1] 〔英〕弗兰西斯·培根:《新工具》,许宝骙译,商务印书馆1997年版,第12页。

[2] 同上,第12—13页。

[3] "逻辑"是1902年严复(1854—1921)翻译《穆勒名学》时对英文logic一词的音译,意译为"名学",日语译为"论理学",牟宗三(1909—1995)则译作"理则学"。笔者认为牟先生的译法最为得体,故而从之。

[4] 《老子·三十七章》。

化。"① 这意味着"常无为"对"道"来说就是"道"为其本性所决定的它的当然之理,而对治理天下的统治者来说,则是其治理天下所该遵守的应然之理。而所谓"常无为"的意义,在"道"即是"道法自然",在"王"即是"守道"。在老子看来,"侯王"若不能"守道"而"常无为",他就只是个徒有其"侯王"封号的蹩脚统治者,绝不能成为与"道""天""地"并称"域中四大"的"王"。"王"之所以为"王",是因其像"天""地"一样"守道",即如"法自然"的"道"那样"常无为"。"故道大、天大、地大、王亦大。域中有四大,而王居其一焉。人法地,地法天,天法道,道法自然。"② 这里"自然"一词含有双重意义,既是指对宇宙来说的它的本来状态,又是指对人来说的宇宙的自然状态。所谓"人法地,地法天,天法道,道法自然"也是一语双关:既是就"可以为天下母"的"道"本身而言,说"道"是永远保持着它的本来状态而不改变;又是就"域中四大"中的"天""地""王"而言,说它们都是效法"道"而与宇宙自然状态保持同一而无有偏失——这正是老子将其三者与"道"并称"域中四大"的理由。根据老子的论述,"域中四大"中的"道"有两种存在状态:一是它作为"天地之始"的"无名"状态,一是它作为"万物之母"的"有名"状态。③ "道法自然"的"自然"是指"道"作为"天地之始"的"无名"状态而言,这种状态对"道生一,一生二,二生三,三生万物"④ 的演化过程来说就是"道"之"始然"或"本体"。处于这种原始状态的"道",老子称它为"无名之朴"⑤。所以,直接地说是"道法自然",间接地说其实是"道法无名"。他所谓"道常无名"⑥,实际上正是说"道以无名为常法"。"这里'无名'应被理解为犹如处在黑暗中的人尚未向他人发出表明自己存在情况的口语信号,自然之道尚处在'寂兮寥兮'⑦ 的状态而没有以感性形式来表现自己。"这是表明"道"尚未有"自我表现之欲"。⑧ 这种"常无欲"的无名状态,便是所谓

---

① 《老子·三十七章》。

② 《老子·二十五章》。

③ 《老子·一章》:"无名天地之始,有名万物之母。"

④ 《老子·四十二章》。

⑤ 《老子·三十七章》。

⑥ 《老子·三十二章》。

⑦ 《老子·二十五章》。寂:无音声;寥:空,无形。

⑧ 参见周可真:《"体道"的必要性、原理及方法——〈老子〉道篇首章新解》,《江南大学学报(人文社会科学版)》2011 年第 6 期。

"虚极""静笃"① 的原始虚静状态。"道以无名为常法"是意味着"道"永远保持着它原初的那种无欲虚静状态。在老子看来,"道"常无欲虚静就是意味着"道常无为"。正因为"道"是如此常无欲、虚静、无为,它才可以作为"域中"的最高准则而为天、地、人所取法,换言之,"道"之所以为"域中""天下式"②,就是因为"道法自然"——"道"永远保持着其无欲、虚静、无为的原始状态。《庄子》所谓"夫虚静恬淡寂寞无为者,天地之本,而道德之至"③,其实也是讲的这个道理。就是根据这个原理,老子认为欲观"道"之"常无为而无不为"之要妙,须得如"道"之"常无欲"④,否则就无法"得道","守道"便无从谈起了。

在笔者看来,老子之学是"求体""求故""求理"之学,这是确然无疑的。如果把老学的"母""子"范畴同玄学的"本""末"范畴、佛学和理学的"体""用"范畴联系起来,则更可以看到,这三对范畴是有其历史的和逻辑的联系的,它们之间既是一脉相承,又互有差异,即它们都是反映"求体""求故""求理"之学所特有的认知方式的认识论范畴,都是标识作为认识对象的客体存在的本体与现象的关系范畴,只是在由它们所分别代表的三种互有同异的认知方式下,这种关系被赋予了相近而不完全相同的意义。

粗略地说,在以老子为代表的上古时代的认知方式下,本体与现象的关系普遍被理解为"母""子"关系,这个时代的认知方式可称为"母子模式";在以王弼(226—249)为代表的中古时代的认知方式下,本体与现象的关系普遍被理解为"本""末"关系,这个时代的认知方式可称为"本末模式";在以朱熹(1130—1200)为代表的近古时代的认知方式下,本体与现象的关系普遍被理解为"体""用"关系,这个时代的认知方式可称为"体用模式"。与之相应,这三个时代的"求体""求故""求理"之学可被分别归结为上古的"求母之学"、中古的"求本之学"和近古的"求体之学"。

"求母之学"以老子之学最为典型,其特点上文已论之。较之于上古的"求母之学",中古的"求本之学"的特点在于:它不像"求母之学"在知行问题上只

---

① 《老子·十六章》:"致虚极,守静笃。万物并作,吾以观复。"
② 语出《老子·二十二章》:"曲则全,枉则直,洼则盈,敝则新,少则得,多则惑。是以圣人抱一为天下式。"又见《老子·二十八章》:"知其白,守其黑,为天下式。"
③ 《庄子·天道》。
④ 《老子·一章》:"常无欲,以观其妙。"

讲"得母"和"守母"，而是既讲"崇本息末"又讲"统本举末"。由此可以看出这两个时代的认知方式是不一样的："母子模式"是只关心现象背后的本体，不关心现象如何表现本体，只讲本体决定现象，不讲现象对本体的能动作用；"本末模式"则不但关心现象背后的本体，也关心现象如何表现本体，不但讲本体决定现象，也讲现象对本体的反作用。可以认为，"母子模式"是机械的本体决定论认知模式，"本末模式"是带有辩证性的本体决定论认知模式。近古的"求体之学"又与中古的"求本之学"有一定差异，这突出地表现在"求体之学"主张"体用一源，显微无间"，其如此强调本体与现象之间互相依赖、互相包含、互相转化的同一性，实有将本体与现象合为一体的思想倾向，由此可以看到近古时代的认知方式与过去的认知方式都不同：上古的"母子模式"和中古的"本末模式"尽管有一定差异，但它们都是属于决定论认知模式，而近古的"体用模式"却是一种非决定论认知模式。于此可见，从上古到中古再到近古，中国传统哲学的发展呈现出这样一个规律性现象：越是往古则越关心现象背后的本体，越是往今则越不关心现象背后的本体。或者也可以说，越是往古则越不关心现象世界，越是往今则越关心现象世界。这个规律性现象在很大程度上反映出中华传统哲学知性有一个从"理智哲学知性"到"经验哲学知性"的演变过程。

　　哲学知性是人类知性的一种形式，无论这种知性在人类知性系统中占有怎样的地位和发挥怎样的作用，它都是人类本性（人性）内容之一，这是确定无疑的，因而它也无疑是我们自己作为人类成员的类本质的内容之一。在此意义上，哲学史研究不过是从一个方面对自己的类本质进行历史维度的自我反省，以达到对这种自我本性之来龙去脉的自知之明。就我们作为中华民族的成员来说，中国哲学史研究也不过是对自己的民族本性进行历史维度的自我反省，以达到对这种自我本性之来龙去脉的自知之明。

目 录

附　录

上卷 专题研究

"体道"的必要性、原理及方法

——《老子》道篇首章新解①

【提要】通行本《老子》道篇首章所表达的是老子的"体道"之论，其宗旨在于教人守自然之道而任万物自然而然地生长。本章首先以隐喻方式曲折地论证了人类归依于自然之道的正当性，进而兼用名辨思维论证了感性知识无助于认识自然之道，从而说明了撇开感性认识的途径以行"体道"之路的必要性。其次提出了"体道"的原理："常道"的自我演化经历了从"无名"（意味着常无欲于生万物）的"天地之始"到"有名"（意味着常有欲于生万物）的"万物之母"两个基本阶段。据此原理提出了以"常无欲"与"常有欲"为内容、可以用"以道观道"来加以表述的"体道"方法。这个方法的特点在于："体道"者在"观道"时使自己的心完全合于客体之"道"。

《老子》（通行本，下同）道篇开宗明义的第一章在该书中占有特殊地位，对该章的合理解读是确保对《老子》全书合理解读的一个必要前提，对于合理地理解《老子》其书的哲学思想有至关重要的意义。本文在吸取学界已有的相关成果的基础上，对该章作了异于常见的新解，祈望得到方家指教。

一

对本章首二句，学界有不同的句读法，通常读作："道可道，非常道；名可名，非常名。"也有读为："道，可道，非常道；名，可名，非常名。"近见《老子我说：与南怀瑾商榷》（董子竹著，长江文艺出版社 2007 年版）中又有一种新读法："道可，道非，常道；名可，名非，常名。"据该书作者说，这样断句是鉴于在先秦时代"道"

---

① 本文原载《江南大学学报（人文社会科学版）》2011 年第 6 期，中国人民大学报刊复印资料《中国哲学史》2011 年第 7 期全文转载。

字只是作名词讲,故如此断句的一个好处是再也不用错作动词"说""讲""言"讲了。

此二句到底该怎样断句?本文的探讨即由此问题入手。

首先来对"道"字做一番文字学的考据之功。

"道"字不见于殷商甲骨文,是到了西周才出现在金文中,诸如省道、行道、速道、单道、眉道、同道、原道、周道、道以东、木道左等等。[①]金文"道"字由首、行两部分组成,或由首、行、止三部分组成。由首、行组成的"道"字的结构是"首"在"行"的正中间("衜"),这是表示什么意思呢?

"行"在甲骨文里写作"𣥵",这是一个形象直观生动的表示十字路口的象形字,可见"行"在词性上原属名词,意指十字路口。[②]"首"也是个象形字,它在甲骨文里的字形像动物的头,金文里看起来更像是鹿的头部。则由"首"与"行"所构成的"道"字明显是属于会意字,其字形所显之像为动物或人在十字路口的正中间,这显然是要让人意会到该字的含义是指(动物或人在路上)行走。这也就是说,"道"字原本是个动词,是表示行走之意。戴震在《孟子字义疏证》中就是按"道"的本义来解释该字的:"道,犹行也。"[③]而"道"字被当作名词来使用时,其原意是指所行之直路。《说文》就是把"道"字当作名词来解释的:"道,所行道也,从辵从首。一达谓之道。"[④](按:"一达谓之道"是表明"道"作为"所行道"非泛指一般的路,而是特指直通的道路。)

据上考证与分析,"道"字从它被创造出来时就是作动词讲的,后来才作名词讲,又怎能说在先秦时代"道"字只是作名词讲呢?!

从《老子》本文来看,相传为西汉隐士河上丈人所注的《道德经》(西晋·皇甫谧《高士传》称为《老子章句》,以下简称"河上本")上篇《道经》第一章与通

---

① 参见华东师范大学中国文字研究与应用中心:《金文引得(殷商西周卷)》,广西教育出版社 2009 年版。

② 名词"行"当读 háng。甲骨文中"行"也有作动词(音 xíng)用的例子:"己丑,王不行,自雀?"(郭沫若主编:《甲骨文合集》21901)"乙巳,卜出,王行,逐。"(《甲骨文合集》22445)大约成书于秦汉间、在西汉时被整理加工而成的《尔雅·释宫》是按"行"的本义来解释该字:"路、场、猷、行、道也。"([清]阮元校刻:《十三经注疏》,中华书局 1980 年版,第 2598 页)许慎《说文解字·行》则把"行"当作动词来解释:"行,人之步趋也,从彳从亍。"

③ 〔清〕戴震:《孟子字义疏证》卷中《天道》。

④ 〔汉〕许慎:《说文解字·道》。

行本相同,首句均作"道可道,非常道";1973年出土的马王堆帛书《老子》(以下简称"帛书")甲本中此句作"道可道也,非恒道也",帛书乙本则只有前半句"道可道也",后半句缺失;20世纪90年代出土的郭店竹简《老子》(以下简称"楚简")甲、乙、丙三种本子俱无本章内容。至今传世的先秦典籍中唯有韩非所作《解老》中有与此句对应的文字:

> 凡理者,方圆短长粗靡坚脆之分也。故理定而后可得道也。故定理有存亡,有死生,有盛衰。夫物之一存一亡,乍死乍生,初盛而后衰者,不可谓常。唯夫与天地之剖判也俱生,至天地之消散也不死不衰者谓"常"。而常者,无攸易,无定理。无定理,非在于常所,是以不可道也。圣人观其玄虚,用其周行,强字之曰"道",然而可论。故曰:"道之可道,非常道也。"

如果我们信任包括楚简、帛书在内的有关《老子》的文本材料的话,我们自然也没有理由不信任《解老》中的相关材料。在未有关于《老子》文本的更新的材料发现之前,《解老》中"道之可道,非常道也"的记述应被视为《老子》书中此句内容最为原始的文本形式,是迄今为止开展对现有的各种《老子》版本中相关文句的研究最具权威性的文本依据。①

对照《解老》"道之可道,非常道也"的表述形式,通行本"道可道,非常道"

---

① 尽管胡适的《中国哲学史大纲》将《解老》《喻老》二篇疑为"伪托"之作,但越来越多的学者相信此二篇乃是韩非的早期作品。如黄钊说:"人所共知,韩非是战国末年的思想家,他撰《解老》《喻老》共涉及《老子》23章内容。韩非生于公元前280年。《解老》《喻老》是他的早期作品,假如他30岁时(即公元前250年)着手写该二文,他所依据的《老子》本当比公元前250年更早。"(黄钊:《竹简〈老子〉的版本归属及其文献价值探微》,载《郭店楚简国际学术研讨会论文集》,湖北人民出版社2000年版)杨义更从《解老》《喻老》中韩非对儒学核心观念的态度、对历史人物评价的尺度、关于民心民智的思想等多方面入手进行了深入细致的考证性研究,指出:"《解老》《喻老》代表着韩非思想的一个过渡和攀升时期。这是韩非思想初成之后的发展时期,是一个韩国公子在青年(可能渐近中年)探求学问,在初步接受申不害、商鞅的法术思想之后,朝气勃勃地超越原有的法术思想的原教旨倾向,而以当时盛行的黄老之学作为思想资源,把自己的学理所得置于哲学本体论的层面进行反思与辨析。这时他的法术还是开放的、动态的,带有过渡阶段的非纯粹性。"(杨义:《韩非子还原》第三章《归本于黄老的过渡性特征及其时间考定》,中华书局2011年版)

无论如何都不能被读成"道可，道非，常道"，因为按照这种读法，《解老》所谓"道之可道，非常道也"就得读成"道之可，道非，常道也"了，这显然是不合情理的，因为从语法角度看，"道可，道非，常道"的说法还是可以说得通的，而"道之可，道非，常道也"的说法却无论如何都说不通。它只能读为"道之可道，非常道也"，从而通行本的相应文句也只能读为"道可道，非常道"，而不可以读成"道可，道非，常道"，甚至也不可以读成"道，可道，非常道"，因为照后一种读法，《解老》所谓"道之可道，非常道也"就得读成"道，之可道，非常道也"了，如此读法在语法上显然有悖情理。

按照《解老》"道之可道，非常道也"的文本形式，为其文所缺的下一句应该是"名之可名，非常名也"。然则，通行本的相应文句应该也只能被读为"名可名，非常名"，而不可以读成"名可，名非，常名"，也不可以读成"名，可名，非常名"。

二

"道可道，非常道"（"道之可道，非常道也"）中三个"道"字，按其词性，第一和第三个"道"都是属于名词，第二个"道"则属于动词。按"道"作为名词的本义和它作为动词的本义来理解这句话，"道可道，非常道"应可作如此解释：

> 我这里所讲的"道"，不是指那种人可行走的道。人可行走的道不是常道[①]，而我所讲的"道"正是指与人的行走无关的常道。[②]

同样，"名可名，非常名"（"名之可非常名，名也"）中三个"名"的词性也是

---

① 补注：为什么说人可行走的道不是常道？郭店楚简《语丛一》有云："知天所为，知人所为，然后知道，知道然后知命。"（荆门市博物馆：《郭店楚墓竹简》，文物出版社1998年版，第194页。《庄子·大宗师》中亦有类似的话："知天之所为，知人之所为者，至矣。"）这段话反映出春秋战国时代曾有这么一种观念：道有天所为和人所为之分，天所为者是天之道，人所为者是人之道。所谓知道，必须首先分清天之道与人之道，否则就无以知道，从而也无以知命。所谓"道可道，非常道"正可以被理解为道有两种：一种是人之道，一种是天之道。人之道不是"常道"，而是"非常道"，天之道才是"常道"。

② 《老子》书中常用第一人称的"吾"字，这是其作者的一种行文习惯。这里的解释是按《老子》作者好言"吾……"的行文习惯而作如此表述的。

不同的,第一和第三个"名"都属于名词,第二个"名"("可名"之"名")则属于动词。据《说文》"名,自命也。从口从夕。夕者,冥也。冥不相见,故以口自名"[①]的解释,"名"原是个动词,其本义为"自命"。何谓"自命"?"自命"之"命"当作何解?《说文》曰:"命,使也。从口从令。"[②]朱骏声(1788—1858)按:"命当训发号也。"[③]联系《说文》"以口自名"的解释,"命"当作"以口发号"解。"自命"的意思就是:在天黑得彼此都看不见对方的情况下,大家只能采取以口发号的方式来互通信息,使彼此互知对方存在的情况。这便是"名"作为动词的本义所在。然则,当"名"被当作名词来使用时,其本义应是"口号"——在黑暗中所发出的向他人表明其存在情况的口语信号。准此,"名可名,非常名"应可作这样的解释:

> 我这里所讲的"名",不是指那种人可言说的名。人可言说的名不
> 是常名,而我所讲的"名"正是指与人的言说无关的常名。

据上分析,本章首二句所给出的关键词是"常道"和"常名",要了知其确切含义,关键在于弄清"常"字的含义。

《说文》释"常"为"下裙",则"常"字原是个名词,而"常道"和"常名"之"常"显然属于形容词。作为形容词的"常"是什么意思呢?

在《诗经》中作形容词用的"常"字大抵有两种含义:其一是恒久之意,如《诗·大雅·文王》:"天命靡常。"(意谓:天命不是一成不变。)其二是正常之意,《诗·小雅·十月之交》:"彼月而食,则维其常。"(意谓:发生了月食,这是正常的天象。)《国语·越语下》引范蠡语:"天道皇皇,日月以为常。"这里"常"的意思也是恒久,是特指天体运行规律("天道")的恒久性。这个意义的"常"后来演变为名词,用以指不受人为因素影响而自在地发生作用的自然规律,如《荀子·天论》:"天行有常,不为尧存,不为桀亡。"联系起来看,"常"作为春秋战国时代描述天文现象的用语,当其为形容词时,它是指天道之恒久不变的性质;当其为名词时,它是指不受人为因素影响而自在地发生作用的自然规律。"常"的这两

---

① 〔汉〕许慎:《说文解字·名》。

② 〔汉〕许慎:《说文解字·命》。

③ 〔清〕朱骏声:《说文通训定声·命》。

种用法显然有其内在的关联性,相应地其含义也是内在相通的,即当它被作为形容词用以指天体运行规律的恒久性时,这种恒久性同时也意味着不受人为因素影响的自发性、自然性。

从老子以"可道,非常道""可名,非常名"这种否定性判断方式来界定"常道""常名"的概念,分别赋予"常道"和"常名"以"非可道""非可名"的内涵的情况来看,"常道"和"常名"的共性特征在于它们都内在地排斥人为因素(按:"可道"之"道"和"可名"之"名"均指人为现象),则"常道""常名"之"常"显然是指不受人为因素影响的自发性、自然性而言。准此,"常道"与"常名"可以被直解为"自然之道"和"自然之名"。然则,"道可道,非常道;名可名,非常名"就可以被进一步释义为:

> 我这里所讲的"道",并不是指人为之道,而是指自然之道;我这里
> 所讲的"名",也不是指人为之名,而是指自然之名。

由"道"作为名词的本义可知,它原是指人所行之直路,则被老子用以指称与人的行走无关的自然之道的"常道"无疑就是指自然之物所遵行的法则。老子"常道"之说实有隐喻之意,意谓自然法则就如人所行走的直路那样平坦。联系《老子·五十三章》所云"使我介然有知,行于大道,唯施是畏。大道甚夷,而民好径"(意谓:假使我认识了我与大道的关系,我将义无反顾地行走于这条大道上,生怕偏离大道而误入歧途。然而大道虽然平坦安全,百姓却爱走小路),其以"道"比自然法则,更有如此寓意:就像"大道甚夷,而民好径"一样,虽然自然之道是极平坦而安全的大道,但人类却偏好选择危险的小道而行。换言之,人类应该选择自然之道,按自然之道行事,而不该离开自然之道而行其人为之道。本章首句"道可道,非常道",其深层意义正在于向人类开示其所当遵行的自然之道。

由"名"作为名词的本义可知,它原是指在彼此互不相见的黑暗中为使对方知道自己存在的情况而向对方发出的可以让其听得见的口语信号,这种信号对他人而言具有可闻性,对自己而言则具有标识其存在的象征性,则被老子用以指称与人的言说无关的自然之名的"常名"无疑是指对人而言具有可感知性的自然现象,这种自然现象对它所表现的自然本体来说具有标识其存在的象征性。老子"常名"之说同样有暗喻之意,是把自然现象与自然本体的关系比做"名"

与"实"的关系,意谓自然现象是象征自然本体的符号,自然本体则是这种符号所标识的实在。从《老子·五十六章》"知者不言,言者不知"的话来看,老子实持有这样一种名实观:尽管可以言说的概念("名")具有标志客观事物("实")的象征性,但概念与它所标志的客观事物并非一回事,它只能让人知道它所标志的客观事物是如它所标识的那样存在着,却不足以使人知道它所标志的客观事物本身究竟是怎样一种实在,即仅仅借助于概念,人是把握不到客观事物的真实性状的。所谓"知者不言,言者不知",其实就是基于这种名实观而如此道来,这话实际上是说:虽然知道了客观事物的真实性状,但因为这种真知无法通过概念表达出来,所以真知者皆不言其所知;反之,凡言说客观事物是如何,都是在说关于客观事物的概念,这种概念并不是关于客观事物本身究竟是怎样一种实在的真知,故言者所言皆非真知。无论是真知者皆不言其所知("知者不言"),还是言者所言皆非真知("言者不知"),都是因为真知无法言说。这意味着在老子看来,通过掌握客观事物的符号("名")是无以达到对客观事物("实")的真知的。其以"名"比自然现象,即暗示对自然现象的感知无助于达到对自然本体的真知。本章首二句的深层意义正在于告诉人们:通过自然现象(自然之物)来表现自己的自然本体(自然之道)是不可借助于对自然现象的感知来认识的。本章在唐以后流传的河上本中题名为"体道"(按:唐以前本无此章名)。据上文分析,本章首二句其实是为后面论述"体道"做铺垫的,按其思想实质来说,是提供了关于"体道"的必要性的说明——以隐喻方式曲折地论证了人类归依于自然之道的正当性,进而兼用名辨思维论证了感性知识无助于认识自然之道,从而说明了撇开感性认识的途径以行"体道"之路的必要性。

三

从"无名天地之始,有名万物之母"[①]与其下文"故常无欲,以观其妙;常有欲,以观其徼"[②]的关系来看,后者是讲"体道"的方法,前者则是讲"体道"的原

---

① 《老子·一章》。
② 《老子·一章》。《帛书老子》甲本:"恒无欲也,以观其眇;恒有欲也,以观其所噭。"帛书乙本:"故恒无欲也,恒又欲也,以观亓所噭。"(转引自许抗生:《帛书老子注译与研究》,浙江人民出版社1985年版,第74—75页)

理,即说明为何"常无欲,以观其妙;常有欲,以观其徼"的所以然之"故"。

"无名天地之始,有名万物之母"是直承前二句而来,"无名""有名"之"名"与"常名"有直接的联系,仍指与可以口说的人为之名相区别的自然之名,即源于自然之道("常道")且表现自然之道的自然之物或自然现象("常名")。这里"无名"应被理解为犹如处在黑暗中的人尚未向他人发出表明自己存在情况的口语信号,自然之道尚处在"寂兮寥兮"①的状态而没有以感性形式来表现自己——这"无名"之道就是所谓"天地之始";而"有名"应被理解为犹如处在黑暗中的人已向他人发出了表明其存在情况的口语信号,自然之道已然生出感性事物作为标识其存在的符号——这"有名"之道就是所谓"万物之母"。

"天地之始"和"万物之母"均指自然之道而言,只不过"天地之始"是指尚未有感性事物作为标识其存在的符号的"无名"之道,"万物之母"是指有感性事物作为标识其存在的符号的"有名"之道。这里"始"是暗喻自然之道如尚未生育的少女,"母"则暗喻自然之道如少女长成做母亲的了。②

作为"天地之始"的自然之道,其"无名"是意味着它处在黑暗中且没有借助于任何东西来显示其存在,这种状态是表明它未有自我表现之欲;其"有名"是意味着它已借助感性的自然之物来显示其存在,这种状态是表明它有了自我表现之欲。

由于自然之道的自我表现是意味着自然之物从无到有的转变过程,这个过程对自然之道本身来说是"道生一,一生二,二生三,三生万物"③的过程,同时又如黑暗中的人为了向他人标识其所在而向对方发出口语信息是一个"自命"("名")的过程,这是一个从"无名"到"有名"的转变过程,所以就自然之道对自然之物的关系来说,它既是"道生物"的关系,又是"无名生有名"的关系,故自然之道的自我表现之欲实为"生欲"。这种"生欲",在"道生物"的意义上是"物欲",在"无名生有名"的意义上是"名欲"。由于老子把自然之物当作标识自然之道的"名"("常名"),故对自然之道本身来说,"名"与"物"是一回事,从而"物欲"和"名欲"也是一回事,都是对外在于自己的东西的欲求。这种欲求

---

① 《老子·二十五章》。
② "始"是"女之初也","母"是"象裹子形,一曰象乳子也"。(〔汉〕许慎:《说文解字·始》《说文解字·母》)
③ 《老子·四十二章》。

对自然之道本身来说是纯粹出于自发,没有任何外在的东西使之有如是欲求,但正是由于它有了这种纯粹出于其自发的欲求,才使万物得以产生,所以对万物来说,这种欲求是一种具有生育意义的"生欲"。由此可以进一步对"无名"与"有名"作这样的理解:"无名"是意味着自然之道为"天地之始"时"无生欲";"有名"是意味着自然之道为"万物之母"时"有生欲"。

但是,"故常无欲,以观其妙;常有欲,以观其徼"中的"常无欲"和"常有欲"却不是指自然之道而言,而是指"观其妙""观其徼"的"观"者即"体道"者而言,是说"体道"者"常无欲"和"常有欲"。然而,在老子看来,"体道"者之所以"常无欲,以观其妙;常有欲,以观其徼",又是与自然之道具有上述所说的既无欲又有欲的特性有密切关系的,所以才在上下句之间用了一个"故"字作为承上启下的连接词,以表示"体道"者之所以如此"观道"的缘故是由于自然之道具有上述特性。

所谓"常无欲""常有欲",是就"体道"方法而言的。"常无欲"是指"体道"者像"无名"之"道"那样自然而然的无自我表现之欲;"常有欲"是指"体道"者像"有名"之"道"那样自然而然的有自我表现之欲。(按:这里"常"与"常道""常名"之"常"一样,亦是自然之意。)这种"体道"方法所遵循的逻辑是:"从事于道者,同于道;……同于道者,道亦乐得之。"[①] "体道"是"观道"意义上的"从事于道"。"观道"者非以眼观之,因"道"无感性形式而视之不可见,而是以心观之。在"观道"意义上,所谓"从事于道者,同于道"是指以心观"道"者,其心同于"道";所谓"同于道者,道亦乐得之"是指心同于"道"者,"道"亦同于其心。其心同于"道"者因"道亦乐得之"而自然"得道"。"既得其母,以知其子;既知其子,复守其母,没身不殆。"[②] "得道"之旨在于"守道"。"使我介然有知,行于大道,唯施是畏。"[③] 如果说"体道"即"观道"意义上的"从事于道"的话,"守道"则是"行道"意义上的"从事于道",它意味着"得道"者"行于大道,唯施是畏"。

由"从事于道者,同于道;……同于道者,道亦乐得之"的逻辑所决定的"体

---

① 《老子·二十三章》。"从事于道者,同于道"句中,王弼注本、傅奕注本均多出"道者"二字。此据许抗生《帛书老子注译与研究》(浙江人民出版社 1985 年版)删去这二字。

② 《老子·五十二章》。

③ 《老子·五十三章》。

道"方法的特点在于："体道"者在"观道"时使自己的心完全合于客体之"道"。

与客体之"道"合一的心是纯客观之心，因其同于"道"，故这种状态的"以心观道"就无异于"以道观道"——套用北宋邵雍《观物内篇》卷十二中"圣人之所以能一万物之情者，谓其能反观也。所以谓之反观者，不以我观物也。不以我观物者，以物观物之谓也"① 的话，"以心观道"也可称为"反观"——非"以我观道"，是"以道观道"。②

"以道观道"是意味着"体道"者唯"道"是从，与"道"相应——其"常无欲"是相应于"无名"之"道"自然而然的无欲于生万物，其"常有欲"是相应于"有名"之"道"自然而然的有欲于生万物。

对自然之道来说，其无欲于生万物是意味着它作为"天地之始"处在"寂兮寥兮"的状态，这种状态相对人的感官来说是一种视之不可见、听之不可闻的状态，被老子形容为"窈兮冥兮"③。老子又说："窈兮冥兮，其中有精，其精甚真，其中有信。"④ 这里"其中有信"是表示"其中有精，其精甚真"是可以得到验证的，这种验证对"体道"来说就是"观其妙"的过程。王弼解释"观其妙"的"妙"是"微之极也"，联系老子"其中有精，其精甚真"的话，这"微之极"的"妙"实指"窈冥"之"道"而言，意谓处在这种状态之中的"道"是一种极其精微而又真实的存在。老子认为，要真切体验到"道"这种精微之极的实在，就得"常无欲"，即像"无名"之"道"自然而然的无欲于生万物那样，无求于外界事物，无待于外界事物——这种与"道"同一的无欲无求的自然之心，就是"虚极""静笃"之心⑤，亦即"涤除玄览"所达到的"无疵"之心⑥。

自然之道有欲于生万物是意味着它作为"万物之母"虽然"生之畜之"，但

---

① 〔宋〕邵雍：《邵雍集》，中华书局 2010 年版，第 49 页。
② 《老子》书中虽无"以道观道"之说，但有"以身观身，以家观家，以乡观乡，以国观国，以天下观天下"（《老子·五十四章》）的话，因这段话的上文是讲道德修养问题，这个问题当然与"从事于道"直接相关。其下文又说："吾何以知天下然哉？以此。"（同上）这更与"观道"有内在联系，因为按照"既得其母，以知其子"的逻辑，"知天下"是以"得道"为前提的，所以，这段话完全可以被理解为是在于表达如邵雍所谓的"反观"的思想。
③ 《老子·二十一章》。
④ 同上。
⑤ 《老子·十六章》："致虚极，守静笃。万物并作，吾以观复。"
⑥ 参见《老子·十章》。

却有"生而不有，为而不恃，长而不宰"的"玄德"①，即"道"生万物之欲出于自
然而无所偏倚，无论什么物都同样"生之畜之"，决无偏好之欲。所谓"常有欲，
以观其徼"，就是要求"体道"者像"道"那样对万物心无偏好而抱有同样的"生
之畜之"之欲，如此来体验"道"的欲求所在②。"道"的欲求是什么？就是欲使
万物皆得生长。正是因为"道"有如此自然无偏之欲，万物遂皆得以生长。"体道"
者一经体验到"道"的这种自然之欲，就能理解万物之所以生长的原理了，所谓
"既得其母，以知其子"是也；一旦理解了万物生长之所以生长的原理，从而遵循
万物生长的原理，按照这个原理来处理自己同万物的关系，便能像"道"一样任
万物自然而然地生长了，所谓"既知其子，复守其母"是也。这便是老子所谓"常
有欲"之底蕴所在。老子"体道"之论的宗旨就在于教人守自然之道而任万物
自然而然地生长。

四

"此两者同出而异名，同谓之玄。玄之又玄，众妙之门。"③ 此段通行本与河
上本相同，但帛书有异于是：其甲本作"两者同出，异名同胃。玄之有玄，众眇
之"；其乙本则为"两者同出，异名同胃。玄之又玄，众眇之门"。尽管诸本在文
字上略有出入，但基本意思相同。这里的关键是怎样理解"玄"。

"玄"字的本义是指黑中带红的颜色——许慎《说文解字·玄》："黑而有赤
色者为玄。"引申为"幽远"——"玄，幽远也。……象幽而入覆之也"④。"同谓
之玄"（按：可今译为"都叫做'玄'"）的"玄"显然不宜按"玄"字的本义来解，
当按其引申义"幽远"来解，是指远得像有东西遮蔽着它而让人看不见或看不
清。凡看不见或看不清的东西，也是说不出或讲不清它是什么的。那么，"同谓
之玄"是指什么而言呢？

从语境上看，前两句是讲怎样"体道"的，则"两者"之说显然与"体道"

---

① 参见《老子·十章》。
② "观其徼"，帛书甲、乙本均作"观……所噭"，则"徼"的词性属动词，当读"jiǎo"，是"求"的意
思。即使把"徼"当作"噭"的通假字，"噭"作为动词与"叫"同，亦含"求"之义。故"观其徼"（应
作"观其所噭"）当作"观其所求"解。
③ 《老子·一章》。
④ 〔汉〕许慎：《说文解字·玄》。

有关,应该是指"体道"之"常无欲"与"常有欲"。而据上文的分析,"常无欲"与"常有欲"都是指"体道"者"同于道"而言,则"同出而异名,同谓之玄"应是指"常无欲"与"常有欲"同出于"道"之故,即由于"道"本身既无欲又有欲才如此以"观道",故尽管"常无欲"与"常有欲"在称谓上各不相同,而其实是同谓"体道"者之"同于道",所以又都可以被称为"玄"。这就是说,"同谓之玄"的"玄"实指"体道"者"同于道"的精神状态而言,由于这种与"道"合一的精神状态难于言说,故称之为"玄"。在《老子》书中,达到了"玄"这种精神状态的人也被形容为"微妙玄通,深不可识"①。这里的"玄通"与"玄同"②当属同类概念,其"玄"都应该是指"从事于道者"而"同于道"的精神状态之微妙。

"从事于道者"的精神状态与"道"具有同一性,但毕竟不是"道"本身的状态。故如果说"从事于道者"的精神状态可以叫做"玄"的话,那么,"道"本身的状态就该叫做"玄之又玄"了。按帛书甲本"玄之有玄"之文,"玄之又玄"当解读为"玄上加玄",意指较之于"从事于道者"的精神状态,"道"本身的状态是微妙之极而不可言说的。如果对"为道者"还可"强为之容"曰"豫焉若冬涉川,犹兮若畏四邻,俨兮其若容,涣兮其若冰之将释,敦兮其若朴,旷兮其若谷,混兮其若浊"③的话,那么,"道"本身则无法加以形容,因为它的状态是"无状之状,无物之象",这种"惚恍"的状态对人来说是不可捉摸,无法感知的,只能根据人的感官的不同方面来描述其不可感知的性状:"视之不见,名曰夷;听之不闻,名曰希;搏之不得,名曰微。"④然而,恰恰是这"玄之又玄"的"道",成为"众妙之门"!

如何解释"众妙之门"?《老子·六章》有"玄牝之门"的提法:"谷神不死,是谓玄牝。玄牝之门,是谓天地根。绵绵若存,用之不勤。"这里,"天地根"显然是指"先天地生"而"可以为天下母"的"道";"玄牝之门"则是一种比喻性的说法,即把作为"天下母"的"道"比作生出万物的宇宙阴门。"众妙之门"既然是指"道"而言,则与"玄牝之门"应有内在关联。其联系应可作如此解释:其

---

① 《老子·十五章》:"古之善为士者(按:帛书作'古之善为道者'),微妙玄通,深不可识。"
② 《老子·五十六章》:"塞其兑,闭其门,挫其锐,解其纷,和其光,同其尘,是谓玄同。"
③ 《老子·十五章》。
④ 《老子·十四章》。

"门"之说都是把"道"比作生出万物的宇宙阴门,但"玄牝之门"在于强调这个宇宙阴门虽然虚空如谷却有永恒不竭的生育万物的功能[①],"众妙之门"则在于强调这个宇宙阴门是万物所出之门[②]。

---

① 联系上文所引《老子》"窈兮冥兮,其中有精,其精甚真,其中有信"及这里"绵绵若存,用之不勤"的话,可以认为,"道"之所以具有永恒不竭的生育万物的功能,是因"其中有精,其精甚真"且"绵绵若存,用之不勤",即它是其状连续不断、其量无穷无尽的精微之物。

② 从《老子·六十四章》"合抱之木,生于毫末"的观点来看,其所以用"众妙"来指称天下万物,应是出于万物都是由小变大的考虑,其"妙"即是指初生之时尚且细小精微的物。

自然即公平：老子公平思想新论①

【提要】老子公平思想的基本理念可概括为"自然是社会制度的第一美德"和"自然即公平"。老子公平思想区别于孔子公平思想的基本特点在于：前者以"自然"为正义原则，"道"为正义准则；后者则以"仁"为正义原则，"礼"为正义标准。"自然"是相对于"道生一，一生二，二生三，三生万物"的演化过程来说的"道"之本来状态，即"道"作为"天地之始"的"无名"状态。"道法自然"意味着"道"永远保持其无欲、虚静、无为的原始状态，这是"道"之所以成为实在世界（"域"）中可以为"天下式"的正义者和正义标准的内在根据。老子依据"自然"原则所要创建的公平社会是以"温饱型共同富裕"为特征的"自均"社会，它必须依赖于"法自然"的"圣人"才能由理想变成现实。

一

在老子的语汇里未见"公平"一词，先秦典籍中最早出现该词者似为《荀子·王制》："故公平者，职之衡也；中和者，听之绳也。"然据刘台拱（1751—1805）先生校释，其中"职之衡"当作"听之衡"②，而《荀子》书中又仅此一处出现"公平"一词，所以较难判定该词在这里的确切含义。若果当作"听之衡"，则观其上下文，这里的"公平"应该是指听取意见的全面性而言，即作者之意在于用全面性作为标准来要求王者听取各方面的意见，以免陷于偏听偏信。

从先秦流传下来的典籍中，除《荀子》以外，由西汉学者刘向（前77—前6）所编定的《管子》也提到了"公平"（按：以其由刘向编定，故难以判定其中"公平"一词到底是原书固有还是经刘向改定后才有的）："天公平而无私，故美恶莫

---

① 本文原载《江海学刊》2014年第6期。
② 参见梁启雄：《荀子简释》，中华书局1983年版，第101页。

不覆;地公平而无私,故小大莫不载。"① 此处"公平"与"私"相对,可见这里"公平"一词的核心意义是"公"。② 《韩非子·五蠹》曰:"古者苍颉之作书也,自环者为之私(厶),背私(厶)谓之公,公私之相背也,乃苍颉固以知之矣。"贾谊《新书·道术》云:"兼覆无私谓之公,反公为私。"许慎《说文解字·公》谓:"公,平分也。从八从厶。八犹背也。韩非曰:背厶为公。"贾谊和许慎都接受了韩非"背厶为公"之说,所谓"兼覆""平分",其意思相同,都是指毫无偏私。"平分"意义的"公"相当于《荀子·正论》中所说的"公正":"上公正则下易直矣。"与"公正"意义相近的一个词是"公直"——《吕氏春秋·高义》云:"荆昭王之时,有士焉曰石渚,其为人也,公直无私,王使为政。"这里"公直"是泛指为人处世的一种品德,因有此品德者被认为适宜于为政,故这种品德不但是一般人所应有的品德,而尤为执政者所当具备,正是在后一意义上,"公直"也可以被当作"公平""公正"的同义词来看待。

据上述粗略的考察与分析,至少在战国末年至东汉的典籍中,"公平"这个复合词含有双重意义:它既是指"天道"而言,又是指"人道"(或"王道")而言。这两种含义有别的"公平"的共同意义是"毫无偏私"。观《老子》五千言,其中虽无"公平"一语,然其"天地不仁,以万物为刍狗;圣人不仁,以百姓为刍狗"③、"天道无亲,常与善人"④、"圣人常善救人,故无弃人;常善救物,故无弃物"⑤ 等论述表明,其中"无亲""不仁""常善"等相互关联的语词所包含的意义是与"公平"(毫无偏私)的意思相一致的。所谓"常善",就是"无亲"(不别亲疏,一视同仁)、"不仁"(爱无等差,泛爱万物)的大善。就"救人""救物"而言,"常善"是意味着无论男女老少,无论亲疏贵贱,无论美恶大小,而莫不救。从效果上说,如此"救人""救物",也就是所谓"无弃人""无弃物"——这与《管子》所谓"美恶莫不覆""小大莫不载"显然具有同等意义;另一方面,从动机上说,"常善"则是意味着怀有无所嫌弃、无所偏私的博爱同情——这与《管子》所谓"公平而

---

① 《管子·形势解》。
② "公平"一词在这里被《管子》作者以拟人化的笔法用来评价天地对于万物丝毫不带有厚此薄彼的情感倾向,而是以海纳百川的博大胸怀,包罗万象,无所嫌弃,一视同仁,毫无偏爱地对待万物这样一种自然关系。
③ 《老子·五章》。
④ 《老子·七十九章》。
⑤ 《老子·二十七章》。

无私"也显然具有同等意义。而且从上面这些论述可以看出，它们所表达的公平观念既是属于"天道"范畴，又是属于"人（圣）道"范畴。按照这种公平观念，如果借用《管子》的语言，就不仅可以说"天公平""地公平"，同时还应该说"圣人公平"。这种公平观念实际上是反映了老子"人法地，地法天，天法道，道法自然"和"道大、天大、地大、王亦大"[①] 的天人统一观的。

二

老子生活在"礼坏乐崩"[②] 的春秋末年。春秋时期最重大的历史事变是铁器在农业、手工业生产领域的广泛使用，由此导致了生产力大发展并因此引发社会转型。老子时代的"礼坏乐崩"实质上正是当时社会转型的一种现象形态，即制度文化与价值观的转变形式。然而，比"礼坏乐崩"更加深刻也更为重要的变化，是由于当时生产力大发展所造成的社会财富增长和生产关系的变动，以及由此造成的社会财富的重新分配。生于老子同时代的孔子曾声称"不患贫而患不均"[③]，这正反映出了当时由于社会财富的重新分配而打破了原先相对稳定的贫富结构，使固有的贫富不均现象转移到新的阶层之间，因此造成新的社会矛盾而使得社会动荡不安的情况；而老子所发"天之道，损有余而补不足。人之道则不然，损不足以奉有余"[④] 的议论，更是反映出了当时社会财富的分配是按"损不足以奉有余"的原则来进行的实际情况，以及由于这种分配方式所不可避免地导致贫富两极分化之严峻形势。

正是由于新的生产力条件下所发生的社会财富的重新分配和因此造成的新的贫富不均乃至于出现了严重的贫富两极分化，才使得老子和孔子不约而同地思考社会公平问题。

但是，孔子是在旧体制的总框架之内来进行思考的，他虽然不满于当时社会财富分配的现实而有"患不均"之忧虑，并且提出"均无贫"的观点，看起来似乎

---

① 均见《老子·二十五章》。

② 此语出自《汉书·武帝纪》："盖闻导民以礼，风之以乐。今礼坏乐崩，朕甚闵焉。"后世学者亦常以"礼坏乐崩"来形容春秋时代社会制度与民风习俗的变动情况。

③ 《论语·季氏》。此句中"贫"原误作"寡"，现据杨伯峻《论语译注》（中华书局 1980 年版）校正。

④ 《老子·七十七章》。

是在倡导一种新的分配原则,一种足以消除贫富差别的平均主义分配原则,但实际上由于他认为"周鉴于二代,郁郁乎文哉"而选择了"吾从周"的立场,故充其量只是主张对传统之"礼"加以"损益"①,这种社会制度革新思想绝不要求打破旧体制和创立新体制,也因此,他并不主张用一种新的分配原则来取代旧体制中的分配原则。他所谓"患不均""均无贫"之"均"都不是"均贫富,等贵贱"(消除贫富、贵贱之差别)意义上的平均,而是使贫与富、贵与贱达到某种形式的平衡意义上的均衡。事实上,他的学生子夏曾声称:"商闻之矣,死生有命,富贵在天。"②这话很可能就是他从孔子那里听来的!而孔子本人则说过:"富与贵,是人之所欲也,不以其道得之,不处也。贫与贱,是人之恶也,不以其道得之,不去也。"③据此来看,孔子非但没有要消除贫富差别的意思,倒很可能是曾经制造过"死生有命,富贵在天"的社会舆论,以此来劝慰贫贱者而使之安于贫贱和论证富贵者之富贵的天经地义而使之免遭贫贱者的忌恨呢!从孔子学说的整体来看,他的公平思想无非是主张用"礼乐"之制来规范和约束欲求富贵和欲脱贫贱的人们的行为,并用"仁义"之教来化育天下,使人皆知"克己复礼"而无悖逆之心和越规之行,以实现贫与富、贵与贱等差有序的社会平衡与和谐。所谓"均无贫,和无寡"④,无非是说,在这样一种平衡与和谐的社会里,个人之间财富的贫富差异和国家之间人口数量的多少就都不成为值得人们计较和忧虑的问题了。

而老子的公平思想是基于他对现实社会的反思和批判。面对当时贫富两极分化的社会现实,老子主张进行彻底的社会制度革命。他认为"夫礼者,忠信之薄而乱之首"⑤,因此要求废除传统礼乐制度,按"人法地,地法天,天法道,道法自然"的宇宙秩序,以理想的"天之道"来取代现行的"人之道"。他所谓的"天之道"不只是表示一种同当时社会所实际奉行的"损不足以奉有余"的分配原

---

① 孔子有云:"殷因于夏礼,所损益,可知也;周因于殷礼,所损益,可知也。其或继周者,虽百世,可知也。"(《论语·为政》)这表明了孔子有"礼"非一成不变的历史观念,按照这种观念,"礼"诚然是代代相因,但后代因于前代之"礼"是既有所继承又有所创新的,而"礼"的代际损益之变有规律可寻,根据其规律可以预见"礼"的未来走向和变化趋势。据此来看,孔子实有社会制度革新思想。
② 《论语·颜渊》。
③ 《论语·里仁》。
④ 《论语·季氏》。
⑤ 《老子·三十八章》。

则相反的"损有余而补不"的理想分配原则，更是表示一种同当时实际存在着的社会制度(礼乐制度)相反的理想社会制度，正如他所谓的"人之道"不只是表示当时社会实际奉行的分配原则，更是表示当时社会所实际存在着的礼乐制度一样。从其全盘否定"礼"而宣扬"天道无亲""天地不仁"并且主张"大制不割"①的思想来看，老子的理想社会制度是以"不割"(不别亲疏、不分贵贱)为本质特征的"大制"(最美妙的社会制度)——与"天道"相一致的"自然之制"，这种制度与当时实际存在着的别亲疏、分贵贱的礼乐制度正相反对。老子所提倡的"损有余而补不足"的社会财富分配原则，应该被合理地理解为就是这种"自然之制"的分配原则。然则，老子的理想社会制度可以被概括为以"均贫富，等贵贱，无亲疏"为基本特征的"自然之制"。

据上所论，同是思考社会公平问题，老子有根本不同于孔子的思维路向：

面对社会不公平的现实情况，孔子不是审视现存的社会制度，不是从社会制度方面去探究造成社会不公平的原因，而是审察天下人心，以为社会不公平的根源主要是在人心，是由于"人而不仁"②才导致出现"君不君，臣不臣，父不父，子不子"③这种"礼坏乐崩"的局面，从而使整个社会陷于失衡失和的混乱状态，这才是社会不公平的症结所在，所以，他的思路主要是想通过改造人心来改变现实社会的不公平状态，并且以倡导"克己复礼为仁"④的仁学和与之相应的"上好礼，则民莫敢不敬；上好义，则民莫敢不服；上好信，则民莫敢不用情"⑤的政教来达成其改造人心和实现"天下归仁"的愿望；

老子却是首先检讨现存的社会制度，认为造成当时社会百弊丛生的罪魁祸首是西周以来所实行的礼乐制度，正是这种别亲疏、分贵贱的宗法等级制彻底败坏了天下人心，使人们普遍丧失了纯朴的道德，变得贪恋自私，利欲熏心，因此造成人与人之间和国与国之间互相争利，于是乎为了谋取"难得之货"⑥，为

---

① 《老子·二十八章》。
② 《论语·八佾》："子曰：'人而不仁，如礼何？人而不仁，如乐何？'"
③ 《论语·颜渊》。
④ 《论语·颜渊》。
⑤ 《论语·子路》。
⑥ 《老子·三章》。

了守护"金玉满堂"①,人们极尽智虑,奸邪百出②,为了应对这种局面,君主们采取了"以智治国"③的方式,但结果却是适得其反:"以智治国,国之贼"④;"法令滋彰,盗贼多有"⑤。各国政府为了自身利益,更是"食税之多",因此造成"民之饥"⑥;它们还各为其利地竞相"尚贤"⑦,争夺人才,更"以兵强天下"来谋取和维护本国利益,结果是"师之所处,荆棘生焉"⑧。所以,在老子看来,要从根本上解决贫富不均等社会不公平的问题,必须改变现行的社会制度,以新制度来代替旧的礼乐制度。

根据老子公平思想的上述特征,可以套用《正义论》(*The theory of justice*)作者约翰·罗尔斯(John Rawls)"正义是社会制度的第一美德"和"正义即公平"的名言,将老子公平思想的基本理念概括为"自然是社会制度的第一美德"和"自然即公平"。做这样的概括,当然首先是依据于老子的公平观念在理论上是从其"人法地,地法天,天法道,道法自然"的思想引申出来的——"天公平""地公平""圣人公平"说到底只是"道公平",而"道公平"是由于"道法自然",同时也是意味着把"自然"理解为老子公平思想中的正义原则。

三

在老子的用语里没有出现"正义"一词,这可能与汉语词汇演化规律有关——汉语中诸如"正""义""公""平"之类的单音节词出现在先,诸如"正义""公平""道德"之类的复合词出现在后;也可能跟老子对儒家所提倡的"礼""仁""义"一概持否定态度相关——老子既然主张"绝仁弃义",就不可能再使用"正义"一词来表达他的正义概念,因为"正义"这个偏正式复合词的

---

① 《老子·九章》。
② 《老子·五十七章》:"人多伎巧,奇物滋起。"王弼注:"民多智慧,则巧伪生;巧伪生,则邪事起。"(〔魏〕王弼:《老子注·五十七章》)
③ 《老子·六十五章》。
④ 同上。
⑤ 《老子·五十七章》。
⑥ 《老子·七十五章》:"民之饥,以其上食税之多,是以饥。"
⑦ 《老子·三章》。
⑧ 《老子·三十章》。

核心语素是"义"，"正"是在"义"字之前起修饰限定作用的词素。关于"义"，孟子曾解释说："仁，人心也；义，人路也。"①大概因为路有曲直之分，用"人路"来解释"义"，在逻辑上也就不能排除"义"还有"邪路"的意义，所以后来像孔、孟一样重"义"甚至比孔、孟更加贵"义"的荀子便提出了"正义"一词："有不学问，无正义，以富利为隆，是俗人也。"②照字面解释，"无正义"就是"人不行正路"的意思，按荀子"礼""法"并重的思想，他这里所谓"无正义"是指行为不合"圣人"所创制的"礼义"与"法度"③。《韩诗外传》卷五中的"正义"（"耳不闻学，行无正义"）及《史记·游侠列传》中的"正义"（"今游侠，其行虽不轨于正义，然其言必信，其行必果"）也都是指人在社会生活中所当遵守的行为规则。后来王符（东汉末年政论家、思想家）把能够遵守这种行为规则的人称为"正义之士"，反之者则称为"邪枉之人"④。这个被当作形容词来使用的"正义"应是由名词性的"正义"派生出来的。（"正义"一词当然还有其他含义，如隋唐之际经学家孔颖达所著《五经正义》的所谓"正义"是指对文本意义的准确解释，"五经正义"是指作者自认为最贴近"五经"本旨的正确释义，但这个意义的"正义"同与"公平"相关的"正义"并不相干。）要之，"正义"的基本意义是"人所应守的行为规则"。

具体而言，"正义"又有两个方面的意义：一是制定人所应守的行为规则所依据的一定原理或原则（属于价值范畴），一是依据一定原理所制订出来的某些相互关联的具体行为规则（属于制度范畴）。举例来说，在主张"道之以德，齐之以礼"⑤的孔子那里，前一种意义的"正义"就是他所谓"人而不仁，如礼何"⑥的"仁"，后一种意义的"正义"就是他所谓"克己复礼为仁"⑦的"礼"。进言之，"仁"是正义原则，"礼"是正义标准。就其二者的关系而言，作为正义原则的"仁"是"礼"的价值依据，作为正义标准的"礼"是"仁"的制度表现。

老子虽然只字未提"正义"，但他并非不讨论人应该遵守怎样的行为规则的

① 《孟子·告子上》。
② 《荀子·儒效》。
③ 《荀子·性恶》："圣人积思虑，习伪故，以生礼义而起法度。"
④ 〔汉〕王符《潜夫论·潜叹》："故正义之士与邪枉之人不两立之。"
⑤ 《论语·为政》。
⑥ 《论语·八佾》。
⑦ 《论语·颜渊》。

问题。事实上,当老子论及"礼"和"仁"时,他就是在关注和思考这个问题了;而当其说出"夫礼者,忠信之薄而乱之首"的话并且还提出"绝仁弃义"的主张时,这是意味着他的这种思考已有成果而得到这样的结论:"仁"不是也不该作为正义原则,"礼"不是也不该作为正义标准。那么,依老子之见,究竟该以什么作为正义原则,又以什么作为正义标准呢? 从其"人法地,地法天,天法道,道法自然"①及"使我介然有知,行于大道,唯施是畏。大道甚夷,而民好径"②等论述来看,老子对上述问题的回答是很明确的:正义应当以"自然"为原则、"道"为标准。

较之于孔子的正义原则和正义标准("仁"和"礼"),若借用《易传》"形而上者谓之道,形而下者谓之器"的术语,可以说老子的正义原则和正义标准("自然"和"道")都是属于"形而上之道",而"仁"和"礼"都是属于"形而下之器"。老子本人则有"朴散则为器"③的提法,又有"道常无名,朴虽小,天下莫能臣也"④和"化而欲作,吾将镇之以无名之朴。无名之朴,夫亦将无欲。不欲以静,天下将自定"⑤之说,显然,"朴"就是"道",其与"器"的关系相当于《易传》的"道"与"器"。然则,"自然"和"道"与"仁"和"礼"的差别,可以归结为"无名"与"有名"的差别。依老子"名可名,非常名"⑥之说,这种差别亦可说是"常名"与"非常名"的差别——前者是无可言说的"名",后者是可以言说的"名"。这意味着在老子看来,正义根本不在言语之中,而是在言语之外,正义的原则和标准都要到实在世界中去寻找。这个实在世界老子称之为"域",他说"域中有四大",这"四大"即王、地、天、道。老子又说,"四大"之中,"道"是"先天地生",它可"以为天下母"。⑦"既得其母,以知其子;既知其子,复守其母,没身不殆。"⑧他从"道"是"天下母"的前提,推论出人当"守其母"的结论。这个结论是告诉

---

① 《老子·二十五章》。
② 《老子·五十三章》。
③ 《老子·二十八章》。
④ 《老子·三十二章》。
⑤ 《老子·三十七章》。
⑥ 《老子·一章》。
⑦ 《老子·二十五章》。
⑧ 《老子·五十二章》。

人们："道"既是"天下母"，则理应成为"天下式"①，而且只有以"道"作为"天下式"（人类行为的法式），以"道"的运行法则作为人类行动的准则，才是最有利于人类的，因为遵行这种法则，能使人"没身不殆"（终身都没有危险）。老子的言外之意是说，凡人为制定的行为规则都是不靠谱的，实行起来都很危险，也就是说，没有什么人有资格做人类的立法者。在老子看来，即使是"域中四大"中的"王"（圣人），他虽然"亦大"，却远没有"大"到足可以为人类行为立法的程度。"王"之所以为"王"，不过是因为他遵行"道"（"守道"）罢了。"道常无为而无不为。侯王若能守之，万物将自化。"②如果不能"守道"而"无为"，"侯王"就不过是徒有"侯王"封号的诸侯而已，而决不能成为"域中四大"中的"王"。只有"可以为天下母"的"道"，才理所当然可以为"天下式"，从而有资格做"域中"的立法者。"道"是怎样为天、地、人立法的？它是根据什么原则来立法的？老子所谓"道法自然"，就回答了这个问题。"自然"就是"道"作为"域中"的立法者之所由的立法原则，亦即老子公平思想中的正义原则。

"道法自然"的"自然"是指"道"作为"天地之始"的"无名"状态而言，这种状态对"道生一，一生二，二生三，三生万物"③的演化过程来说就是"道"的本来状态。处于这种原始状态的"道"，老子称它为"无名之朴"。所以，直接地说是"道法自然"，间接地说其实是"道法无名"。他所谓"道常无名"④，实际上正是说"道以无名为常法"。"这里'无名'应被理解为犹如处在黑暗中的人尚未向他人发出表明自己存在情况的口语信号，自然之道尚处在'寂兮寥兮'的状态而没有以感性形式来表现自己。"这是表明"道"尚未有"自我表现之欲"。⑤这种"常无欲"的"无名"状态，便是所谓"虚极""静笃"⑥的原始虚静状态。"道以无名为常法"是意味着"道"永远保持着它原初的那种无欲虚静状态。在老

---

① 语出《老子·二十二章》："曲则全，枉则直，洼则盈，敝则新，少则得，多则惑。是以圣人抱一，为天下式。"又见《老子·二十八章》："知其白，守其黑，为天下式。"

② 《老子·三十七章》。

③ 《老子·四十二章》。

④ 《老子·三十二章》。

⑤ 参见周可真：《"体道"的必要性、原理及方法——〈老子〉道篇首章新解》，《江南大学学报（人文社会科学版）》2011年第6期。

⑥ 《老子·十六章》："致虚极，守静笃，万物并作，吾以观复。"

子看来，"道"常无欲虚静就是意味着"道常无为"[①]。正因为"道"是如此常无欲、虚静、无为，它才可以作为"域中"的最高准则而为天、地、人所取法。如果说"道"是"域中"可以为"天下式"的正义标准的话，那么，"道"之所以可以作为"天下式"的内在根据就在于它永远保持着其无欲、虚静、无为的原始状态。用《庄子·天道篇》中的话来说，"夫虚静恬淡寂寞无为者，天地之平而道德之至也"。正是因为"道"具备了这种"至德"（老子称为"上德"），它才成为"天下式"的正义者和正义标准。

四

在老子看来，"法自然"的"道"是"域中"正义者的代表和楷模，当然遵行正义之"道"（也意味着"法自然"）的天、地、王也都是"域中"的正义者。天地的正义体现在"天地不仁，以万物为刍狗"[②]。"天地相合，以降甘露，民莫之令而自均"[③]，就正是天地以"不别亲疏，爱无差等"的正义之德来对待万物的一种具体表现，其如此公平的对待万物，使得万物能均沾天地所降之甘露。这种利益均沾的情况，是"法自然"的天地使然，所体现的是"自然"的正义原则，故"自均"也可以说是"自然均衡"。这种"自然均衡"的利益关系对万物而言是均沾（万物均享天地所赐的利益），对天地而言则是均分（天地均衡地赐予百姓以利益），亦即老子所谓"损有余而补不足"这种属于"天之道"内容的均衡分配。这也就是说，"自均"具有双重意义：既是利益的"自然均沾"，又是利益的"自然均分"。"自均"的这两种意义便是老子基于"道法自然"的正义观的公平概念的基本涵义。

"自均"作为体现"自然"原则的公平关系，要在人类社会中也得到体现，就必须依赖于"王"。"王"作为"域中四大"之一，不是一般的"人"，也不是普通的"侯王"，而是能够像"地""天""道"那样"法自然"的"圣人"，所以说："天地不仁，以万物为刍狗；圣人不仁，以百姓为刍狗。"[④] "圣人"对百姓的关系和天

---

① 《老子·三十七章》。
② 《老子·五章》。
③ 《老子·三十二章》。
④ 《老子·五章》。

地对万物的关系完全一致。强调执政者具有"法自然"的"圣人"之"德"而成其为"王"是实现社会"自均"的先决条件，这是老子社会公平思想的重要特点。

执政者怎样才能具有"圣人"之"德"？老子说："致虚极，守静笃。万物并作，吾以观复。夫物芸芸，各复归其根。归根曰静，是谓复命，复命曰常，知常曰明，不知常，妄作，凶。知常容，容乃公，公乃王，王乃天，天乃道，道乃久，没身不殆。"①这一大段话，都是针对"域中四大"中的"王"来说的，其主旨在于论说"域中有四大，而王居其一焉"的原理，即"王"之所以亦能成其为"大"的根据。在老子看来，"王亦大"的根据全在于"知常"。要"知常"，就必须"致虚极，守静笃"，即要使内心达到绝对虚静，因为绝对虚静就是"道"的本来状态（"自然"或"始然"）。所谓"容"，就是指"知常"者笃静极虚的"自然"心境。"容乃公"是说心境合于"自然"者因其内心虚静而能公平对待百姓，即所谓"圣人不仁，以百姓为刍狗"也。如此毫无偏私地博爱百姓，从而"常善救人"而"无弃人"，"常善救物"而"无弃物"，也就成为"圣王"了。故曰"公乃王"。只有"圣王"才能保证天下如天长道久般的长治久安。

"圣人"公平地对待百姓，这是"圣人"均施恩德恩惠于百姓，就像天地均洒甘露于万物一样。这种"自然均分"的利益关系的另一方面，就是百姓均享均沾"圣人"的恩德恩惠。"圣人云：'我无为而民自化，我好静而民自正，我无事而民自富，我无欲而民自朴。'"②所谓"自化""自正""自富""自朴"，就是百姓对"圣人"所施之恩德恩惠的均享均沾，它们都是属于"自均"范畴。具体而言，"自化"是自然均衡地受到"圣人"之"行不言之教"③的化育，"自正""自朴"是由于"圣人""绝仁弃义"和"行不言之教"而自然均衡地养成和普遍具有正直而淳朴的道德，"自富"是由于"圣人常善救人"而"无弃人""常善救物"而"无弃物"而达到社会财富相对充足和均衡分享，这是老子"小国寡民"的社会理想中的共同富裕，这种共同富裕并不是社会财富充分涌流，以至于达到了可以各取所需或按需分配的那种"享乐型共同富裕"，而是社会财富有限但能满足全体社会成员的生存需要，足以使他们不愁吃、不愁穿、不愁住，而且个个都自我感觉吃得香甜、

---

① 《老子·十六章》。
② 《老子·五十七章》。
③ 参见《老子·二章》。

穿得漂亮、住得安适("甘其食,美其服,安其居"[①])的"温饱型共同富裕"。这种"温饱型共同富裕"是老子依据"自然"原则所要创建的"自均"社会的核心内容,它意味着不仅解决了全体社会成员的生存问题,而且实现了他们对社会财富的均衡分享。按老子的思想逻辑,这种理想的公平社会,必须依赖于"法自然"的"圣人"之"处无为之事,行不言之教"[②],才能从理想转变为现实。

① 《老子·八十章》。
② 《老子·二章》。

论老子的时间哲学①

【提要】老子时间哲学是基于"天下有始"的宇宙论假设,由此引出标识时间原点的"古始"概念。以"古始"为理论基石的老子时间哲学兼具历史、伦理双重意义,并以"道法自然"的命题,确立了"自然"作为历史法则和伦理法则之共同本体的地位。在"道法自然"命题中,"自然"兼指始然之道体与自足之道性;该命题本意谓"道"永守其古始就有的德性。"常道"之"常"是标识永时的概念。"始""母"与"无""有"是标识时间形式与存在形态互相统一的两对概念,突出地反映了老子的相对时间观。作为宇宙论概念,"先""后"除了表示宇宙演化中时间前后的次序关系,还表示由前者推导出后者的演绎逻辑关系;"母""子"除了也表示这种逻辑关系以外,更表示"道"演化出天地万物的宇宙史关系。这两种意义的叠合,使"先""后"与"母""子"实际成为标识宇宙历史逻辑的概念。以"古始"概念为理论基石的老子时间哲学,是以自然本体论和相对时间观作为其核心要素的。其自然本体论要求人们返始复初,以虚静之心体,守自然之常道;其相对时间观要求人们挫锐解纷,以柔弱之心志,应古今之时变。

本文是对中国古代宇宙论经典《道德经》的新探之作,以时间问题为红线,将反映在这部经典中的宇宙论思想串连成一体,名之曰"老子时间哲学"。

一、"天下有始"与"古始"

老子的时间哲学是基于"天下有始"的宇宙论假设:"天下有始,以为天下

---

① 本文原载《江苏社会科学》2019 年第 5 期,中国人民大学报刊复印资料《中国哲学》2020 年第 1
期全文转载。

母。"① 这里"始"是表示宇宙("天下")在时间上的开端。"天下有始"的假设蕴含着一种时间观念，按照这种观念，时间是一个过程，这个过程是有起点的，"天下"之"始"便是指作为所有时间过程的集合体的时间整体过程的起点——时间原点。由此引出"古始"概念："执古之道，以御今之有。能知古始，是谓道纪。"② "古始"之"古"与"自古及今"③ 之"古"为同一概念，系泛指与"今"相对的往昔之时。将往昔之时推至于极，便是所谓"古始"。易言之，"古始"是指往昔之时的起点，也就是时间原点。

"知古始"的意义，是为了"执古之道"。所谓"能知古始，是谓道纪"，其意正在于说明，只要把握住了"古之道"，那就等于是掌握了"道纪"。这"道纪"的"纪"字，河上公释义为"纲纪"，马叙伦释义为"基"，许抗生释义为"根本"。④ 从此字前后语境来看，当以河上公之释为胜。"执古之道"就是意味着掌握"御今之有"的纲。所谓"执古之道，以御今之有"，其实正是老子针对人类活动中处理"古之道"与"今之有"的关系所讲的"纲举目张"之理，旨在强调，掌握"古之道"对于有效治理"今之有"具有关键意义。

"执古之道"是从历史维度上说，"知古始"是从时间维度上说。强调"知古始"对于"执古之道，以御今之有"的先决意义，是意味着老子具有这样一种历史观：

回溯和考察历史，不应目光短浅地只是关注人类自身"自古及今"的历史，而是应当放眼包括天地人在内的整个自然界，将时间眼光延展至"古始"，考察"古始"以来的宇宙演化史。

这种主张将整个自然界纳入历史视野的大历史观，使老子宇宙论带有探究"古始"以来自然界如何演化的宇宙历史学性质。

在《道德经》中，老子还不仅是将整个自然界描述为"道生一，一生二，二生三，三生万物"⑤ 的演化过程，同时更以一种伦理眼光来审视这个演化过程，将这个自然大过程描写成一部起自"古始"之"道"而迄于周代之"礼"的"道德"演

———————

① 《老子·五十二章》。
② 《老子·十四章》。
③ 《老子·二十一章》。
④ 参见许抗生：《帛书老子注译与研究》，浙江人民出版社1985年版，第95页。
⑤ 《老子·四十二章》。

化史,而且根据他的描述,这还是一部"失道而后德,失德而后仁,失仁而后义,失义而后礼"①的"道德"退化史,而当"道德"退化至"礼"时,宇宙历史也终于迎来"忠信之薄"而伦理秩序大乱的时代——"夫礼者,忠信之薄而乱之首"②。

要之,老子的宇宙论不但具有研究"古始"以来宇宙演化的宇宙历史学性质,还具有研究"古始"以来"道德"演变的宇宙伦理学性质。从这个意义上说,老子的宇宙论所表达的宇宙观具有历史观与伦理观双重意义。

在老子宇宙论中,历史观与伦理观是互相统一的,因为它们有一个共同的理论基础,这就是基于"古始"(时间原点)概念来探究"古始"宇宙之本性的本体论——老子将"古始"宇宙的本性命名为"自然",所以它们都可以被冠以"自然"之名——"自然历史观"和"自然伦理观"。

由于老子的"自然历史观"和"自然伦理观"都是以"古始"(时间原点)概念作为其逻辑前提,由这个逻辑前提推演出来的具有思辨哲学特性的历史观和伦理观,所以,老子以"古始"概念为理论基石的时间哲学也具有历史和伦理双重性,即老子宇宙论的时间概念系统既是属于历史范畴的,也是属于伦理范畴的。故作为标志时间原点的"古始"概念也有如此双重意义:它既是宇宙历史原点的标识,又是宇宙伦理原点的标识。老子的宇宙本体论便是要通过探究"古始"宇宙的本性来确定终极的历史法则和伦理法则,亦即确定历史法则和伦理法则的共同本体——这个本体最后被老子归结为"自然",并以"道法自然"③的命题形式确立了"自然"作为历史法则和伦理法则的共同本体的地位。

二、"自然"与"道法自然"

关于"道法自然"命题中"自然"一词,张岱年先生曾在《中国哲学大纲》中指出:"前人多解自然为一名词,谓道取法于自然,此大误。自然二字,《老子》书中曾数用之,如'功成事遂,百姓皆谓我自然。''希言自然。''道之尊德之贵,莫之命而常自然。'所谓自然,皆系自己如尔之意,非一专名,此处当亦同,不得

---

① 《老子·三十八章》。
② 同上。
③ 《老子·二十五章》。

视为一名词。其意谓道更无所取法,道之法是其自己如此。"① 张先生此说固然有道理,但是,如果将"道法自然"之"自然"置于老子时间哲学的视域中,则更可以看出,它的含义不只是"自己如此"而已,它还与"古始"概念联系在一起,含有"始然(古始如此)"之意——后者是老子宇宙论中"自然"概念的首要基义。

将"道法自然"之"自然"首先理解为"始然(古始如此)",这当然不是也不能是仅仅依据老子时间哲学进行逻辑分析与逻辑推断而来,还须有也应当有文字学(词源学)方面的相关字源材料作为历史凭据。据《说文》对"自"的解说,"自"的本字为"鼻"②,"鼻"为"引气自畀也"③。《方言》则释"鼻"为"始"④。后来"自"从"鼻"字中分离出来而独立成词以后,仍留有"始"之义。先秦典籍中,"自"既有作代词用的情况,也有作名词用的情况。如《孟子·离娄上》:"人必自侮,然后人侮之;家必自毁,而后人毁之;国必自伐,而后人伐之。"⑤ 此处"自"为代词,指自己。作名词使用时,"自"含有"起始""开头""由来""起源"等义。如《韩非子·心度》:"故法者,王之本也;刑者,爱之自也。"这里"自""本"被并举使用,为近义词——"本"是"根源"之意;"自"是"起始"之意。如《礼记·中庸》:"知风之自,知微之显,可以入德也。"这里"自"是"由来""起源"之意。所以,"自然"一词既可释义为"自己如此",亦可释义为"原初样子"。在后一种意义上,"自然"相当于张载《正蒙·太和》"太虚无形,气之本体"句中的"本体"一词(意指气的本来状态)。

在老子"道法自然"的命题中,"自然"一词的具体含义有如此双重性:一方面,它是在"原初样子"意义上被用以指称"道体"——"道"的本来状态——"道"在"古始"就是如此的样式;另一方面,它又是在"自己如此"意义上被用以指称"道性"——"道"的自足本性——"道"在"古始"就已然自有的德性。

"道体"意义的"自然",是着眼于"古始"的时间关系,以说明"道"之所法,一直是它自己"古始"就有的样式,而从无改变;"道性"意义的"自然",是着眼于"域中"的空间关系,以说明"道"之所法,唯有"域中"它自己固有的德性,而

---

① 张岱年:《中国哲学大纲》,载《张岱年全集》(第2卷),河北人民出版社1996年版,第51页。
② 〔汉〕许慎:《说文解字·自》。
③ 〔汉〕许慎:《说文解字·鼻》。
④ 华学诚:《杨雄方言校释汇证》,中华书局2006年版,第917页。
⑤ 《孟子·离娄上》。

别无他者。

综观"自然"的上述两种意义,可以看出"道法自然"的真实含义,是指"道"自"古始"以来一直保持着它自有的德性而无有改变。

"道"的这种"法自然"特性,也就是其"独立不改"①的本性。"独立"是指"道"在来源上具有自足性;"不改"是指"道"永远自足,这是对"独立"的补充性说明,旨在强调"道"始终自足。"道"的这种自足性使它无待于外,无求于外,由此引出"道常无名"②"常无欲"③"道常无为"④的概念——"名"是外在的东西,"欲"是有意追求外在的东西,"为"是有意求取外在东西的作为,它们都是为"道"的自足性所排斥的。从这个维度来理解"道法自然"的意义,它应该就是指,世界上除了"道"自己"独立不改"的法则以外,不再有其他法则。换言之,"常无名""常无欲""常无为"的自足是宇宙间的唯一法则——"道"既是历史法则的本体,也是伦理法则的本体。

据上分析,"道法自然"其实是表达老子对宇宙本性自足的本体论命题。

如果再联系老子的其他有关论述来进行更细致更深入的探究,还可以进一步获知,"道法自然"的命题在理论上应是基于如下两个假设前提并据此作逻辑推论而建立起来的:

(一)假设前提:(1)"天下有始"。(2)"(道)混而为一"⑤。

(二)逻辑推论:(1)假定宇宙在时间上有一个最初的开端——"天下有始",就可以设想有一个处于时间原点的宇宙——一个"先天地生"的"道"⑥。(2)假定"道"是"混而为一"的存在⑦,这种存在必定是绝对自足的,因为它不但在时

---

① 《老子·二十五章》。
② 《老子·三十二章》。
③ 《老子·一章》。
④ 《老子·三十七章》。
⑤ 参见《老子·十四章》。
⑥ 参见《老子·二十五章》。
⑦ 《老子·十四章》:"视之不见,名曰夷;听之不闻,名曰希;搏之不得,名曰微。此三者不可致诘,故混而为一。其上不皦,其下不昧。绳绳不可名,复归于无物。是谓无状之状,无物之象,是谓惚恍。迎之不见其首,随之不见其后。"这整段话都是对"道"的存有状态的描述:因其"夷"(无音)"希"(无形)"微"(无迹)而不可追问其到底是何样东西,只能说它是混然一体的存在。这混然一体的"道"具有实而不虚、存而不灭、绵绵不绝之特点(参见许抗生:《帛书老子注译与研究》,浙江人民出版社1985年版,第92—94页)。它不可命名,因为它不像具体事物那样有特殊的样貌形象;它是没有具体样貌形象的,是无边无际的混沌存在。

间上是不再有先于它的存在的终极存在，而且在空间上是没有外于它的存在的唯一存在。

从探索宇宙起源的宇宙学角度来看，"道法自然"的命题是表达了一种可以被纳入"自然发生说"范畴的宇宙起源论观点。正是基于这个观点，老子明确指出："道……吾不知谁之子，象帝之先。"[①] 这不啻是完全否定和排除了"帝"对宇宙发生的作用，而且明确肯定"帝"是一种外在于自有之"道"的东西——这实际上是暗示"帝"是出于外在原因而产生的一种非自然之物——一种被人为创造出来的观念。

作为对宇宙本性的一种哲学认知，"道法自然"的命题代表了老子对宇宙终极原因的解答。这样的解答也许是老子在自觉意识到宇宙终极原因不可确知时所给出的一种以无解为解的答案，但是这个答案恰恰意味着，假使宇宙终极原因的确是不可确知的话，那么，"自然"就是不可确知其原因的情况下所能给出的最好回答。

"道法自然"不仅表达了宇宙本性自足的宇宙本体观，也表达了万物本性皆自足的物性观和人性观，因为在老子看来，"域中"（宇宙间）"道""天""地""人"之间是"人法地，地法天，天法道，道法自然"[②] 的关系，这意味着"天""地""人"按其本性来说，也都像"道"一样是"自然"的，只是因为"道德"退化到"礼"的时代，那些号称"侯王"的统治者背离"自然"之"道"而妄作，才导致了天下百姓普遍迷失了"道"之所"命"于人类的"自然"之性，才出现了"大道废，有仁义；智慧出，有大伪；六亲不和，有孝慈；国家昏乱，有忠臣"[③] 这样一种伦"乱"政"凶"的局面。

面对这种糟糕局面，老子寄希望于"域中四大"之一的"王"——能够像"道"一样"法自然"的人，依靠他们来改变历史和伦理的走向，使历史和伦理复归于"自然"之"道"。老子"执古之道，以御今之有"的观点即表明了，尽管其将整个宇宙演化史归结为一部"道德"退化史，但是他并不认为这种"道德"退化的进程是不可遏止的，相反，他认为，只要人类"能知古始"，进而去认识"古始"宇宙的德性，从而掌握"古之道"这个"道纪"，就足以改变"今之有"的

---

① 《老子·四章》。
② 《老子·二十五章》。
③ 《老子·十八章》。

"道德"堕落状况,使"道德"退化的历史进程发生逆转,使天下万物"各复归其根"①,都回归于"道"之所"命"于人类的"自然"之性。故曰:"道常无为而无不为。侯王若能守之,万物将自化。"②

"道常无为"是"道法自然"的表现,即保持其自有的德性而始终不变的"道"对万物的作用形式。这种体现"道"的自有德性的作用形式,不但完全不同于那些和"道""德"毫不相干的行为——包括"为之而莫之应"的"上礼"之"为"和"为之而有以为"的"上仁""上义"之"为",也根本区别于那种表面上看起来"无为"而骨子里却"有以为"(意有所图)的"下德"之"无为";"道"对万物的作用形式,乃是"无为而无以为"的"上德"之"无为"。③"道"这种"无以为"(无所意图)的"无为"即是"常无为",亦即真正"有德"的"无为";那种"有以为"(意有所图)的"下德"之"无为",则是仅仅看似"不失德"而其实是"无德"的假"无为"。

"常无为"所体现的德性就是"道"所自有的德性,这种自然德性表现在"道"对万物的作用关系中,就是"生万物"④"衣养万物"⑤而"似万物之宗"⑥,但却"生而不有,为而不恃,长而不宰"的"玄德"⑦。老子希望当时那些号称"侯王"的人们,都能"执古之道,以御今之有",像"道"一样"法自然"而"常无为",以成其"无不为"之功,得天下"自化"之效,成为不是徒有"侯王"虚名,而是地地道道、名符其实的"王"。

三、"古今"与"常"

"古今"是中国传统史学中极为重要的概念,为人们所熟知的司马迁的史学名句"通古今之变",就说明了这一点。而历史概念与时间概念是密不可分的,尤其在以按年月日顺序记载事实的编年体史书为基础的中国传统史学中,时间

①《老子·十六章》。
②《老子·三十七章》。
③ 参见《老子·三十八章》。
④《老子·四十二章》。
⑤《老子·三十四章》。
⑥《老子·四章》。
⑦《老子·十章》。

更被视为历史存在的前提和基础,"通古今之变"这一曾经极大地影响了中国传统史学发展的史学理念也表明,在这个史学传统中,时间对于历史是如此重要,以至于历史规律在很大程度上可以被归结为时间规律。故"古今"概念是既属于历史范畴,也属于时间范畴,而且在逻辑上是首先属于时间范畴的。

老子的时间哲学不仅认为时间在整体上是一个起于"古始"的流逝过程,而且认为这个时间流逝过程还经历了"自古及今"[①] 的变化。这说明在老子时间哲学中,"古今"是标志时间变化的概念。

正是基于时间有古今之变的观念,作为"守藏史"的老子,才以其特有的史家智慧,提出了"古始"概念,并向那些考"古"的同行们强调了"知古始"的重要性,以引导他们从一般地探求往"古"之实转向探求极远的"古始"之实,以便能"执古之道,以御今之有"。

然而,老子凭什么可以肯定"古之道"适用于"今之有"呢?

老子关于退化的"道德"可以发生逆转的伦理观和关于能行"常无为"之政的"王"将使"道德"在天下"自化"之境中得到恢复的德治观,并不是意味着他认为时间可以倒流,历史可以倒退,而只是基于"古始"之"道"——"古之道"自古至今始终不改其本性的"常道"概念,而这个"常道"概念又是立基于其时间哲学的"常"概念。

《道德经》道篇首章中就出现了"常道""常名""常无欲""常有欲"等概念与提法,其他地方也多处出现"常"字,有"道常无为""道常无名""知常曰明"等提法。然则,到底何谓"常"? 笔者曾在相关论文中指出,《说文解字》释"常"为"下裙",则"常"字原是个名词,而"常道"和"常名"之"常"显然属于形容词。作为形容词,"常"是指天体运行规律的恒久性时,这种恒久性同时也意味着不受人为因素影响的自发性、自然性。[②]

基于上述看法,笔者进一步认为,在老子时间哲学中,"常"是与"古今"相对应的一个概念。如果说"古今"是标志时间变化的概念的话,那么,"常"则是标志古今之变中始终如一的时间同一性的概念。所谓"常道",就是指作为"域中四大"之首的"道"在古今时间变化中始终保持其自我同一性而不改变。"道"

---

① 语出《老子·二十一章》。

② 参见周可真:《"体道"的必要性、原理及方法——〈老子〉道篇首章新解》,《江南大学学报(人文社会科学版)》2011年第6期。

的这种始终如一的不变本性,并非意味着"道"是一种超时间的存在,而是意味着"道"的存在是与寓于古今之变中不变的时间同一性相联系的,这种时间同一性是既在时间变化之中又超越时间变化的恒性时间——无间断的延绵性时间。这里姑且用"永时"来指称这种延绵性时间。老子时间哲学中的"常",就是指古今不变的永时。"域中四大"中唯有"道"具有永时性,故而称之为"常道"。与之相对,"非常道"则是指那些不具有永时性的道理。在老子看来,那些不具有永时性的道理是迟早会变得过时的道理,是不足以为"王"者所取法的。"王"者所取法的是具有永时性从而永远不过时也永远都不会过时的"常道"。故"常道"也包含"虽古而常新之道"的意义,即"王"者所执的"古之道"虽为"古始"之"道",但因其具有永时性而历久常新,永不过时。

需要说明的是,在《道德经》中,"常"并不只是一个时间概念,它在别处还有其他含义。例如,第十六章中"复命曰常"之"常",就不是一个时间概念,而是老子性命论中的一个概念,其"常"是指各复归其根的万物回复到了"道"之所"命"的虚静状态——老子视之为适于"命"而合于"道"的正常状态,故而称之为"常"。再如,第五十五章中"知和曰常"之"常",这也非时间概念,而是老子知行观中的一个概念,实指知行主体因"知和"而达到的如婴孩般"和之至"的存在状态。知行主体的这种存在状态与上述复归其性命的万物之虚静状态是一致的,在老子看来,它也是合于"道"的正常状态,所以亦称之为"常"。在《道德经》中,"常"作为一个非时间概念,其主要意义就是指合于"道"的正常状态。当然,除此以外,它还有别的含义,例如上文所提到的"道常无为"之"常",是表示"道"之"无为"具有"无以为"(无所意图)的无目的性或自然而然性。在逻辑上,这个意义的"常"与表示合于"道"的正常状态的"常"是有内在关联的,因为按老子思想,没有主观意图或自然而然,这无疑是合于"道"的,因而也当然是正常的。

四、"始""母"与"无""有"

《说文》云"始,女之初也"[1],"母,牧也。从女。象裹子形,一曰,象乳子也"[2]。

---

① 〔汉〕许慎:《说文解字·始》。
② 〔汉〕许慎:《说文解字·母》。

据此,"始"与"母"均是指女性而言,其差异在于"始"是指少女,"母"是指已然怀胎或哺育婴儿的妇人。所谓"天下有始,以为天下母"①,是将宇宙("天下")比喻成一位女性,并根据女性从少女到妇人的一般成长经历,来推断这位女性的成长经历应该也是由少女长成为妇人的。但是,老子在这里并不是从实体意义上来论"天下始"与"天下母"的关系,而是从由"天下始"到"天下母"所经历的时间流逝过程意义上来论其关系的,即这里的"始"与"母"是表示一种时间关系,亦即表示由其原点出发的时间整体流逝过程的两个阶段。"天下始"与"天下母"作为时间概念所具有的这种意义,在《道德经》道篇首章中表现得最为明显而具体:

> 无名,天地之始;有名,万物之母。(按:帛书甲、乙本皆作:"无名,万物之始;有名,万物之母也。"②)

这是一段描述自然界演化过程的宇宙论术语。这里"天地"或"万物"应当被理解为与"天下有始"之"天下"同义的概念,它们和"天下"一样,也是用来指称自然界整体的宇宙论概念——这三个异名同实的概念都相当于后世用来总称天地万物的"宇宙"概念。所谓"天地之始""万物之母",犹言"天下始""天下母"——以下简称"始""母"。

"无名"与"有名"则是被用来指称自然界在演化过程中所经历的两种不同历史形态:"无名"是指自然界的古始存在形式,因其"混而为一"而不可命名,故而称之为"无名";"有名"是指由其古始形态演化而来的自然界存在形式,因其有具体样貌形象特征而可以命名,故而称之为"有名"。自然界的这两种历史存在形态前后相承,由前者演化出后者,这种宇宙史上的历史联系被老子追述性地描写为"天下万物生于有,有生于无"③。将老子所讲的"执古之道,以御今之有"的话联系起来看,这里所谓"无"与"有",显然是指"古始"之"道"和由这"古之道"演化而来的天地万物——相对于"古之道"而称之为"今之有"。因此,"无"与"有"无疑可以也应该被理解为就是"无名"与"有名"的略称,实指自

---

① 《老子·五十二章》。
② 许抗生:《帛书老子注译与研究》,浙江人民出版社 1985 年版,第 74 页。
③ 《老子·四十章》。

然界在演化过程中所经历的无名性存在和有名性存在两个基本阶段。当自然界的演化进入到有名性阶段时——按老了"道生一,一生二,二生三,三生万物"①之说,该阶段当由"道生一"开其端,此后"一生二,二生三,三生万物"都是"有"(有名性存在)自身数量由少增多的繁衍性演化过程,故曰"天下万物生于有"。

"始"与"母"是被用来指称自然界的存在形态由"混而为一"而不可命名的无名性存在到有具体样貌形象特征而可以命名的有名性存在的演化所经历的时间过程的两个阶段:"始"是指该过程的无名性存在阶段,"母"是指该过程的有名性存在阶段。作为时间概念的"始"与"母"在这特定语境下所显示出来的这种具体意义,正说明了时间是以自然界的存在形态表现出来的,它只能存在于自然界的具体存在之中,而不能独立于这些具体存在。老子正是以"无名,天地之始;有名,万物之母"这样的特殊表述方式,表达了其宇宙论中关于时间与自然界互相统一而不可分离的时间观。这种时间观蕴含着这样一种时变观:时间是随自然界存在形态的变化而相应改变其具体形式的。"始"与"母"正是反映这种时变观的一对概念:"始"是指与自然界的无名性存在相联系和适应的时间形式;"母"是指与自然界的有名性存在相联系和适应的时间形式。显然,这种时变观是一种相对时间观。

老子的相对时间观不仅是在于肯定自然界的时间形式与它的存在形态之间有这样一种关系,即时间形式依赖于存在形态,随存在形态变化而变化,而且由于这种关系意味着一定的时间形式总是同特定的存在形态相联系的,那么反过来,特定的存在形态也总是同一定的时间形式相联系的,所以,老子的上述时变观,实际上也是一种存变观,或者说蕴含着一种存变观——一种肯定自然界的存在形态依赖于它的时间形式,随其时间形式的变化而变化的自然哲学存在观。"无"与"有"就正是反映这种存变观的一对概念:"无"是指与"始"相联系和对应的存在形态;"有"是指与"母"相联系和对应的存在形态。

总之,在老子时间哲学中,"始"与"母"是标志自然界演化所经历的时间过程的两个基本阶段的概念;"无"与"有"是标志与"始""母"相联系和对应的自然界两种基本存在形态的概念。这两对概念反映了老子关于时间的具体形式与自然界的存在形态之间具有统一性的相对时间观。

————————————

① 《老子·四十二章》。

五、"先""后"与"母""子"

《道德经》中一句同时出现"先""后"二字,仅见于第六十六章:"欲先民,必以身后之。"但这里的"先""后"是在劝导治国者不要争先恐后地同百姓争利意义上使用的,其意义犹"争先恐后"之"先""后",这虽然同时间次序和空间次序都有一定关联,却不是在时空次序意义上使用的。但是,此例至少说明,在《道德经》中,"先""后"是一成对的概念。

在《道德经》中,"先""后"与"前""后"是既有联系又有区别的一对概念。在第二章中,出现"前后相随"一语。但仅凭此语,还难以判定这里的"前后"到底是时间次序意义上的"前后",还是空间次序意义上的"前后",抑或这两种意义兼而有之。从其他篇章的相关文字来看,其中既有在时间次序意义上使用"前""后"概念的例子(如:"前识者,道之华而愚之始。"[①] 此句中"前"是时间次序意义上的"前",犹言"先"。[②] "失道而后德……"这里"失……而后……"句式中的"后"是时间次序意义上的"后"),也有在空间次序意义上使用"前""后"概念的例子(如:"迎之不见其首,随之不见其后。"[③] "后其身而身先。"[④] 此二句中"后"与"首"或"先"相对,都是空间次序意义上的"后"。虽然未见同样意义上使用"前"的例子,但据此至少有理由亦可将"前后相随"句中的"前后"理解为空间次序意义上的"前后")。既然如此,"前后相随"之"前后",当然可以理解为是时间次序意义和空间次序意义兼而有之。

由"先天地生"[⑤] 和"吾不知谁之子,象帝之先"[⑥] 二句可见,"先"不仅被当作时间概念来使用,而且还在这个意义上被用于宇宙论,据此可以确认,在《道德经》中,"先""后"并不只是一对普通概念,同时还是老子宇宙论中的一对概念,而且在老子宇宙论中,这是一对表示时间前后次序关系的概念。

---

① 《老子·三十八章》。

② 《韩非子·解老》:"先物行先理动之谓前识。前识者,无缘而忘意度也。"王弼《老子注·三十八章》:"前识者,前人而识也,下德之伦也。竭其聪明以为前识,役其智力以营庶事。"

③ 《老子·十四章》。

④ 《老子·七章》。

⑤ 《老子·二十五章》。

⑥ 《老子·四章》。

如果说"前后相随"之"前后"是时间次序意义和空间次序意义兼而有之的话,那么,在时间次序意义上,"前""后"当然可以被当作"先""后"来理解,从而反过来,当然也可以根据"前后相随"说来理解老子宇宙论中"先""后"概念的意义。

按照老子的"前后相随"说,"先""后"和"美""恶(丑)"、"善""不善(恶)"、"有""无"、"难""易"、"高""下"、"长""短"等矛盾关系一样,也是既对立又统一或既相反又相成的关系。^①但是,从其"善之与恶,相去若何"^②的话来看,在"善""恶"等矛盾关系中,被老子看重的,并不是其对立或相反的一面,而是其统一或相成的一面,亦即对立面之间互相依赖、互相成济、互相转化的同一性方面。而从其"图难于其易,为大于其细"^③的话来看,老子对于对立面之间统一或相成的关系,又并非是一视同仁地看重它们各自对对方的成济关系,而是有所偏倚地只看重某一方对另一方的成济关系。例如,在"难""易"之间,老子只是看重"易"对"难"的成济关系,认为要做成一件繁难的事,必须从简单的事做起。又如,在"大""细(小)"之间,老子只是看重"细(小)"对"大"的成济关系,认为要成就一项伟业,必须从细小的事情做起。显然,在这两例中,老子都不认为,对立面之间的成济关系是彼此对等的互相成济关系。在前一例中,老子只是认为简单之事可以成济繁难之事,而未尝认为它们是可以互相成济的关系;在后一例中,老子也只是认为细小之事可以成济伟大之事,也未尝认为它们是可以互相成济的关系。那么,在"先""后"关系中,老子所看重的到底是何方对对方的成济关系呢?

当把"先""后"只是当作一对普通概念来看待时,从如下一些论述中可以看到,老子对生活世界中的"先""后"关系,仅仅是看重"后"对"先"的成济关系——"圣人后其身而身先"^④;"欲先民,必以身后之"^⑤;"我有三宝,持而保之。一曰慈,二曰俭,三曰不敢为天下先。慈,故能勇;俭,故能广;不敢为天下先,故能成器长。今舍慈且勇,舍俭且广,舍后且先,死矣"^⑥。

---

① 参见《老子·三章》。
② 《老子·二十章》。
③ 《老子·六十三章》。
④ 《老子·七章》。
⑤ 《老子·六十六章》。
⑥ 《老子·六十七章》。

　　然而,在老子宇宙论中,我们看到的却是同上述情况正好相反的情形:老子对自然世界中的"先""后"关系,是看重"先"对"后"的成济关系——"先天地生"的"道"对后于它的天地万物"生之畜之"①的成济关系,亦即"道生一,一生二,三生万物"②和"(道)衣养万物"③的生养关系;而且老子决不认为,自然世界中还存在着与"先"对"后"的这种成济关系相对应的"后"对"先"的成济关系。

　　从老子"有物混成,先天地生,寂兮寥兮,独立不改,周行而不殆,可以为天下母"④的思想理路来看,"道"之所以可以成为成济天地万物的"天下母"⑤,其根据首先是在于它"先天地生"。这意味着老子对自然世界中"先""后"相成关系的认知理路,是先把它们类比成"母""子"关系,然后根据"母"对"子"的生养关系,类推出"先"对"后"的生养关系。由此可见,在老子宇宙论中,"先""后"不仅是标志时间前后次序关系的概念,同时还是标志宇宙演化逻辑的概念,这种逻辑是来源于生活世界,是根据生活世界中的"母""子"关系建立起来的。

　　"母""子"原本是反映生活世界中的一种生活关系的概念,但是,当这种生活关系成为标志宇宙演化逻辑的"先""后"概念的来源时,它自己也随着这种逻辑的建立而获得了相应的逻辑意义,从而"母""子"概念也就由生活关系概念转化为逻辑关系概念,成为同"先""后"概念相联系并与之同类的宇宙论概念了。

　　不过,在老子宇宙论中,"母""子"与"先""后"也仅仅是意义有同有异的同类概念,而并不是意义完全相同的同等概念。其意义之同,是在于它们都是逻辑关系概念,并且其逻辑意义都是指由前者可以推导出后者的演绎逻辑关系。其意义之异,是在于它们作为宇宙论概念各有其所指:"先""后"是指宇宙演化

①《老子·十章》。
②《老子·四十二章》。
③《老子·三十四章》。
④《老子·二十五章》。
⑤ 这里"天下母"显然是指"道",其"母"与相对于"始"而言的"母"含义不同。这是单独使用"母"字的情况,即这里的"母"既没有和"始"对举使用,也没有和"子"对举使用。这可以理解为当"母"被单独使用时,它是特指存在范畴的"道"。例如:"我独异于人,而贵食母。"(《老子·二十章》)此处"母"也是单独使用,所指的对象也是存在范畴的"道"。

中时间过程的前后次序关系,在这种关系中,后者是由前者演化而来;"母""子"是指在宇宙演化的时间次序关系中次于最前的"道"与次于"道"之后的天地万物之间的前后相成关系,在这种关系中,是"道"成济天地万物,使天地万物得以产生和成长——也正是这种关系,使"母""子"又成为"道"与天地万物的代名词。

由于老子宇宙论中的"母""子"概念具有双重意义——既表示从前者推导出后者的演绎逻辑关系,又表示从"道"演化出天地万物的宇宙历史关系,于是这两种意义叠合在一起,就使这对概念获得了一种特殊身份,成为既属于演绎逻辑范畴又属于宇宙历史范畴的复合概念——在逻辑学意义上,它是宇宙演绎逻辑学概念;在历史学意义上,它是宇宙演绎历史学概念。这意味着老子的演绎逻辑是一种宇宙历史逻辑,他的历史逻辑是一种宇宙演绎逻辑。老子的历史知行论正是遵循了这种宇宙历史逻辑:

其历史认识论是遵循"既得其母,以知其子;既知其子,复守其母"[①] 的演绎认知逻辑——由"得母"(知道)演绎出"知子"(知天下),再由"守母"(行道)来验证"知子"(知天下),以证明是否真"得母"(知道);

其历史实践论则是遵循"执古之道,以御今之有"[②] 的演绎行为逻辑——由"执古之道"的认识(得道之知)演绎出"御今之有"的实践(守道之行)。

由于"始""母"也蕴含着"先""后"——"始先母后",因此在"先""后"意义上,"始""母"概念和"母""子"概念是一致的;同时,由于"始""母"概念所标志的时间关系与"母""子"概念所标志的存在关系也有其互相一致性(参见上文),所以,老子在具体使用这两对概念时,便出现了把它们当作彼此互通的概念而将其互相转换和替代使用的情况:

> 天下有始,以为天下母。既得其母,以知其子;既知其子,复守其母,没身不殆。[③]

这段话前一句中"天下母"之"母"是相对"始"而言,后一句中"得其

① 《老子·五十二章》。
② 《老子·十四章》。
③ 《老子·五十二章》。

母""守其母"之"母"是相对"子"而言,这分明是两个不同概念的"母"[①]:前者属于时间范畴,与"古始"意义相同,指时间原点;后者属于存在范畴,与"无名"意义相同,指自然界的"古始"形态——与此"母"相对的"子"亦是属于存在范畴的概念,与"有名"意义相同,系指自然界经演化所成的有具体样貌形象特征的存在形态。但是,老子在此使用这两个明显属于不同范畴的"母"概念时,却未加任何说明地就一下子从时间范畴的"母"跳跃到了存在范畴的"母",这种情况看起来似乎显得老子思维存在逻辑混乱的问题,但是如果考虑"始""母"概念和"母""子"概念在表示"先""后"关系上具有一致性,那么,出现这种情况就是可以理解的了,虽然这两对概念实际上是同类概念而非同等概念。

结语

老子时间哲学是基于"天下有始"的宇宙论假设,由此引出标识时间原点的"古始"概念。以"古始"概念为理论基石的老子时间哲学具有历史和伦理双重性,并以"道法自然"的命题,确立了"自然"作为历史法则和伦理法则之共同本体的地位。在"道法自然"命题中,"自然"除"自己如此"外,尚有"古始如此"之义,且为"自然"首要基义,它兼指始然之道体与自足之道性,该命题本意谓"道"永守其古始就有的德性。"常道"之"常"是标识永时的概念。"始""母"与"无""有"是标识时间形式与存在形态互相统一的两对概念,突出地反映了老子的相对时间观。这两对概念反映了老子关于自然界的时间形式与存在形态之间具有互相依赖的统一性的相对时间观。"先""后"除了表示宇宙演化中时间过程的前后次序关系,还表示由前者推导出后者的演绎逻辑关系;"母""子"除了也表示这种逻辑关系以外,更表示"道"演化出天地万物的宇宙史关系。这两种意义的叠合,使"先""后"与"母""子"实际成为标识宇

---

① 即使是单从字义看,这两个"母"字的用法和含义也有区别:与"始"相对的"母"是在怀胎或哺育婴儿意义上使用,是暗示少女长成妇人之意;与"子"相对的"母"与《老子·二十五章》中"可以为天下母"的"母"同义,均指"道"而言,其以"母"喻"道",是将"先天地生"的"道"比作可以生出天地万物的宇宙阴门——"玄牝之门"(《老子·一章》),也就是说,这个"母"字并不是在怀胎或哺育婴儿意义上使用,而是在产子生崽的牝门或能产子生崽的牝意义上使用。

宙历史逻辑的概念。

以"古始"概念为理论基石的老子时间哲学，是以自然本体论和相对时间观作为核心要素的。其自然本体论要求人们返始复初，以虚静之心体，守自然之常道；其相对时间观要求人们挫锐解纷，以柔弱之心志，应古今之时变。

老子伦理观新探："上德"与"上善"①

【提要】是以"道"还是以"德"作为伦理标准,这是"上德"与"下德"的分际所在。区分"上德"与"下德"是为"圣人之治"提供理论依据,其伦理意义在于倡导朴实之"德",反对虚伪之"德"。"上德"之朴实,是因其一视同仁地善待一切人和物,是为公平之德;"下德"之虚伪,是因意有所偏,行有所弃,不能一视同仁地善待一切人和物,是为不公平之德。倡扬公平之德是老子伦理观之主要特色,能履行公平之德,方是"上善"。"上善"是"上德"在实践中的体现,"上善若水"是"上德"的实践原则。

一、"上德""下德"

《老子·三十八章》全文:

> 上德不德,是以有德。下德不失德,是以无德。上德无为而无以为,下德为之而有以为。上仁为之而无以为,上义为之而有以为。上礼为之而莫之应,则攘臂而扔之。故失道而后德,失德而后仁,失仁而后义,失义而后礼。夫礼者,忠信之薄而乱之首。前识者,道之华而愚之始。是以大丈夫处其厚,不居其薄;处其实,不居其华。故去彼取此。

此章内容不见于楚简,但《韩非子·解老》的引文中有与此章基本相同的文字:

---

① 本文原载《中共宁波市委党校学报》2020 年第 3 期,《新华文摘》2020 年第 19 期摘要转载。

上德不德，是以有德。上德无为而无不为也，上仁为之而无以为也，上义为之而有以为也，上礼为之而莫之应，攘臂而仍之。失道而后失德，失德而后失仁，失仁而后失义，失义而后礼。夫礼者，忠信之薄也，而乱之首乎。前识者，道之华也，而愚之首也。大丈夫处其厚不处其薄，处其实不处其华。去彼取此。

帛书甲、乙两种本子与之相较，其具体文字互有出入，但乙本内容与通行本基本一致，甲本内容与《解老》引文基本一致。这些文本与通行本在文字上的差异有许多可以忽略，但有两处值得注意：第一，汉帛甲本与《解老》引文均无"下德不失德，是以无德"和"下德为之而有以为"的内容。第二，通行本"上德无为而无以为"一句，在《解老》中作"上德无为而无不为也"。当如何看待这些差异呢？

依据其中"故失道而后德，失德而后仁，失仁而后义，失义而后礼"的话来判析，此章所论应是属于宇宙伦理观范畴的思想，"道""德""仁""义""礼"应是指宇宙伦理发展各个不同阶段上的伦理标准；这里用"故"字来联结上下文，是表明下文所说的"失道""失德""失仁""失义"与上文所说的"上德"等有某种对应关系，从这种对应关系来看，"上德不德"是意味着"上德"不以"德"而以"道"为伦理标准，其后文"失道而后德"正与之相呼应，是指不以"道"而以"德"为伦理标准，接下来也都是针对伦理标准而言——"失德而后仁"是指不以"德"而以"仁"为标准；"失仁而后义"是指不以"仁"而以"义"为标准；"失义而后礼"是指不以"义"而以"礼"为标准。由是观之，通行本与汉帛乙本中所谓"下德"及相关文字应该是可信的，当非汉以后所增益。所谓"下德不失德"应该就是针对"失道而后德"而言，意谓"下德"是不以"道"而以"德"为伦理标准。是以"道"还是以"德"为伦理标准，这是"上德"与"下德"的分际所在。

联系《老子·二章》"是以圣人处无为之事，行不言之教"和《三章》"是以圣人之治，虚其心，实其腹；弱其志，强其骨。常使民无知无欲，使夫智者不敢为也"等相关论述，可以认为，老子区分"上德"与"下德"的意义是在于为"圣人之治"提供理论依据。按照这个理论,"圣人"是"从事于道者,同于道"①的"上德"之人,是"处无为之事,行不言之教"的治理者和教化者。所谓"上德无为而无以为;下德为之而有以为",是比较圣人的无为之治与现实世界中侯王的有为之治的本质差异:无为是以"无以为"为特征,有为是以"有以为"为特征。这里"无以"与"有以"的"以"字是"因"或"故"之意,在与"为"的关系中是指行为的目的而言,"无以为"是指无目的而为,"有以为"是指有目的而为。故无为与有为的区别并不是不为与为之的区别,而是为的方式的区别:无为是不带有任何目的性的行为,有为是带有一定目的性的行为。

由此来看《韩非子·解老》所引《老子》"上德无为而无不为也"之文,这固然也可以说得通,它与"上德无为而无以为"的区别仅仅在于:"无以为"是指"无为"的行为特性(无目的性);"无不为"是指"无为"的行为效果("常使民无知无欲")。但是,若认为《解老》与汉帛甲本所同缺而为通行本与汉帛乙本所共有的那两段话("下德不失德,是以无德"和"下德为之,而有以为")并非多余且不可或缺的话,那么,《解老》的那句引文显然是同本章整体语境不相协调的,相对而言,倒是通行本与汉帛乙本"上德无为而无以为"的文句显得比较融洽。

然则,"上德不德,是以有德。下德不失德,是以有德"何以解?

解读这段话的关键在于对其中的关联词"是以"的理解。

"是以"在古汉语中的一般含义是"因此""所以"。但在某些语境下,"是以"是宾语前置,"是"是代词,含有"这、这个原因"等义;"以"是介词,含有"因、由于"等义。在这种关联中,"是"为介词"以"的宾语。"上德不德,是以有德。下德不失德,是以无德"语境中的"是以",正是宾语前置的情况。这段话应解读为"上德不德,是因其有德。下德不失德,是因其无德"。

如果说"不德"是意味着不以"德"而以"道"为标准来处理国家治理过程中的伦理关系的话,那么,在老子看来,能够如此来治理国家者,是因其"有德";反之,"无德"者则不能如此来治理国家。这里"有德"与"无德"之"德"不是宇宙历史观中"德畜之"的"德",而是宇宙伦理观中的"德";前者与"道"相关,后者与从事国家治理的人相关。然则,后一种关系中的"德"当作何解?

《老子》中"德"字或作名词(如"有德""无德"之"德"),或作动词(如"不

① 《老子·二十三章》。原文多出"道者"二字,兹据帛书改正。

德"之"德"），但全部八十一章中，未有对"德"字做出明确解释或多少做了些说明的文字。在先秦典籍中，《管子·心术上》有"德者，得也"的解释，《韩非子·解老》更将"德"与"得"联系起来来解释其意义差异："德者，内也。得者，外也。"在韩非看来，"德"含有"得"之义，但"德"之为"得"与一般的"得"又有"内""外"之别——依据下文"神不淫于外，则身全。身全之谓德。德者，得身也"来判断，其"内""外"应是指心之内外而言。参考郑玄（127—200）的有关注文①，韩非所谓"德者，内也；得者，外也"，应该是说，"德"是心有所得，"得"是身有所得。韩非认为，心有所得的条件是"神不淫于外"，即不受心外之物的干扰而达到心神宁静——如此可得身全之效，是谓"得身"。韩非将"身全"意义上的"得身"称作"德"，盖因"得身"的根据在于心神宁静，所以"得身"应该被本质地理解为由于"神不淫于外"而心有所得。

《庄子·外物》则有"心彻为知，知彻为德"之说，其"德"亦与"心"相关。参考《说文》"彻，通也"②的解释，"知彻"应是指"心彻"（心灵修养得通透明白）条件下进一步修养所达到的知识境界。显然，"知彻"意义的"德"归根到底也是一定条件下心有所得。

要之，"德"字被用于同人事相关的场合，其通义为"心有所得"。

然则，参考王弼对"上德"的解释③，老子所谓"上德不德，是以有德。下德不失德，是以无德"可进一步解释为："上德"之人之所以用"道"而非用"德"来治理天下，是因其心体虚静而有得于"道"且常得而无失；"下德"之人之所以不以"道"而以"德"来治理天下，是因其心体躁动而无得于"道"。故"下德为之而有以为"，其具体含义应是指"下德"之人利用并非得于"道"，徒有"德"之名而无"德"之实的虚伪之"德"来规制百姓，使百姓依其虚伪之"德"而行虚伪之事。

故老子区分"上德"与"下德"，实有倡导朴实之"德"而反对虚伪之"德"的伦理意义。第三十八章最后强调"大丈夫处其厚不居其薄，处其实不居其华。

---

① 《周礼·地官·师氏》："敏德以为行本。"郑玄注："德行内外之称，在心为德，施之为行者。"（〔清〕阮元校刻：《十三经注疏》，中华书局1980年版，第730页）

② 〔汉〕许慎：《说文解字·彻》。

③ 王弼《老子注·三十八章》："德者，得也。常得而无丧，利而无害，故以德为名焉。何以得德？由乎道也。"

故去彼取此"，正是就"德"之真伪而言。所谓"去彼取此"，就是主张抛弃背离"道"的虚伪之"德"，践行得于"道"的真朴之"德"。

在老子看来，自"失道"以后，无论是用"德"还是用"仁"或"义"或"礼"来治理天下，都是同以"道"治天下的真正"德"治格格不入的，而且从"失德而后失仁"直到"失义而后礼"，其伦理状况是越来越差，到了以"礼"来治天下时，更是"莫之应，攘臂而仍之"（无人响应，只得挥舞着胳膊，强迫百姓去执行"礼"的规定）了。

进而再参考第二十七章"是以圣人常善救人，故无弃人；常善救物，故无弃物。是谓袭明。故善人者，不善人之师；不善人者，善人之资"[1]的论述，则可以认为，老子提倡"无为而无以为"的"上德"，其意义还不只是一般地主张践行真朴之"德"，更是主张将践行真朴之"德"具体落实于救人而无弃人、救物而无弃物的常善行动。这种善待一切人和物的常善行动，乃是崇尚、追求和恪守无偏无失的公平之善——"常善"；它作为"上德"的体现，乃是意味着"上德"的实质在于公平之德。由此再反观"下德"之行，其"为之而有以为"，实是假借"德"之虚名而行其虚伪之"德"；其体现于救人救物，乃是意有所偏，行有所弃，而不能一视同仁地善待一切人和物。也就是说，"下德"作为一种虚伪之"德"，其实质在于它不公平。

二、"上善若水"

倡扬公平之德是老子伦理观之主要特色。能履行公平之"上德"，方是"上善"。"上善"是"上德"在实践中的体现。"上善若水"是"上德"的实践原则。

"上善若水"见于第八章："上善若水。水善利万物而不争，处众人之所恶，故几于道。"[2]河上公将"上善若水"释义为："上善之人，如水之性。"[3]依本章所论，"水之性"是表现在"水善利万物而不争，处众人之所恶"。但《老子》中论及"水"者尚有多处，并非只有这一章。综观各处论"水"的内容及相关论述，可将老子"上善若水"的思想归纳为如下三个方面：

---

[1]《老子·二十七章》。

[2]《老子·八章》。

[3] 王卡点校：《老子道德经河上公章句》，中华书局 1993 年版，第 28 页。

（一）上善者像水之善利万物那样善待一切人

"上善若水"之说是以"上善"为核心概念,此概念涉及"善""恶"关系。故要把握老子"上善若水"的思想,须首先探究其善恶观。《老子·二章》有这方面的论述:

> 天下皆知美之为美,斯恶已;皆知善之为善,斯不善已。故有无相生,难易相成,长短相较,高下相倾,音声相和,前后相随。是以圣人处无为之事,行不言之教。万物作焉而不辞,生而不有,为而不恃,功成而弗居。夫唯弗居,是以不去。

在老子看来,善与恶(不善)是一对辩证矛盾:有善必有恶,有恶必有善,善与恶都不能离开对方而独立存在。正是因为看到了善与恶之间具有如此互相依赖、互相转化的同一关系,所以老子才说:"善之与恶,相去若何?"① 也因此,老子并不主张扬善惩恶、赏善罚恶,而是主张"善者,吾善之;不善者,吾亦善之,德善"②。这也就是认为,在道德上不应嫌弃任何一种人,不管他们是不是善类,都要一视同仁地善待。能做到像善待善类那样善待不善之人,才是"上善"之人。在善恶观意义上,所谓"上善若水",就是提倡一种超越善恶,像水之善利万物那样善待一切人——既善待善人又善待恶人的至善——"上善"。从"上善"之人对恶人是如此宽容以至于非但不予嫌弃反而加以善待的意义上说,"上善"就是"上德":"夷道若纇,上德若谷。"③"上德若谷"之"谷"正是比喻"上德"之人具有宽容和善待一切人的广阔胸襟,所谓虚怀若谷是也。

因为老子主张对恶人也要善待,所以他也主张"以德报怨":

> 为无为,事无事,味无味。大小多少,报怨以德。图难于其易,为大于其细。天下难事必作于易,天下大事必作于细。是以圣人终不为大,故能成其大。夫轻诺必寡信,多易必多难,是以圣人犹难之,故终

---

① 《老子·二十章》。
② 《老子·四十九章》。
③ 《老子·四十一章》。

无难矣。①

此章含义可解为：以无为为作为，以无事为事务，以恬淡为美味，把小事当作大事来看待，把简单的事情当作复杂的事情来看待，像回报恩德一样来回报怨仇。谋难事，从容易的事做起；办大事，从细小的事做起。轻率许诺，必定难守信用。不能慎重其事，办事必定不顺利。所以圣人把容易的事也当作繁难的事来办，这样举轻若重的处事，就无论做什么事情都容易办成了。

之所以将"以德报怨"解释为"像回报恩德一样来回报怨仇"，是因为在笔者看来，老子所谓"以德报怨"之"德"应是指"上德"，而非"下德"。有人把老子所谓"以德报怨"之"德"直解为"恩德"或"恩惠"，这是一种简单化的理解，有所不妥，因为按老子思想，一般的施恩惠于人，这是"有以为"而非"为无为"，亦即属于"下德"而非"上德"，实质上也就是"无德"。"上德无为而无以为"②，故"以德报怨"可直解为"以无以为来对待怨仇"。"无以为"就是"法自然"的"无为"。"以无以为来对待怨仇"，就是不把怨仇当作怨仇来看待，就像不把恩惠当作恩惠来看待一样，从而既不是以怨报怨，也不是以德报德，而是本着"天道无亲，常与善人"③的"自然"精神，一视同仁地如回报恩德般地回报怨仇，即不但以善行回报恩德，也以善行回报怨仇。老子这种"以德报怨"的主张与其"善者，吾善之；不善者，吾亦善之，德善。信者，吾信之；不信者，吾亦信之，德信"④的主张是完全一致的。这里隐含了对善与恶、恩与仇等矛盾对立面不加分辨致诘而使之"混而为一"的思想，这种思想后来被庄子发展为"齐物"思想及相应的"不谴是非，以与世俗处"的人生态度。

老子"以德报怨"的主张与孔子"以直报怨"的主张大不相同。《论语·宪问》记载："或曰：'以德报怨，何如？'子曰：'何以报德？以直报怨，以德报德。'"这里"以德报怨"是问者所引述的别人的主张，对这个主张问者是抱着将信将疑的态度，以此来向孔子请教，而孔子所关心的实质问题是"何以报德"而非"何以报怨"，所以他的回答所要表达的主要观点是"以德报德"，"以直报怨"则是其

①《老子·六十三章》。
②《老子·三十八章》。
③《老子·七十九章》。
④《老子·四十九章》。

次要观点。关于"直"，《论语·雍也》记载："子曰：'人之生也直，罔之生也幸而免。'"宋代理学家程颐解曰："生理本直。罔，不直也，而亦生者，幸而免尔。"① 这是说，直是人生正道。正直行事，是合于人生原理的正当行为，如此行事者，才是作为一个人而活着。反之，那些好行邪曲之徒，虽然赖于其邪术而可侥幸免于惩罚或灾难，但只是苟且偷生，其实活得不像一个人。从孔子的人生观可以看出，他所谓"以直报怨"，显然是主张以合于人生原理的正当行为来回报怨仇。按孔子仁学思想，他所谓"直"无疑当属"仁"范畴，而"仁"的客观标准是"礼"，所谓"克己复礼为仁"② 是也。故其"直"的标准也应该是"礼"。孔子主张"非礼勿视，非礼勿听，非礼勿言，非礼勿动"③，据此来区分"直"与"罔"，则"直"是"依礼而视，依礼而听，依礼而言，依礼而动"；反之，"罔"是"非礼而视，非礼而听，非礼而言，非礼而动"。故"以直报怨"应该被理解为以合礼行为来回报怨仇，礼当计较则计较之，礼不当计较则不予计较。这意味着，孔子主张以理性态度来对待怨仇，反对凭主观好恶感情来处理怨仇。

比较老子"以德报怨"的主张和孔子"以直报怨"的主张，可以看出，老子的主张在于依据自然法则而要求不加分辨地善待一切人；孔子的主张则在于根据礼义法则而要求在分辨是非的基础上理性行事，即要针对具体的情况作具体的分析，从而因人而异、因事而异地采取不同的方式和方法来处理不同性质的人际关系。

中国古代社会是宗法社会，老子"以德报怨"的主张是与崇尚"亲亲"和"尊尊"的宗法等级制度相悖的，其与墨家的"兼爱"思想有异曲同工之处。孔子"以直报怨"的主张则是同宗法等级制度相适应的，是反映了宗法等级制度的本质要求的。故于今而论，在应当彻底破除传统的宗法等级制度及其观念的意义上，"以德报怨"是比较合理的思想，"以直报怨"则应予否弃。但是，在当今中国的现实社会中仍然残存着传统的宗法等级观念的情况下，要做到"以德报怨"，实际上是很困难的，反倒是"以直报怨"比较行得通；同样，在当今国际社会中由于诸国诸民族之间常有利害冲突，"以德报怨"实际上也难以行得通，相对而言，"以直报怨"倒是比较可取。

① 转引自〔宋〕朱熹：《四书章句集注》，中华书局 1983 年版，第 89 页。
② 《论语·颜渊》。
③ 同上。

（二）上善者像柔弱的水那样不与万物相争

"上德"之人，虚怀若谷，持守道德价值的中立，不分善人与恶人，一律善待，这是意味着主观上没有求善的动机，没有追求做一个有道德的人的意图，这样倒能成为一个"上善"之人，一个真正有道德的人，所以说："上德无为而无以为，下德为之而有以为。"① 这也就是说，真正的道德是在无意间造成的。（"无以为"即"无意而为"；"有以为"即"有意而为"。）"无为而无以为"就是所谓"道法自然"的"自然"之境。所以，老子的道德观是"道德本于自然"或"道德出于自然"。

出于自然的道德，是无意而为的道德，是真正的道德，是谓"上德"；反之，违背自然的道德，是有意而为的道德，是虚伪的道德，是谓"下德"。用《老子》的原话来讲，"无意"就是"无知无欲"。在善恶观意义上，"知"是分辨善恶，"欲"是故意求善。"无知无欲"是不分辨善恶，不故意求善；反之，分辨善恶，故意求善，就是"有知有欲"。在老子看来，人本来是无知无欲的，人们之所以会变得有知有欲而故意求善，是由于自然道德不断退化的结果："失道而后德，失德而后仁，失仁而后义，失义而后礼。夫礼者，忠信之薄而乱之首。"② 老子认为，周代礼乐制度的创立是标志着自然道德退化到了极点，正是这种制度，导致人们完全丧失了诚实质朴的品性而变得极其虚伪狡诈，天下因此而陷于纷乱。在这种社会制度下，人们故意求善，不过是为了争得善名所带来的利益，其求善是假，争名夺利才是真。所谓"下德为之而有以为"，实际上是指"下德"之人有意于名利而求善，即为了争名夺利才努力做一个有道德的人。所谓"上善若水。水善利万物而不争"，是表明在老子看来，真正有道德的人，不仅要超越善恶，像水之善利万物那样善待善人与恶人，还要超脱名利，像柔弱的水那样不与万物相争。

（三）上善者像善于居下的水那样谦卑

水之柔弱的本性不只在于"水善利万物而不争"，还在于它"处众人之所恶"，即水总是向下流淌而甘处万物之下，而众人总是互相争先而不甘居人之下（或人之后）。然而，"江海所以能为百谷王者，以其善下之，故能为百谷王。是以

---

① 《老子·三十八章》。
② 同上。

欲上民，必以言下之；欲先民，必以身后之。是以圣人处上而民不重，处前而民不害。是以天下乐推而不厌"①。圣人以其表现出甘居人下，故虽居百姓之上，而百姓并不以之为负担；以其表现出先人后己，故虽居百姓之先，而百姓并不以之为危害。所以百姓乐于推举具有圣人品格的人出来治理天下。故曰："不敢为天下先，故能成器长。"②

老子认为，"能成器长"的圣君，不仅在国内对民谦下而深得民心，在国际关系中对他国也是同样的谦下，而且无论国家大小，国家之间都应当相互谦下，这样才能"各得其所"："大国者下流，天下之交，天下之牝。牝常以静胜牡，以静为下。故大国以下小国，则取小国；小国以下大国，则取大国。故或下以取，或下而取。大国不过欲兼畜人，小国不过欲入事人。夫两者各得其所。欲大者，宜为下。"③（意思是说：大国为诸小国所竞争结交。大国为天下人所爱慕、追求，犹如女性为男性所爱慕、追求。女性总是以她那特有的温柔恬静来赢得男性的倾心爱慕。所以只要大国在与小国的交往中表现出如女性般温柔恬静的品格，它就能赢得小国来归附。反之，只要小国在与大国的交往中表现出如男性在女性面前所表现出的那样倾慕对方，它就能赢得大国的容纳和庇护。所以，或者以对小国的谦下、尊重来赢得小国的归附；或者以甘拜下风的态度来赢得大国的庇护。大国之所以表现出对小国的谦下和尊重，不过是为了使天下人都置于自己的统管和保护之下；小国之所以以甘拜下风的态度来对待大国，不过是为了能够参与国际事务，从而使自己在国际社会中赢得应有的地位和声望。）这段话所表达的是老子依据谦卑原则来处理国际事务以求国际关系和谐的国际政治战略与策略思想。

谦卑不只是处理政治事务所当遵循的伦理原则，也是处理日常生活关系所当遵循的伦理原则，其基本精神是强调为人低调，谦恭柔弱，决不争强斗狠。老子的谦卑逻辑是：

一方面，"柔弱胜刚强"④——"天下莫柔弱于水，而攻坚强者莫之能胜，以

---

① 《老子·六十六章》。
② 《老子·六十七章》。"成器长"指成为众人所拥戴的官长。
③ 《老子·六十一章》。
④ 《老子·三十六章》。

其无以易之。弱之胜强，柔之胜刚，天下莫不知，莫能行"①。能知柔弱胜于刚强之理而依之行事，则能使自己强大起来——"守柔曰强"②。

另一方面，"强梁者不得其死"——"人之所教，我亦教之。强梁者不得其死，吾将以为教父"③。（意思是说：别人所教导我的，我也用来教导别人，"强横斗狠的人不得好死"。我要把这句话作为教导别人的开始。）

《老子·七十六章》更把这两个方面合在一起，根据生活经验，总结出这样一个道理："人之生也柔弱，其死也坚强。万物草木之生也柔脆，其死也枯槁。故坚强者，死之徒；柔弱者，生之徒。是以兵强则不胜；木强则兵。强大处下，柔弱处上。"这是把柔弱谦卑提升到攸关生死的高度，把它当作贵生原则提出来，让一切自爱自珍其生命的人都按这个原则来为人处世。这样，柔弱谦卑作为一个伦理原则，就不仅具有政治哲学意义，同时它也成为老子人生哲学和生命哲学的一个基本原则。

---

① 《老子·七十八章》。
② 《老子·五十二章》。
③ 《老子·四十二章》。

《老子》"知"论新探^①

【提要】《老子》的"知"论是立基于这样一种"常道"观念："常道"并不外在于天地万物,而是作为其本性寓于天地万物之中。老子"知常"论的核心观点在于：对"常道"的认识应当且必须通过"自知"途径来达成。这种"自知"以"致虚极,守静笃"的修心功夫为基础：一方面是遵循"既得其母,以知其子"的认知逻辑而达到"得道"与"知天下"相互统一的"知常"；另一方面是遵循"既知其子,复守其母"的行动逻辑而达到"知天下"与"守道"互相统一的"观复"。"知常"是"观复"的前提,"观复"是认知主体在自适其本性的生活实践中自我体会其本性的妙用,并借助于这种自我体会来达到对"道"的妙用的体认。

一、"知""智""明"

《老子》中有"知常曰明""自知者明"等与"知"相关的判断,这些判断都表明了其"知"论对于"明"持有积极肯定乃至于推崇备至的鲜明立场；同时,《老子》中又有"无知无欲""绝圣弃智"等提法,这些提法则表明了其"知"论对于"智"（按：古汉语中"知""智"二字可以互通）持有明显不同于"明"的态度,其具体看法显得相当微妙复杂。以此,探究老子"知"论,宜从辨明"知""智""明"意义关系入手。

汉语中"知"字从"矢"从"口",属会意字,其意为"说的准""一语中的"。"智"字从"知"从"日",是会意兼形声字。由"知"与"日"二字所合成的复合字"智"是"日知"（天天都说的准）之意,是表示一个人每说必中而无差错。每说必中而无差错的人总是智力超群的颖异之人,所以"日知"蕴含"聪慧过人"

---

① 本文原载《江苏社会科学》2021 年第 2 期,中国人民大学报刊复印资料《中国哲学》2021 年第 12 期全文转载。本文第二作者为于国强。

之意。"智"的引申义就是"超常的聪明"。"明"和"知"一样,亦属会意字,小篆从月从囧——从月,取月之光;从囧,取窗牖之明亮。《说文》曰:"明,照也。"[①]《诗经·陈风·月出》:"月出照兮。"这里"照"是对月光的形容,意为洁白明亮。

由上可知,"知""智"二字都与"口"有关,这意味着"知""智"二字所指称的知识都是言说的知识。"明"字则无关乎"口",它只是表示明白之意,这意味着"明"字所指称的知识是无关乎言说的,只是(心里)明白而已。

《韩非子·喻老》有云:"楚庄王欲伐越,杜子谏曰:'王之伐越,何也?'曰:'政乱兵弱。'杜子曰:'臣愚患之。智如目也,能见百步之外而不能自见其睫。王之兵自败于秦、晋,丧地数百里,此兵之弱也。庄蹻为盗于境内而吏不能禁,此政之乱也。王之弱乱,非越之下也,而欲伐越,此智之如目也。'王乃止。故知之难,不在见人,在自见。故曰:'自见之谓明。'"这里"自见之谓明"是引自《老子》的话,也就是说,韩非所见的《老子》文本原有"自见之谓明"之说,但这句话不见于汉以后各种版本的《老子》,郭店楚简中也未见此语。通行本《老子·三十三章》则有云:"知人者智,自知者明。"此说不见于楚简,但见于汉以后其他各个版本,只是文字略有出入。按韩非的理解,"自见"和"见人"都是属于"知",则它们之间的关系本属于"自知"与"知人"的关系。从其语境可知,这里"明"原与"智"相对,据此推测,韩非所见的《老子》文本中的说法当为"见人之谓智,自见之谓明"。(不知楚简本所据的《老子》文本中是否已有这样的说法或与此近似之说。)

根据《韩非子·喻老》所引《老子》原话"自见之谓明"的具体语境,可以对"智"和"明"做出如下分辨:

(1)"智"和"明"都是属于"知";

(2)"智"是以客体事物为认识对象,"明"是以主体自我为认识对象;

(3)"智"是凭耳目之官的感觉能力去感知客体事物,"明"是凭心之官的自省能力来反省主体自我;

(4)"智"是通过主体感知客体所获得的物性知识,"明"是通过主体自我反省所获得的心性知识。

以上四点未必就是老子"知"论之见,但对探究《老子》"知"论有重要参考价值。

———————————

① 〔汉〕许慎:《说文解字·明》。

二、"自知者明"

《韩非子·喻老》所引"自见之谓明"的话,到了通行本《老子·三十三章》中则变成了"自知者明",同时《二十二章》和《二十四章》又分别有"不自见,故明"和"自见者不明"之说,这里"自见"成为"自是""自伐""自矜"的同类而受到贬评:

> 不自见,故明。不自是,故彰。不自伐,故有功。不自矜,故长。①
> 自见者不明,自是者不彰,自伐者无功,自矜者不长。②

从上引第二十二章的下文"夫唯不争,故天下莫能与之争"③的话来看,"不自见""不自是""不自伐""不自矜"应该都是属于"不争",则"自见""自是""自伐""自矜"应该都是属于"争"——"自见"是指与人争知时总是自以为见识比别人高明;"自是"是指与人争是非时总是自以为是而以别人为非;"自伐"是指与人争功时总是炫耀或夸大自己的功劳而贬低甚或否定别人的功劳;"自矜"是指与人争荣时为显示自己比别人尊贵而总是抬高自己而贬低别人。"自见""自是""自伐""自矜"都是在同别人的比较关系中来进行自我评价,这意味着"争"的认知特点是拿自己来同他人作对比,这是一种相对认知关系。

在老子看来,在拿自己来同他人作对比的相对认知关系中,人们是无法达到对自己的正确认识的。要正确认识自己,达到"自知"之"明",就必须放弃这种相对认知关系,不拿自己同他人做任何比较。这种不做任何比较的认知关系是一种绝对认知关系,认知主体要将自己置于这种认知关系中,就必须"塞其兑,闭其门,挫其锐,解其纷,和其光,同其尘"——老子称这样的认知主体境界为"玄同"④。

通行本《老子·四章》中也有"挫其锐,解其纷,和其光,同其尘"之说,但和

① 《老子·二十二章》。
② 《老子·二十四章》。
③ 《老子·二十二章》。
④ 《老子·五十六章》。

《五十六章》相比较,其语境有差别:

《四章》的上文是"道冲而用之或不盈,渊兮似万物之宗",下文则为"湛兮似或存,吾不知谁之子,象帝之先"。① 显然,其上下文都是讲的"道",则"挫其锐,解其纷,和其光,同其尘"理应也是就"道"而言,应该是指"道"区别于"帝"的存在状态;

《五十六章》的上文是"知者不言,言者不知",下文则为"故不可得而亲,不可得而疏;不可得而利,不可得而害;不可得而贵,不可得而贱。故为天下贵"。② 显而易见,其上下文都是针对"为天下贵"的"知者"而言,则"塞其兑,闭其门,挫其锐,解其纷,和其光,同其尘"理应也是就"知者"而言,是描述"知者"区别于"言者"的主体状态。

显然,"知者"的主体状态与"道"的存在状态是一致的,故而称前一种状态为"玄同"。这里"玄"是指"道","玄同"意谓"同于道"。通行本《老子·二十三章》有"从事于道者,同于道"③ 之说,"塞其兑,闭其门,挫其锐,解其纷,和其光,同其尘"便是"从事于道者"在"知"方面"同于道"的表现。这种"玄同"状态,说到底是"不言"状态。

老子未明言"帝"的存在状态到底是怎样,但是根据"知者"的主体状态为"玄同"("同于道"),我们可以推断,"帝"的存在状态与"言者"的主体状态应该是一致的。笔者曾撰文指出:"和西周以来的宗教天命观一样,孔子亦认为,'天'是万能的宇宙主宰,宇宙间一切运动变化都是由于'天'之所为,是'天命'使然。但是,孔子指出,'天'具有'无言'的特性:'天何言哉? 四时行焉,百物生焉。天何言哉!'这个'天'与商代宗教观念中的'帝'形成了鲜明对照:卜辞云:'甲辰,帝其令雨?'又云:'王封(建)邑,帝若(诺)。''帝令''帝诺'都表明'帝'是个能说会道、好发号施令的人格神。而'天'有'何言哉'!'天'能使'四时行''百物生',但却不是靠发号施令来实现的。"④ 和能说会道、好发号施令的"帝"的"言者"形象相比,老子的"道"和孔子的"天"一样,也具有"无言"的特性,则"知者不言"便可理解为知"道"者必定能像"道"一样无言,

---

① 《老子·四章》。
② 《老子·五十六章》。
③ 《老子·二十三章》。
④ 周可真:《儒家学说中关于"天"的观念和信仰及其历史演变》,《周易研究》2004 年第 2 期。

相应地"言者不知"可理解为不能像"道"一样无言而喜好言辩和发号施令者必定是不知"道"的。

"自见""自是""自伐""自矜"这样一些缺乏"自知"之"明"的行为，都是立基于通过同他人的相互比较来进行自我评价，这些评价都必须借助于"言"来达成，所以，它们都不仅仅是缺乏"自知"之"明"的表现，其作为"言者"的行为，也是不知"道"的表现；相应地，"不自见""不自是""不自伐""不自矜"也都不仅是有"自知"之"明"的表现，其作为"知者"而"不言"的行为，更是知"道"的表现。这也就是说，"自知"之"明"与知"道"之间具有本质上同一的关系。这种关系表明，至少在认知领域，作为"自知"对象的人的自我本性与"道"是完全一致的，以至于可以说人的自我本性即是"道"。这意味着"道"就寓于人的自我本性之中，认知主体对"道"的认识应当且必须通过"自知"途径来达成。以"不言"为本质特征的"玄同"，便是"自知"者的自省方式，也是"从事于道"者的认知方式。以这种方式所获得的心性知识，既是"知者"的"不言"之"知"，也是"自知"者所达到的"自知"之"明"。

三、是"绝圣弃智"还是"绝（继）智弃便（偏）"？

通行本《老子·十九章》起首云："绝圣弃智，民利百倍。"帛书甲本作："绝声弃知，民利百负。"① 乙本作："绝圣弃知，而民利百倍。"② 楚简甲组中有相应内容的文字，但是写为"绝智弃便，民利百倍"③，与其他诸本都不同。

按通行本《老子·三十三章》中"知人者智，自知者明"的说法，看不出"知人"之"智"与"自知"之"明"是互相排斥的关系；按韩非所见《老子》文本中"见人之谓智，自见之谓明"之说，也看不出"见人"之"智"和"自见"之"明"是相互排斥的关系。这也就是说，无论是把"智"理解为"知人"，还是把"智"理解为"见人"，"弃智"之说都是难于理解的。我们也很难想象，老子竟会认为"知人"或"见人"是对百姓不利甚至有害，从而反对"知人"或"见人"，而主张"不知人"或"不见人"。

---

① 转引自许抗生：《帛书老子注译与研究》，浙江人民出版社1985年版，第267页。
② 同上。
③ 参见邓球柏：《内圣外王之道：〈郭简·老子〉的主题》，《哲学研究》2004年第1期。

　　根据前文对"智""明"关系的分疏，"智"者之"知"区别于"明"者之"知"有三：(1)"智"是以客体事物为认识对象，"明"是以主体自我为认识对象；(2)"智"是凭耳目之官的感觉能力去感知客体事物，"明"是凭心之官的自省能力来反省主体自我；(3)"智"是通过主体感知客体所获得的物性知识，"明"是通过主体自我反省所获得的心性知识。这些区别归根到底是物性之知和心性之知的区别，并且这种区别可以被本质地归结为知物与知道的区别。而关于知物与知道的关系，通行本《老子·五十二章》有论曰："天下有始，以为天下母。既得其母，以知其子；既知其子，复守其母，没身不殆。"①这里"得母"与"知子"犹言"得道"与"知天下"，其认知联系是"既得其母，以知其子"。这种联系表明，知物之"智"与知道之"明"非但不互相排斥，更有某种同一性，即知物之"智"依赖于知道之"明"，必须有知道之"明"，然后才能有知物之"智"。"智""明"之间有这样的统一关系，"弃智"之说就更是不可思议了。

　　据上分析，所谓"绝圣弃智，民利百倍"，这应该是后人不理解《老子》的本意或故意曲解《老子》的本意而对"绝智弃便，民利百倍"之说的妄自修改或别有用心的篡改。笔者赞同邓球柏先生将"绝智弃便，民利百倍"释读为"继智弃偏，民利百倍"②。按照老子"既得其母，以知其子"的认知逻辑，这里的"智"应该是指"得道"之后所达到的"知天下"。"得道"之后所达到的"知天下"是对客观事物的全面认识，未"得道"而自以为是的"知天下"则是对客观事物的一偏之见。"便(偏)"应该就是指后一种情况。基于这样的理解来解读"绝智弃便，民利百倍"，将"绝智弃便"释读为"继智弃偏"，这应该说是符合《老子》的本意的。

四、"观复"与"知常"

　　《老子·十六章》曰："致虚极，守静笃。万物并作，吾以观复。夫物芸芸，各复归其根。归根曰静，是谓复命。复命曰常，知常曰明，不知常，妄作，凶。"探究此段话的义理，须从分析"虚""静"概念入手。

① 《老子·五十二章》。
② 邓球柏：《内圣外王之道：〈郭简·老子〉的主题》，《哲学研究》2004 年第 1 期。

(一)"虚""静"而"观复"

关于"虚",《老子·三章》有"虚其心"之说,据此,"致虚极"之"虚"也应理解为是就"心"而言,而此处"虚""静"并举,则"静"也应该是就"心"而言,即"虚"是指心之虚,"静"是指心之静。根据下文"万物并作,吾以观复"的话来判断,这里"虚"和"静"都应该是指"观复"的心境条件;再从后面"知常曰明;不知常,妄作,凶"的话来判断,"虚""静"还不只是"观复"的条件,也是"知常"的前提。

这段话对"虚""静"的具体含义都没有明确的说明。但是《老子·三章》中"虚其心,实其腹;弱其志,强其骨"①的话分明显示,"虚"是"实"的反义词,"实"是充满之意,则"虚"应为空虚之意。从其下文"常使民无知无欲"来判断,"虚其心"应是指使其心"无知","弱其志"是指使其心"无欲"。再联系到《老子·三十七章》中"不欲以静"的话,更可以作这样的判断:合而言之,"虚""静"是指"无知无欲"的心境;分而言之,"虚"是指"无知"之境,"静"是指"无欲"之境。而细究《老子·十六章》中"致虚极,守静笃……归根曰静"的话,更可以领悟到,"虚""静"之间存在着这样一种联系:"虚"且仅当"虚"时才能"静"。这种联系可用"虚则静"来表示。凭什么说"虚""静"之间存在这样一种联系呢?

1."致虚极,守静笃":"复观"的修心功夫

"致虚极,守静笃"是对"观复"者"吾"来说的,是指"吾"为"观复"所做的修心功夫,这个修养过程可分为两个阶段:

第一阶段:"致虚极"——使吾心向"虚"转变以至于达到"极虚"

结合《老子·四十八章》"为学日益,为道日损,损之又损,以至于无为"的话来进行分析,"为学"是一个通过学习从无知到有知、少知到多知的知识增长过程。所谓"为学日益",就是指学习过程中知识日益增长。与"为学"相反,"为道"则要求摒弃所学知识,这是一个"绝学"②过程。所谓"为道日损",即是指"为道"要求"绝学"而使所学知识日益损减。"致虚极"正是指摒弃所学知识以至

---

① 《老子·三章》。
② 《老子·二十章》:"绝学无忧。"楚简乙本作"绝学亡忧"。

于达到心中"无知"而"极虚"的"绝学"过程。

在此,需要追问并予以澄清的问题是:为何"为道"必须"绝学"?

如前所述,按老子"知"论所阐明的认知逻辑,正确的认知路线应该是先"得道"而后"知天下"——依其"知"论之见,唯有基于"得道"的"知天下"才是全面认识,反之则为偏见。据此判断,"为道"应是指遵循正确的认知路线从事于"得道"的活动,"致虚极"的"绝学"则是这一认知活动过程的起点和基础,是为最终"得道"创造其先决的认知心理条件;则相对而言,"为学"就是指背离正确的认知路线而作舍本(母)逐末(子)的求知,其所得知识只是偏见耳。故"为道"之要求"绝学",摒弃"为学"所得的知识,实是为了消除既有的偏见,以避免这些偏见对"得道"造成障碍。故老子"知"论中的"无知"应被解读为"弃偏"(摒弃偏见),它不仅不是意味着"反智",恰恰相反,其"知"论是以"弃偏"为"继智"的前提和根据。所谓"继智",就是继"得道"而"知天下"。基于"得道"的"知天下"是对万物的全面认识,它不但是"智",而且是"大智"[1]!"大智"是"为道"者深藏于其内心而仅供其自我受用的智慧,因其不外露而显得似乎是"昧"而"昏",故曰"明道若昧"[2]"俗人昭昭,我独昏昏"[3]也。与这种虽有全面认识却深藏不露的"为道"者之"大智"相比,那些仅仅是各自获得了一些片面之见的"为学"者却往往将这些偏见用于互相论辩争胜以显其博学善辩,这种用于论辩以炫耀自己博学善辩的所谓"智"(或"知"),其实压根儿就称不上是什么"智"(或"知"),诚所谓"知者不言,言者不知"[4],"善者不辩,辩者不善。知者不博,博者不知"[5]。

第二阶段:"守静笃"——当吾心"极虚"而"静"时自我坚守其"静"

如果说"致虚极"是以"绝学"为内容的"为道"功夫的话,那么,"为道日损,损之又损,以至于无为"就是通过"绝学"达到心中"无知"而"极虚"以至于"不欲以静"。据《老子·五十七章》中"我无为而民自化,我好静而民自正,我无事而民自富,我无欲而民自朴"的论述,"无为"是与"好静""无事""无欲"

---

① 《老子》中没有出现"大智"一词,但从其"大直若屈,大巧若拙,大辩若讷"(《老子·四十五章》)等论述及其思想逻辑,确实可以称其推崇的"智"为"大智"。
② 《老子·四十一章》。
③ 《老子·二十章》。
④ 《老子·五十六章》。帛书甲乙两种本子均作"知者弗言,言者弗知"。
⑤ 《老子·八十一章》。

处于同一序列的概念,其含义具有不确定性,随其具体语境变化而变化,以至于时而与"好静"同义,时而与"无事"同义,时而又与"无欲"同义。与"好静"同义时,"无为"是表示一种心理状态;与"无事"同义时,"无为"是表示一种行为状态;与"无欲"同义时,"无为"又是表示一种意志状态。就"损之又损,以至于无为"而言,其"无为"在这特定语境中是表示摒弃所学知识以至于达到心中空虚无知状态后所进入的心理状态,一种因无知而对外物不予分辨比较从而对外界无所欲求的平静心态,这是"致虚极"的"绝学"所达致的自然结果。"守静笃"是在这个基础上为了巩固这一修养成果所开展的进一步修养。联系第一章中"故常无欲,以观其妙"①的话,可以认为,"守静笃"的修养功夫是要达到"常无欲"之境,或者说,"常无欲"便是内心的"笃静"状态。从"观复"角度来看,所谓"观其妙",就是在"常无欲"状态下静观万物"各复归其根"。"其妙"也者,妙就妙在只要"常无欲",就能观见万物"各复归其根"。"吾"之"致虚极,守静笃"与万物"各复归其根"之间这种"能观"与"可观"的因果联系表明,万物由"并作"而各复归于"静",是"吾"通过修养而达到"虚极静笃"境界的自然结果。

2."复观":一种"同于道"的知行方式

据上分析,修心以"观复"的"吾"实是指欲平定天下而"从事于道"的"王"而言,其做"致虚极,守静笃"的修养之功,是其"从事于道"的体现,正是通过这种修养,才使其"同于道"②——不仅是心"同于道",而且唯其心"同于道",其行亦"同于道"。"吾"之心"同于道",则"吾"之"观"乃是"以道观之";"吾"之行"同于道",则"吾"之"观"乃是"处无为之事,行不言之教"③。这就是说,"常无欲,以观其妙"的"观"和"吾以观复"的"观"是同一种活动,这种活动并不仅仅具有认知意义,同时也还具有实践意义,它实是"王"面对"万物并作"的纷乱局面所采取的一种"同于道"的知行方式,一种合知行的无为治理方式。事实上,第十六章从"致虚极,守静笃"到"归根曰静"为止,其中心议题便是"吾"的知行方式与"万物"的存有状态之间的关系,其核心观点在于:只要吾虚静无为,万物就将自我安定而无妄作。——这个观点在第五十七章中被具体表述为:

---

① 《老子·一章》。
② 《老子·二十三章》:"故从事于道者,同于道。"
③ 《老子·二章》。

"故圣人云,我无为而民自化,我好静而民自正,我无事而民自富,我无欲而民自朴。"① 在第三章中则被简要概括为:"为无为,则无不治。"②

(二)"归根"而"复命"

第十六章接下来的话是进一步讨论"吾"何以会采取虚静无为的治理方式?其基本观点是:"吾"之所以虚静无为而不妄作,是因"吾"有"知常"之"明"。下面试从阐发"归根"的义理入手来进行具体的论析。

1. "吾以观复"的双重意义:任物自我复性和自我体验复性

"归根"对万物来说是它们"各复归其根"的自我本性之复归。就"归根"作为万物各复归其自我本性的变化过程来说,它是由于"道"的作用所致,故就"吾"与"道"的关系来说,"吾"之所以"致虚极,守静笃"以观其复,乃是"吾"顺应"道"的作用而不加人为的干预,这是一种"法自然"的行为方式。另一方面,就"吾"作为万物中之一物而言,他自身也有一个自我本性的复归,故他的"观复"乃有双重意义:一方面,它是顺应"道"的作用,与"道"保持完全一致关系,如"道"那样"常无为"③地任万物自我复归其各自的本性;另一方面,它也是对自己的本性复归过程的自我体验。就后一方面来说,"致虚极,守静笃"就是"观复"者"吾"自我复归其本性的复性条件。

2. "归根":万物自我复归其原初的虚静

《老子》固然通篇连一个"性"字都没有提到,自然更无"复性"之名,但是它提到了"夫物芸芸,各复归其根",又说"归根曰静,是谓复命",这里的"根"实相当于《庄子》中的"性"概念;所谓"归根"者,犹《庄子》之言"反性"④也。

但是,为何《庄子》讲"性"而《老子》却不讲"性"而讲"根"呢?从《庄子·缮性》"离道以为,险德以行,然后去性而从于心。心与心识知,而不足以定天下,然后附之以文,益之以博。文灭质,博溺心,然后民始惑乱,无以反其性情而复其初"的论述中,笔者受到如下启示:

---

① 《老子·五十七章》。
② 《老子·三章》。
③ 参见《老子·三十七章》。
④ 《庄子·缮性》:"古之存身者,不以辩饰知,不以知穷天下,不以知穷德,危然处其所而反其性,己又何为哉!"

　　道家原本是不讲"性"的,后来虽然讲"性",也是把"性"和"心"分开来讲,究其缘故,盖因从"心"从"生"的"性"字本无"心","生"才是"性"之本字(故告子乃有"生之谓性"①之说),故离"心"论"性"是意味着论"性"者所关注的是"生",其论"性"不过是论"生"。所谓"离道以为,险德以行,然后去性而从于心",这表明了《庄子》之论"性"只是论"生"而已;所谓"反其性情而复其初"则是说明了《庄子》论"生"之旨在于"复初"。所谓"复初",就是万物各复归其初生之始,此乃《庄子》"反性"说所欲达致的目标。

　　《庄子》"反性""复初"思想,其实是来源于《老子》"归根"思想。"归根"犹言"复初"。所谓"归根曰静",是针对"万物并作"的现实状态而言,这里"作"是指万物的现实状态,相对地"静"是指万物的初始状态。据上述分析,"静"是指无欲状态,则"作"应是指有欲状态。根据通行本《老子·三十七章》中"化而欲作,吾将镇之以无名之朴。无名之朴,夫亦将无欲"的话,可以认为,老子是将"万物并作"的原因归于"名"的作用。参照《庄子》"文灭质"之说,"无名之朴"应是对应于"有名之文";而根据《庄子》"心与心识知,而不足以定天下,然后附之以文,益之以博。文灭质,博溺心,然后民始惑乱,无以反其性情而复其初"和《老子》"夫礼者,忠信之薄而乱之首"的话,更可以认为,与"无名之朴"相反的"有名之文",应该就是周代礼仪之文。《庄子》所谓"附之以文,益之以博"正是指"郁郁乎文哉"(孔子语)的西周时代以礼仪之文来教化天下的名教之治——曾经表示"吾从周"的孔子所谓"博学于文,约之以礼"②即是根据他所推崇的名教之治而对"君子"所提出的要求。故更确切地说,老子是将"万物并作"的乱局归因于礼乐制度下的名教之治。准此而论,老子主张"归根",其本意乃是出于平天下之目的,要求抛弃传统名教治理方式,而推行"不言之教"的无为治理方式。从这个意义上说,"吾以观复"之"观"就是"虚极静笃"状态下"行不言之教"。按照老子的政治思维逻辑,"道常无为而无不为。侯王若能守之,万物将自化"③。此所谓"自化",就是指万物自我复归其本性,即由"并作"自我回复到其原初"无知无欲"的"虚静"。这正是"归根曰静"的意义所在。

---

① 《孟子·告子上》。
② 《论语·雍也》。
③ 《老子·三十七章》。

3."复命"：万物自我复归其"道"之所"命"的虚静本性

所谓"静曰复命"，则正是指万物自我复归其原初的虚静而言。因为虚静就是万物的本性或原初状态，而万物初始之所以是这种状态，是由于"道"所造成的，亦即是"道"赋予了万物这种虚静本性。所谓"命"，即是指"道"赋予万物以虚静本性这样一种作用关系。所谓"静曰复命"便是说，万物自我复归其原初的虚静，就是各自复归到了"道"所赋予它们的本性。

4."道"之"常自然"与万物之"复命"

"命"是先秦儒道两家共用的概念，但其具体含义则有差异：对崇信"唯天为大"①的"尊天"者孔子来说，"命"是来自"天"；而对坚持"唯道是从"②的"尊道"者老子来说，"命"则是来自"道"。但因为老子之"道"和孔子之"天"都具有"无言"的特性，故无论是来自"天"的"命"，还是来自"道"的"命"，它们都不具有"言"的特点，都是属于"无言"之"命"。

按老子的哲学思想，"道"的"无言"之"命"对万物（特别是人类）来说就是"莫之命而常自然"③。之所以说"莫之命"，是因为"命"字按本义来说是和"令"字相通的，都含有"使"或"发号"的意义，而"命"字在被独立使用时更专指"发号"④，则"命"本与"言"有不可分割的联系（因"发号"必由"言"也），而"道"之"命"却是"无言"的，故虽谓之"命"，但对万物（特别是人类）来说却以其"无言"而不闻其"命"，则是"命"犹"无命"也，故云"莫之命"。然而，万物（包括人类）的虚静本性其实是由于"道"之使——"道"的这种作用方式也可以被看作"命"的一种形式，只因这种"命"对万物（特别是人类）来说是"莫之命"，所以它们的虚静本性就显得似乎不是由于"命"而是由于"自然"了，即由于它们"自化"或"自为"⑤而成了。在这个意义上，"自然"与"命"是同类概念，它们都是表示万物之虚静本性的由来。也正是在这个意义上，"常自然"与"复命"具有同等意义，其差别只在于："复命"是偏于万物对"道"的关系而言，意指万物对来自于"道"之"命"的自我归依——这意味着万物向其虚静本性的自我复

---

① 《论语·泰伯》："子曰：大哉！尧之为君也。巍巍乎！唯天为大，唯尧则之。"
② 《老子·二十一章》："孔德之容，唯道是从。"
③ 《老子·五十一章》。
④ 许慎《说文解字》："命，使也。"又："令，发号也。"朱骏声《说文通训定声》："按在事为令，在言为命，散文则通，对文则别。令当训使也，命当训发号也。"
⑤ 参见《老子·三十七章》和楚简甲组。通行本中"万物将自化"，楚简本作"万勿（物）将自为"。

归;"常自然"是偏于"道"对万物的关系而言,意指"道"是以"莫之命"即"不言"之"命"的方式使万物获得了虚静本性——这意味着万物在本性上是服从"不言"之"命"的,并且也只有在"不言"之"命"的环境中,万物才会保持其虚静本性;倘使离开了这种环境,万物就将失去这种本性——"万物并作"的乱局就正是由于万物离开了"不言"之"命"的环境而进入到名教政治环境从而使其虚静本性离散的缘故。"常自然"与"复命"之间的这种差异关系,恰恰是表明了它们具有这样一种同一性:"复命"是以"常自然"为前提和根据的。从这层关系来看,由"致虚极,守静笃"之修养而成的"静观"作为一种政治行为方式,其实就是"从事于道"者的"常自然",正是这种"常自然"的"静观",才使万物得以"各复归其根"!

(三)"知常"而"明"

1."常":合于"道"而适于"命"的正常状态

在老子看来,虚静为万物之本性,万物返归其原初的虚静,这才是回归其正常状态。所谓"复命曰常",其意思正是指万物各复归其"道"之所"命"的虚静本性,便是从偏离其自我本性的非正常状态复归于其正常状态。这也就是说,"常"是指"虚静"对万物的正当性关系而言,它意味着肯定"虚静"对于万物具有正当性,也就是说,"常"内在地包含着这样一种思想,即认为万物之"并作"是一种偏离其自我本性的不正常状态,其正常的状态应该是万物初生之始的那种虚静状态,因为这是与"道"之所"命"相一致的,因而是合于"道"而适于"命"的正常状态。

将"知常"之"常"释义为"正常",是依据"知常"上下文关系来做如此判释。事实上,《诗经》中作形容词用的"常"就含有"正常"之义。① 通观《老子》全书,其中"常"实际存在一字多义的情况,其作为哲学概念亦有多指性。在时间哲学中,"常"是与"古今"相对应的一个概念。如果说"古今"是标识时间变化的概念的话,那么,"常"则是标识古今之变中始终如一的时间同一性的概念——其含义为"永时"。② 在道德哲学中,"常"则是"公平"之意。例如:"是

---

① 参见周可真:《论老子的时间哲学》,《江苏社会科学》2019 年第 5 期。
② 同上。

以圣人常善救人,故无弃人;常善救物,故无弃物。是谓袭明。故善人者,不善人之师;不善人者,善人之资。"①这里"常善"是指救人而无弃人、救物而无弃物这种无偏无失、一视同仁的公平之善。"常善"是"上德"的体现,故"上德"之"上"犹"常善"之"常",也是"公平"之意。"上德"即是公平之德,与之相对,"下德"则是不公平之德。②"常德不离""常德不忒"③之"常德"亦当解作"公平之德",其"常"亦为"公平"之意。但"永时""公平""正常"这些"常"的具体意义之间是互相关联的:"永时"是指"道"之恒常不变的时间特性,"公平""正常"则都是指合乎永恒不变的"道"。这种关联性乃是表明了老子具有这样一种关于公平、正常的标准观念:唯有永恒不变的东西,才可以作为公平、正常的标准。

2. "道":"常"(正常)与"非常"(不常正)的终极准则

从根本上说,老子是以"道"为"常"的标准,以合乎"道"为"常",以不合"道"为"非常"。但是,在"命"是来自于"道"而为"道"之所"命"的意义上,"命"也具有"常"的标准意义,从而也可以说,适于"命"为"常",不适于"命"为"非常"。"复命"是意味着适于"命",故而为"常"。是之谓"复命曰常"。然则,接下来所谓的"知常曰明",其意思就很明显了,它是说,清楚地知道万物的存有状态怎样才是属于正常,这就叫做"明"了。

3. "知常"之"明":"得道"与"知天下"互相统一的"知"

按照老子"既得其母,以知其子"的认知逻辑,当且仅当"得道"时才"知天下",则可以判定,所谓"知常",就是有"得道"而"知天下"之"明"——"得道"是意味着掌握了"常"(正常)与"非常"(不常正)的标准及其界限;"知天下"是意味着由于知道了"常"(正常)与"非常"(不常正)的标准,从而就知道了万物的正常状态到底应该是怎样了。换言之,"知常"之"明"包含深浅两种"知":深层的"知"是知道,这是"明"的本质内容;浅层的"知"是知天下,这是"明"的现象形式。

由于"知常"之"明"本质上是"得道"之"知",所以,无论是在"得道"意义上,还是在"知天下"意义上,它都不是也不可能是通过"为学"而达到,而是只能通过"为道"才能达到。也就是说,必须通过"致虚极,守静笃"的修养而达

---

① 《老子·二十七章》。
② 参见周可真:《老子伦理观新探:"上德"与"上善"》,《中共宁波市委党校学报》2020 年第 3 期。
③ 《老子·十六章》。

到内心"极虚"而"笃静",才能有"知常"之"明"。

4."得母知子"的"知常"与"知子守母"的"观复"

分析至此,我们可以看出,《老子》"知"论中"知常"与"观复"之间存在这样一种关系:它们都必须以"致虚极,守静笃"的修养作为条件,并且都是意味着"得道",但是,"知常"是着眼于"得道"而"知天下"的认知关系,这是遵循"既得其母,以知其子"的认知逻辑而进行的认知过程;"观复"则是着眼于"吾"与"万物"的实践关系,这是遵循"既知其子,复守其母"的行动逻辑而进行的以合知行为特点的实践过程。从"既得其母,以知其子;既知其子,复守其母"所表达的知行逻辑来看,"知常"应是"观复"的前提,也就是说,在知行观上,老子是属于"知先行后"论者,也因其如此,他才有"圣人不行而知"①之说。

"知常"与"观复"的上述关系也显示出它们在《老子》"知"论中具有不同的地位和意义:"知常"是集中反映其"知"论中关于两种不同性质的"知"("得道"之"知"与"知天下"之"知")互相统一的知识观;"观复"是集中反映其"知"论中关于"知"(基于"得道"的"知天下")和"行"(基于"知天下"的"守道")互相统一的知行观。因其如此,虽然它们之间也存在着一种交集关系,即它们互相交集于"知天下",但"知天下"对于它们却有不同意义:"知常"中的"知天下",是基于"得道"的"知天下",是知万物的性命之常;"观复"中的"知天下",是基于"知常"的"知天下",是观万物复归其性命之常。按老子"知先行后"的知行逻辑,知万物的性命之常,是观万物复归其性命之常的前提。但是,从其"既知其子,复守其母,没身不殆"的话来看,归根结底,他是把基于"得道"之"知"的"守道"之"行"视为"为道"之归宿的。这也就是说,对老子来说,观万物复归其性命之常,才是"为道"之关键。

5."知常"之"明"与"自知"之"明"

如上所述,"吾以观复"具有如此双重意义:既是"吾"虚静无为地任万物自我复归其本性,又是"吾"体验其自我本性的复归。这种自我体验实质上是在实践意义上对其"得道"之"知"的自我验证,因而具有自我证成其"得道"之"知"的认知意义。这也就是说,基于复性之自我体验的"得道"之"知"才是真知道,真得道。据此分析,《老子》"知"论中的知行观还不能被简单归结为"知先行

---

① 《老子·四十七章》。

后",由于主体实践中其复性之自我体验有证成其"得道"之"知"的功效,其知行之间就还存着"以行证知""以行成知"的关系。从这层关系来说,实践主体的复性及其自我体验才是"得道"的关键。

按前文所述,实践主体的复性就是"致虚极,守静笃"的修养过程,通过这种修养,实践主体复归其虚静本性。故"观复"作为一种自我体验过程,实质上也就是在自适其本性的生活实践中来自我体会其本性的妙用,而这种自我体验恰恰对"得道"起着关键作用!凭由这种关系,我们就不难领悟到,"吾"之本性与"常道"之间具有如此统一性,以至于只要"吾"体会到了自己本性的妙用,就是达到了对"常道"的妙用的体认。由此,我们更可以进一步领悟到,《老子》"知"论其实是立基于这样一种哲学观念:

"常道"并不外在于天地万物,而是作为其本性寓于天地万物之中的,故对于求"常道"者来说,他只要返归其自我本性,就能体验到其自我本性的妙用,这种妙用也就是寓于其自身之中的"常道"的妙用。

论《老子》的整全之"道" ①

【提要】《老子》之"道"有多种含义,其中第二十五章对"道"的描述涉及了物质、时间、空间、运动、规律五个方面的特性,此章基于这五方面的描述而"字之曰道",表明了此"道"是标识物质、时间、空间、运动、规律互相统一不可分割的宇宙整体的概念。借助此概念所表达的宇宙整全原理,本质上是世界一元性与世界多样性相互统一的辩证世界观。

一、"字之曰道,强为之名曰大"

《老子·一章》首句"道可道,非常道"短短六字就出现了三个"道"字,对此笔者曾有相关论文予以探讨,将其直解为"我这里所讲的'道',不是指那种人可行走的道。人可行走的道不是常道,而我所讲的'道'正是指与人的行走无关的常道"。又根据"常"作为形容词所包含的"不受人为因素影响的自发性、自然性"的意义,进一步将此句释读为"我这里所讲的'道',并不是指人为之道,而是指自然之道",据此认为此句深层意义"在于向人类开示其所当遵行的自然之道"。② 但是,此章实际上只是交代了作者所推崇的"道"为"常道"(自然之道),并没有交代为何称之为"道"。明确指出称其为"道"的缘故是在《老子·二十五章》:

> 有物混成,先天地生,寂兮寥兮,独立不改,周行而不殆,可以为天
>
> 下母。吾不知其名,字之曰道,强为之名曰大。大曰逝,逝曰远,远曰反。

---

① 本文(主体部分)发表于《社会科学研究》2021 年第 5 期。本文第二作者为刘超。

② 周可真:《"体道"的必要性、原理及方法——〈老子〉道篇首章新解》,《江南大学学报(人文社会科学版)》2011 年第 6 期。

故道大，天大，地大，王亦大。域中有四大，而王居其一焉。人法地，地
法天，天法道，道法自然。

楚简甲本和帛书甲、乙两种本子也都有此段话，尽管它们与通行本在文字上
都互有一些出入，但大意相同。按通行本，本章对被"字之曰道"的对象的描述，
涉及了物质、时间、空间、运动、规律五个方面的特性；从这五个方面来描述该对
象的性质，是意味着用以标识其对象的"道"概念集物质、时间、空间、运动、规律
五种意义于一体的概念。

第一，"有物混成"是从"物"的维度来描述其对象，指出该对象属于"物"
范畴，其区别于其他"物"的特点是在于"混"。

第二，"独立不改"是从空间维度来描述其对象，是表示这个对象具有至大
无外的空间特性，故除了其自身因素外，不会受到任何外来因素影响而发生某种
改变。

第三，"先天地生……可以为天下母"是从时间维度来描述其对象，它与"天
下有始，以为天下母"①所表达的是同一个意思，都是表示其对象具有由"天下
始"向"天下母"流逝的时间特性。②

第四，"周行而不殆"是从运动与规律两个维度来描述其对象，表示这个对
象具有周流不息地循环运动的规律特性。

"字之曰道"是基于其对象的上述五方面特性而言，意味着这个"道"是被
用来概括这些特性的，是标识其对象之整体的概念。"凡名生于形"③，而该对象
无形不可名，故曰"吾不知其名"，意谓无法给它取"名"，所以只能"字之曰道"。
这里"字"为动词，意即"取字"。古人取字，为表其德，故"字"又有"表字"之
别称。所谓"字之曰道"，类似给人取字，也有表德之意。此处取"字"曰"道"，
是欲表其何德邪？这就牵涉到"道"字固有的含义。"字之曰道"的本意应该不
外于"道"字之本义。

据《郭店楚墓竹简》（荆门市博物馆编写，文物出版社 1998 年版），楚简甲本
中有与通行本第十五章一致的内容百余字，其中末句中有"［彳人亍］"字，此

---

① 《老子·五十二章》。
② 参见周可真：《论老子的时间哲学》，《江苏社会科学》2019 年第 5 期。
③ 〔魏〕王弼：《老子指略》，载《王弼集校释》，楼宇烈校释，中华书局 1980 年版，第 199 页。

字亦见于楚简其他篇目的文章中,《郭店楚墓竹简》皆释为"道"。西周金文里"道"字由首、行两部分组成,或由首、行、止三部分组成。由首、行组成的"道"即"衜"字的结构是"首"在"行"的正中间,这是表示什么意思呢?"行"是十字路口,"首"是象形字,在甲骨文里字形像动物的头,金文里看起来更像鹿的头部。"首"在"行"的正中间是表示动物在路中间,则"衜"字当属会意字,是意指动物在路上行走。"〔彳人亍〕"亦当属会意字,是意指人在路上行走。故该字的含义当释为"行"。刘熙《释名·释道》曰:"道,蹈也;路,露也,言人所践蹈而露见也。"刘熙对"道""路"的这种解释,无异于说"路是人走出来的"。这也意味着"道"字原本是被当作动词来使用的,意指人之践行。戴震《孟子字义疏证·天道》也是按"道"的本义来诠释并加以发挥:"道,犹行也;气化流行,生生不息,是而谓之道。"许慎《说文解字·道》则将"道"当作名词来解释:"道,所行道也,从辵从首。一达谓之道。"这是把"道"释义为人所行走的通往一个方向的直路。要之,"道"字在古汉语中作为动词的本义为行走,作为名词的本义为直路。

　　《老子·五十三章》"使我介然有知,行于大道,唯施是畏。大道甚夷,而民好径"这段话中"道"属于名词,被用于指称平坦直路(按:"大道"是指平直大路,"径"字则指弯曲小路),据此推断,"字之曰道"应是在平直之路意义上使用"道"字的。但是,既然是"字之曰道",这就说明了"道"并非实指平直之路,只是表示它所指的对象与平直之路有某种相近或相似的特性。而"大道甚夷"之说表明,老子所看重的"道"(平直之路)之特性是"夷"(平)。就该特性对于人类的意义关系来说,"大道甚夷"意味着"道"对于人类生活的安全保障的意义,犹如平坦的道路对于行人的安全保障的意义。老子之所以取"道"为"字",其用意应该与此有关,很有可能他是要用"道"来表示其所指的对象与人类之间具有这样一种意义关系:它能确保人类过平安生活。假定老子确有此意,则"强为之名曰大"的"大"也应该含有与"夷"(平)相关的意义,由此再联系《老子·三十五章》"执大象,天下往;往而不害,安平太"的话来进行分析,"强为之名曰大"的"大"应可释读为"太"(古亦写作"泰")。在"安平太"的语境中,"太"的含义与"安""平"都相近;而在"字之曰道,强为之名曰大"的语境中,"大(太)"的含义与"道"所蕴含的"夷"(平)之义相近。其下文三句是承接"强为之名曰大"而来,则"大曰逝"之"大"无疑是指"道"而言,这三句话或是老子受《周易·泰卦》九三爻辞"无平不陂,无往不复"观念的影响并吸取了这个观念而如此道来,《周易》那话是讲对立面互相转化的规律,而老子认为"大"("道")就是按照这个规律运行的,所谓"大曰逝,逝曰远,远曰反",正是对"道"的循环往复之"周行"规律的描述之辞。

二、"有物混成":"道"的物质特性

上述"道"概念反映了老子哲学的一个基本思想特质:把物质、时间、空间、运动、规律当作彼此不可分割的统一体来看待。事实上,《老子》通篇对于物质、时间、空间、运动和规律均无单独描述,都是通过对"道"的描述来呈显其对物质、时间、空间、运动和规律的哲学见解。易言之,老子哲学的物质观、时间观、空间观、运动观和规律观,都是通过其"道"论表达出来的。这里首先考察其物质观。

这里所谓"物质"并非借用西方哲学或马克思主义哲学的物质概念,《老子》本来就有"物"概念,根本无须借用外来的物质概念!这里所谓"'道'的物质特性",是就"道"所具有的"物"之属性而言。

当《老子》以"字之曰道"引出"道"概念时,它首先是用"有物混成"来描述"道"所指称的对象的存有特征,表明了"有物"是其"道"论的理论前提。但对"物"概念《老子》并无直接而明确的论述予以界说,故须对"物"字做一番训诂,以探究其可能和应该在何种意义上来使用这一概念。

《说文》说:"物,万物也。牛为大物,天地之数起于牵牛,故从牛,勿声。"[①]对许慎这一解释,可暂且撇开其中"天地之数起于牵牛"这一次要因素,抓住"牛为大物"这个主要因素来理解"物"之本义。

在《说文》的上述解释中,"物,万物也"是按当时(汉代)的通常解释来解释"物",即汉代人一般是以"物"来泛称万物。但在《说文》作者许慎看来,将"物"释义为"万物",这尚未触及"物"字的本义,因为从"物"的字形上看,"物"是"从牛勿声",故"牛"才是"物"之实义,"勿"仅是"物"之读音,与"物"字的实际意义并无直接关系。所谓"牛为大物",是基于"物,万物也"这

---

① 〔汉〕许慎:《说文解字·物》。

一通常解释再做进一步训释，以说明万物之所以用"从牛"的"物"字来指谓，是因"牛"乃万物中之"大物"。不过，这"牛"并非指动物界之牛类，而是指天象中之牵牛（牛郎星）。所谓"天地之数起于牵牛"，是说列数天地间之万物，堪称"大物"者首推牵牛。牵牛既为天地间首屈一指的大物，则其足以代表万物。因牵牛代表着万物，故指谓万物的"物"字在写法上就"从牛"了。这里，许慎由"从牛"之"牛"联想到"牵牛"之"牛"，经由这种联想将这两个"牛"联系到一起来训释"物"字，这未免过于牵强，但正是从这牵强的解释中，我们可以领悟到"物"字的本来意义应是指诸如牵牛之类有光色可见且其色相如星光斑斓的视觉性存在。若兼采顾炎武（1613—1682）训诂时所常用的"音训"之法，再从"勿声"方面去探寻"物"之本义，则"勿"原指杂色旗①，本就蕴含"杂色"之意。然则，无论是采取"形训"法，还是采用"音训"法，均可得到"物"原本包含"色"之义的结论。

《老子》中有一例，正是在"色"意义上来使用"物"字："道……惚兮恍兮，其中有象；恍兮惚兮，其中有物。"② 这里"物"与"象"对举，这段话是从视觉方面来描述"道"的存有状态："惚兮恍兮，其中有象"是形容"道"在形貌（"象"③）上隐约不清；"恍兮惚兮，其中有物"是形容"道"在色泽（"物"）上模糊不清。

《老子》"物"概念在外延上包含下述三种意义：

1. 一切存有之物

如"道之为物，惟恍惟惚"④"有物混成，先天地生"⑤都是将"道"纳入"物"范畴，其"物"所指的对象包括"道"和由"道"派生的天、地、人及其他事物。此二句均说明，"道"区别于其他一切事物的特性在于：它是不可以被人的感官所感知的混沌之物。

2. 由"道"派生的一切事物

如"道生一，一生二，二生三，三生万物"⑥，其中"一""二""三"和"万"皆是就"物"的数量而言，这段话是说"物"由"道"演化而来，其演化过程是"物"

---

① 许慎《说文解字·勿》："勿，州里所建旗，象其柄，有三游，杂帛，幅半异，所以趣民，故遽称勿勿。"
② 《老子·二十一章》。
③ 许慎《说文解字·象》："象，长鼻牙，南越大兽，三季一乳。象耳牙四足尾之形。"
④ 《老子·二十一章》。
⑤ 《老子·二十五章》。
⑥ 《老子·四十二章》。

从无到有的出现和由少至多的繁衍。

3．存在于天地之间的一切事物

如"天地不仁，以万物为刍狗"①，其中"天地"与"万物"对举，这意味着此处所谓"物"是指存在于天地之间的一切事物——不包括"域中四大"中的道、天、地，但包括人及其他事物。

上述第一种意义的"物"是内涵最小、外延最宽的普遍概念，相当于荀子所谓"物也者，大共名也"②的"物"。这个普遍概念所指的对象是作为一个类——最大的类而存在，其类中任何一个分子都具有该类的一般属性。对于这个一般属性，《老子》中未有直接明确的论述，但从其对属于"物"范畴的"道"——"混成"之"物"的描述来看，这特殊之"物"一方面是"寂兮寥兮"（按：帛书甲本作"绣呵缪啊"、乙本作"萧呵漻呵"，许抗生译为"无声呵又无形"③），另一方面却是"窈兮冥兮，其中有精，其精甚真，其中有信"④。（许抗生译为："深远莫测呵！其中有精微的东西。那精微的东西实在是真实的，其中是可以有信验的。"⑤）其"绵绵若存"⑥（按：帛书甲本作"绵绵呵若存"，乙本作"绵绵呵其若存"⑦，许抗生译为"它细微而不断啊！好像存在又不存在"⑧），是一种弥漫性物质，虽然（人类）"视之不见""听之不闻""搏之不得"⑨，却是"甚真"（极真实）且"有信"（有信验），其真实性可以通过由它所派生出来的能被人所感知的天地万物得到验证，易言之，对人类来说，他们凭感官能感知到的天地万物的真实性，就证明了"道"的真实性；反过来说，由于"道"的真实性，遂使由"道"所派生出来的一切事物亦无不具有真实性。要之，"真"（真实）是一切存有之物的共性。

因此，如果说老子哲学中也有所谓物质概念的话，那么，这个以"物"作为语

---

① 《老子·五章》。

② 《荀子·正名》。

③ 许抗生：《帛书老子注译与研究》，浙江人民出版社 1985 年版，第 113—114 页。

④ 《老子·二十一章》。

⑤ 许抗生：《帛书老子注译与研究》，浙江人民出版社 1985 年版，第 109 页。

⑥ 《老子·六章》。

⑦ 许抗生：《帛书老子注译与研究》，浙江人民出版社 1985 年版，第 263 页。

⑧ 同上，第 83 页。

⑨ 均见《老子·十四章》。

词标志的物质概念所标识的无非就是真实存在。肯定和承认世界的真实性,是老子哲学的首要特征。

三、"独立不改":"道"的空间特性

"道"作为一种真实存在是一种弥漫性物质,因其"先天地生",故在天地未生之时,它是唯一存有之物。所谓"独立不改",正是说当天地尚未产生时,"道"是独一无二的存有之物,因而没有任何外在因素可以影响"道"而使"道"发生改变。它的这种空间特性,使"道"与空间具有直接同一性。换言之,在空间维度上,"道"作为一种弥漫性物质,它是弥漫于整个空间,使空间与它不可分割,这也使得老子对于"道"的具体描述是与他对"道"的空间特性的描述混然不分地联结于一体,以至于可以将二者视为一事。因其如此,通过考察老子对"道"的空间特性的描述,可以进一步了解到他对"道"的物质特性的看法。

《老子·四章》有云:"道冲而用之或不盈。"此句傅奕《老子古本篇》作"道盅而用之又不满",俞樾《老子平议》说:"《说文·皿部》:'盅,器虚也'。老子曰:'盅而用之。'作冲者,假字也。第四十五章,'大盈若冲',冲亦当作盅。"[①]这里老子以"盅"喻"道",是将"道"比作虚器;又谓"用之或不盈"或"用之又不满"(帛书乙本则作"用之有弗盈也"),这更是将"道"描摹成如同至大无穷的虚器一般。其下文又有"渊兮,似万物之宗""湛兮似或存,吾不知谁之子,象帝之先"[②]的话,其中"渊""湛"是从上下纵深向度上来描述"道"的空间特性;而"大道氾兮,其可左右"[③]"迎之不见其首,随之不见其后"[④],则分别是从左右前后宽广向度上来描述"道"的空间特性。合观之,兼具上述两个方面的空间特性的"道"与《文子》所谓"往古来今谓之宙,四方上下谓之宇"[⑤]的"宇"(空间)概念是一致的,而"道"之为"宇"又不仅具有"四方上下"之"宇"的一般特点,还由于它是独一无二的存有之物,故其"宇"更具有至大无外的无穷大之特点。《庄

① 参见许抗生:《帛书老子注译与研究》,浙江人民出版社 1985 年版,第 79 页注①。
② 均见《老子·四章》。
③ 《老子·三十四章》。
④ 《老子·十四章》。
⑤ 《文子·自然》。

子·天下》有关尹、老聃"建之以常无有,主之以太一"之说。成玄英疏:"太者广大之名,一以不二为称。言大道旷荡,无不制围,括囊万有,通而为一,故谓之太一也。"① 这显然是把"太一"理解为"道"在空间上的至大无外。这个意义上的"太一",也就是《庄子·天下》所引惠施之言"至大无外,谓之大一;至小无内,谓之小一"的所谓"大一"。

按《庄子》关尹、老聃"主之以太一"(按:陈鼓应释为"归本于最高的'太一'"②)之说,关尹、老聃的学说都可归本于"太一"之说,则至大无外的虚空之"道"在老子哲学中具有非常特殊的意义,它是老子之"道"的根本意义所在,其"尊道"③之实质在于"贵虚"。《老子·十一章》所说"三十辐,共一毂,当其无,有车之用。埏埴以为器,当其无,有器之用。凿户牖以为室。故有之以为利,无之以为用"也表明,老子确实主张"以无(虚)为用"。但是,当这个"无(虚)"被当作可以指导人类生活的一个哲学原则时,它就不再是物理意义的虚空,而是被转换为心理意义的虚空了。④

老子的空间概念是虚空概念,独一无二的"道"是至大无外的无穷大虚空,它有别于具体的虚空,被老子称为"谷神"。"谷神不死,是谓玄牝。玄牝之门,是谓天地根。绵绵若存,用之不勤。"⑤ 吴澄(1249—1333)解释说:"谷以喻虚。"⑥ 虽然此"谷"字也有被释义为"养"者⑦,但从语境上看,"谷神"与"玄牝"相联系,其下文又有"玄牝之门……用之不勤"之说,这与前文所引"道冲而用之或不盈"之说明显一致,其"谷"与"冲"互相呼应,其意义为"虚"无疑。此处"玄牝"之"牝"固然如许抗生所说,是指母类⑧,但老子这里讲"玄牝",其重点不在于讲母类,而在于讲母类之牝门——下文"玄牝之门"可以为证,意指其牝门之内空如虚谷——下文"天地根"正是要说明,天地万物就是从其内虚如谷神的玄

---

① 转引自沙少海:《庄子集注》,贵州人民出版社1987年版,第354页。
② 陈鼓应:《庄子今注今译》,中华书局1983年版,第883页。
③ 《老子·五十一章》有"万物莫不尊道贵德"之说。
④ 参见周可真、于国强:《〈老子〉"知"论新探》,《江苏社会科学》2021年第2期。
⑤ 《老子·六章》。
⑥ 转引自许抗生:《帛书老子注译与研究》,浙江人民出版社1985年版,第82页。
⑦ 如河上公注即云"谷,养也"(许抗生:《帛书老子注译与研究》,浙江人民出版社1985年版,第82页)。
⑧ 参见许抗生:《帛书老子注译与研究》,浙江人民出版社1985年版,第82页。

妙牝门里产生出来。这里"玄牝之门"与《老子·一章》"玄之又玄,众妙之门"相呼应:此二说都是把"道"比作生出天地万物的宇宙阴门,但"玄牝之门"是强调了这个宇宙阴门虽然虚空如谷却有永恒不竭的生育天地万物的功能,"众妙之门"则是强调了这个宇宙阴门为天地万物所出之门。

故老子的空间概念远非只是物理空间概念,其空间观所包含的虚空概念也远非只是物理虚空概念,这是一种特殊宇宙论的一个特殊概念,这种宇宙论是基于把宇宙理解为一个生命过程来探讨宇宙起源与演化,其虚空概念则被用来解释宇宙生命何以起源与演化之故。在此意义上,老子宇宙论可理解为宇宙生命论或宇宙生命哲学,在这种生命哲学看来,神妙莫测的虚空("谷神")之"道"乃是宇宙生命由以起源与演化的根据所在,所谓"天地根"者是也。

至大无外的"太(大)一"是描述"道"的空间特性之无限延展方面的属性;另一方面,老子又以"精""小"来描述"道"的空间特性之延绵不绝方面的属性。

《老子·二十一章》有云:"道之为物……窈兮冥兮,其中有精,其精甚真,其中有信。"这里"甚真"且"有信"的"精",从"道"为"物"的角度看,是指"道"所包含的精微之物;从"道"为空间的角度看,它是指空间之"道"的一种属性。《庄子·秋水》曰:"夫精,小之微也。"又曰:"至精无形,至大不可围。"陈鼓应注:"与《则阳篇》'精至于无伦,大至于不可围'同。与《天下篇》述惠施语:'至小无内,至大无外'义近。"[1]据此,老子所谓"其中有精,其精甚真"之"精",就其指空间之"道"的一种属性而言,应是对"道"的空间特性中与"太(大)一"属性相对的"小一"属性的概括。

《老子》文本中固然没有"小一"之说,但有"视之不见,名曰夷;听之不闻,名曰希;搏之不得,名曰微。此三者不可致诘,故混而为一"[2]之论,其中"视之不见,名曰夷""搏之不得,名曰微"与《庄子·则阳》所云"至精无形"意义极为相近,皆可理解为对"精"之"无形"的解说,故此处"混而为一"可理解为是鉴于空间之"道"的"至精无形"而称之为"一",其义近于惠施(前390—前317)所谓"至小无内,谓之小一"。《老子·三十二章》又说:"道常无名,朴虽小,天下莫

---

① 陈鼓应:《庄子今注今译》,中华书局1983年版,第419页。
② 楼宇烈:《王弼集校释》,中华书局1980年版,第31页。

能臣也。"（按：帛书乙本作"道恒无名，朴唯小，而天下弗敢臣"[①]）这里直接讲到了"道"之"小"的属性，可印证"其中有精，其精甚真"之"精"确有描述空间之"道"之"小"的属性的意义。因其细小到无以言表，故云"常无名"。这意味着其"精"其"小"都是指细微至极者，与"至小无内"的"小一"完全一致！至于"朴"，据《老子·二十章》"朴散为器"之说，"朴"之义当为"未成器"。从宇宙起源与演化角度来说，"道"生成天地万物的过程正可以被理解为"朴散为器"，"道"与天地万物的关系可以被比作"朴"与"器"："道"是生成天地万物的"朴"（原料），天地万物是由"道"生成的"器"（成品）。按老子的经验观察所得出的"合抱之木，生于毫末；九层之台，起于累土；千里之行，始于足下"[②]的结论与逻辑，宇宙起源与演化过程也是天地万物"生于毫末"，这"毫末"便是"道"，即生成天地万物的"朴"（原料），其细小如"精"。

将老子的空间概念理解为"大一"与"小一"的对立统一概念，这并不意味着是采用比附手法以惠施"大一""小一"之说来牵强解释老子的虚空概念。事实上，惠施的"大一""小一"之说也并非是讲的空间问题，它只是一种逻辑之论，其实质在于揭示"大一""小一"在逻辑上的自相矛盾，惠施压根儿就不认为"大一"与"小一"能够在逻辑上同时成立。而上文所引述的老子的相关论述都是讨论"道"的空间特性，而且是紧密联系"道"之为"物"的特性来展开其讨论，这些讨论表明，空间之"道"并非是其中什么也没有的绝对虚空，而是被"窈兮冥兮"（幽暗）的精微之物所充塞的实在空间，但由于这种细小如"精"的混沌之物以"绵绵若存"方式弥漫于空间，所以看起来就像是里面什么都没有的纯粹虚空。老子对这个实在的物理空间的描述，一方面说它是精细无形之"小"，另一方面又说它是无有穷尽之"大"，这分明是将被惠施视为形式逻辑上不可相容的"至大"与"至小"统一到了辩证逻辑上，从而使"大一"与"小一"成为内在于虚空之"道"的辩证矛盾。于是，老子的虚空概念遂得以澄明：虚空的本质在于至小无内的"小一"和至大无外的"大一"的对立统一。

这个虚空概念固然反映了老子将空间本质地归结为"小一"之空与"大一"之空相反相成的空间观，但同时它也反映了老子对与空间密不可分的物质

---

① 许抗生：《帛书老子注译与研究》，浙江人民出版社 1985 年版，第 271 页。此处标点符号为本文作者所加。

② 《老子·六十四章》。

之"道"的看法:"道"之为"物"是精细无形又绵延无穷的物质,这种物质是至小之物与至大之物的对立统一体。按老子"为大于其细"①的逻辑,在这个对立统一体中,至大之物实是以至小之物为基础的,或者说,至小之物是构成至大之物的元素。如果其元素不是精细到无形以至于无法言说,而是尽管微小却仍然有形的话,那么,由细小有形的物质元素所构成的物质整体就只能是以无数互有间隔的有形实体方式存在,而不可能是以连续无间断方式"绵绵若存"。"道"之为"物"的"绵绵若存"方式,恰恰是表明了由精细无形的物质元素所构成的物质整体也是无形的混沌体。老子的虚空之"道",就其空间所充塞的物质而言,其"虚"之实在于其无形,无论是从其至大无外的无穷延绵性方面说,还是从其至小无内的无限精细性方面说,它都是无形的。因其无形,故而无名。在老子哲学中,"无形""无名"是属于同类概念,它们都可以用来说明"道"之为"物"的"虚"。老子哲学的虚空概念正是指被这种"虚"物质所充塞的空间。在空间意义上,"为大于其细"也意味着"大一"是由"小一"所构成,即"小一"之空是"大一"之空的基元。因其如此,在"大一"与"小一"之间,老子明显是倾向于"贵小","道常无名,朴虽小,天下莫能臣也""合抱之木,生于毫末"皆可为证,其逻辑就在于:"为大于其细……圣人终不为大,故能成其大。"②但是,正如当"虚"被当作可以指导人类生活的一个哲学原则时,它就不再是物理意义的虚空,而是被转换为心理意义的虚空一样,当"小"被当作可以指导人类生活的一个哲学原则时,它也不再是物理意义的虚空之性,而是转换为伦理意义的一种德性——谦虚了。所谓"圣人终不为大",正是指圣人为人谦虚,而不自以为了不起。老子认为,只有谦虚的人,才能成为伟大人物;反之,为人不谦虚,就永远只能是渺小人物。他说:"天下皆谓我道大,似不肖。夫唯大,故似不肖。若肖,久矣其细也夫。"③意思是说:天下人都说我大,而我其实不像大。正因为我不像大,不做出大的样子,我才成其为大。如果做出大的样子,我早就成为渺小的了。

---

① 《老子·六十三章》。

② 同上。

③ 《老子·六十七章》。此段帛书乙本作"天下口胃我大,大而不宵。夫唯不宵,故能大。若宵,久矣其细也夫"(许抗生:《帛书老子注译与研究》,浙江人民出版社 1985 年版,第 257 页)。

四、"先天地生""为天下母":"道"的时间特性

所谓"有物混成,先天地生……可以为天下母",这与"天下有始,以为天下母"[①]所表达的是同一个意思,实质上都是对"道"的时间特性的描述。

关于老子宇宙论中的"始""母"概念,上文已指出:老子以"无名天地之始,有名万物之母"[②]这样的特殊表述方式,表达了其宇宙论中关于时间与自然存在互相统一而不可分离的时间观。这种时间观蕴含着这样一种时变观:时间是随自然界存在形态的变化而相应改变其具体形式的。"始""母"正是反映这种时变观的一组概念:"始"是指与无名性存在相联系和适应的时间形式;"母"是指与有名性存在相联系和适应的时间形式。显然,这种时变观是一种相对时间观。

老子所谓"先天地生……可以为天下母",是表示"道"在时间上贯穿于"天下始"到"天下母"的整个过程,即"道"的存在具有时间上的永恒性。相对于永恒的"道",由"道"所派生的天地万物(包括人类)只是暂时性的存在。由于"道"在时间上具有永恒性,故有"道"便有时间,"道"在则时间在,"道"与时间具有直接同一性。这意味着,虽然《老子》中没有像《文子》那样"往古来今谓之宙"[③]的时间概念(定义),但是"道"既为"天下始"又为"天下母"的时间特性,使"道"事实上也成为一个标识时间的概念。[④]

五、"周行而不殆":"道"的运动特性和规律特性

所谓"周行而不殆",其核心词是"行",这是表示"道"是一个运动过程,"周"与"不殆"都是用以描述这个运动过程的特点:"不殆"是说明其健行不息,

---

① 《老子·五十二章》。
② 《老子·一章》。
③ 《文子·自然》。
④ 关于老子时间哲学的具体内容,拙文《论老子的时间哲学》(载《江苏社会科学》2019 年第 5 期)有详细论述,此处不再作展开论述。

即它是一个无有穷期的运动过程；"周"是说明这个运动过程就像农人在田①里来来回回耕作一样，是一个无穷循环的运动过程。其下文"大曰逝，逝曰远，远曰反"，正是对这个永不止息又有边界限定的循环运动之轨迹的描述。"逝"（逝离出发点）而"远"（距离出发点达到一定长度）而"反"（向出发点回归）的运动轨迹，正是"周行"（循环运动）的特点，它意味着该过程进行到一定边界就会转入反向运动。"反"就是这个运动轨迹的本质内容——这在《老子·十四章》中被明确表述为"反者，道之动"。"道之动"就是"周行而不殆"的运动过程，"反"是这个运动过程的必然规律。对"域中"的天、地、人来说，"反"就是意味着它们像"道之动"一样，运动到一定边界便会转入反向运动，"各复归其根"②。"王"之所以亦堪称"域中四大"之一，是因为他能把握到"道之动"的规律，并顺应这个规律而行动，从而回归其作为人的"自然"状态，所谓"复归于婴儿"③是也。

六、整体之"道"与整全原理

《老子·二十五章》"字之曰道"固然是就宇宙整体而言，《四十章》所谓"反者，道之动，弱者，道之用"亦然，"道之动"和"道之用"都是就宇宙整体而言，"道之动"是这整体的运动，"道之用"是这整体的作用；"反"是这整体的运动规律，"弱"是这整体的作用形式。"反"作为宇宙整体的运动规律，当然不是这整体的外在运动形式，而是其内在运动规律，如上文所引述的"周行而不殆""大曰逝，逝曰远，远曰反"④云云，即是对"道之动"之"反"的规律的经典描述。同样，"弱"作为宇宙整体的作用形式，也是其内在作用形式，按《老子》的描述，现实世界中具体事物之间有种种形式的相互作用，唯有"水"的"柔弱"作用形式最能代表"道之用"。

"道"所标识的宇宙整体，原本是被设定为处于"天下始"这个时间原点上

---

① 甲骨文中的"周"字，最初不带"口"字，只表示界划分明的农田。《老子》关于"道"的运动是一种无限循环运动的思想不必是受农人耕作于田的启示所悟得，但按"周"字的本义可以且似乎应该对其所谓"周行"之"周"作如此直解。
② 《老子·十六章》。
③ 《老子·二十八章》。
④ 《老子·二十五章》。

的原始宇宙整体。这个处于时间原点上的原始宇宙整体,以其时间过程尚未展开,其物质特性、时间特性、空间特性、运动特性、规律特性也都尚未得到展现,所以,它实际上不过是一个假设的宇宙整体模型,或者说,它只是关于宇宙整体的一个理念,并不具有现实性。在老子哲学中,这个理念世界与现实世界是在由"天下始"到"天下母"的时间流逝过程中达到统一的,随着这个时间过程的展开,宇宙整体的物质、空间、运动、规律诸特性也得以展现开来,宇宙整体也就由理念转变为现实。

按《老子》的相关论述,宇宙整体从理念到现实的转变,不过是宇宙整全原理由时序性原理转换成了空序性原理,即原本在时间秩序上存在于现实世界之前而作为现实世界由以发生的终极原因的"道",转换成了空间秩序上存在于现实世界之后而作为现实世界据以存在的终极理由的"道"。所谓"道生一,一生二,二生三,三生万物"①,即说明了"道"是现实世界由以发生的终极原因,这个极因之"道"便是时序性宇宙整全原理;所谓"人法地,地法天,天法道,道法自然"②,则说明了"道"是现实世界据以存在的终极理由,这个至理之"道"便是空序性宇宙整全原理③。既是现实世界的终极原因又是现实世界的终极理由,这便是老子历史哲学的整全之"道"。

整全之"道"的理论意义是在于说明:(1)宇宙在时序上和空序上都是整全的,整全性是宇宙的本性,也是宇宙间一切事物的本性。(2)整全思维是合乎宇宙本性的正确思维;反之,片面思维是背离宇宙本性的错误思维。(3)尊重而不破坏宇宙的整全性及宇宙间的一切事物的整全性,是合乎宇宙本性的正确行为;反之,无视乃至于破坏宇宙的整全性及宇宙间一切事物的整全性,是背离宇宙本性的错误行为。

整全原理也是"独一无二"原理,即宇宙和宇宙间一切存在物都具有无可替代的独一无二性。按照这个原理,所谓尊重而不破坏宇宙的整全性及宇宙间一切事物的整全性,就是相信:(1)自己生活在其中的世界是独一无二的,故应当满足和安心于这世界,不妄想到其域外另去寻找心灵安顿处;(2)宇宙间的

---

① 《老子·四十二章》。
② 《老子·二十五章》。
③ 所谓"道法自然",在"自然"是"自己如此"的意义上,就是指"道"之所法就是"道"本身,即"道"就是它自身的根据,而不再有外在于它的东西作为其存在的根据。

一切事物都是独一无二而无可替代,故应当以廓然大公之心来看待世间一切事物,不妄想改变其中任何一个事物,任世间万物各按其独一无二的个性生存变化。

要之,老子历史哲学中用以标识宇宙整体的"道"作为表达宇宙整全原理的世界观,本质上是世界一元性与世界多样性相互统一的辩证法。

《道德经》中的领导智慧①

【提要】《道德经》所表达的管理思想可名之曰"领导智慧"。老子固然反对以智治国,主张不以智治国,但绝不认为治国不需要任何智慧,相反认为"御今之有"者须有"知古始"的智慧,这种智慧包含对宇宙普遍法则"道"的体认与运用。"虚静"是获得这种智慧的心境条件,它具有"明体达用"的意义——虚以明道之体,静以达道之用。保持内心虚静,才能树立起"下知有之"的"太上"形象——有大智慧,但深藏不露,给老百姓以非善非恶的中性人形象。这种领导形象显示了道德理性中立与道德情感无私的"王"者气度。在治国理民的实践中,"御今之有"者应具"上善若水"的领导品格,既"为"又"不敢为","为"是养育万物、养育百姓,"不敢为"是不做损害百姓利益的事,不跟百姓争利,不违逆百姓愿望而擅自给百姓做主;并且从言语到行动都谦卑地对待百姓。更要有"不信者,吾亦信之"的"德信"领导境界,这在本质上乃是把握了善良之本体而达致于无条件地善待一切人的"德善"之境。

通观《道德经》全书,其五千言实是作者向"侯王"所献之言,其核心观点是认为"道常无为而无不为。侯王若能守之,万物将自化"②。

按通常的解释,"侯王"一词是泛指诸侯。但在"侯王若能守之,万物将自化"的语境下,"侯王"则不是泛指诸侯,而是泛指治理天下("万物")的人间统治者。较之于"域中四大"中的"王"③,其意义差别在于:"王"是指能够像"道""天""地"那样"法自然"的统治者,"侯王"是指应该像"道""天""地"那样"法自然"的统治者。所谓"侯王若能守之"云云,是说唯有"法自然"而"常

---

① 本文原载《中国文化与管理》2024 年第 1 卷。第二作者为戴昕萌。
② 《老子·三十七章》。
③ 《老子·二十五章》:"故道大,天大,地大,王亦大。域中有四大,而王居其一焉。人法地,地法天,天法道,道法自然。"

无为"的"侯王",方能成为"王"而跻身于"域中四大"。

因此，从管理学维度看，《道德经》所表达的管理思想，就是关于"王"（理想的统治者）的哲学理念，以及"侯王"如何成为"王"的方法论思想——本文将这些理念与思想统称为"领导智慧"。

一、"知古始"——"御今之有"的领导智慧

老子固然说："民之难治，以其智多。故以智治国，国之贼；不以智治国，国之福。"①并声称"绝圣弃智，民利百倍"②，仿佛在他看来，治国压根儿就不需要什么智慧似的，其实不然。治国要不要智慧，与要不要以智治国，是两个不同性质的问题。要不要以智治国，这是治国方略问题。治国采取何种方略才合适，这恰恰需要靠智慧才能定夺。故反对以智治国，主张不以智治国，并不意味着否定智慧对于治国的必要性与积极意义。

对老子来说，其实问题根本不在于治国要不要智慧，而在于治国需要怎样的智慧。他指出："执古之道，以御今之有，能知古始，是谓道纪。"③这是明确地向"御今之有"（驾驭天下，治理万物）的人间统治者提出了"知古始"的要求。"知古始"是统治者胜任"御今之有"的责任所必须具备的智慧条件。有了"知古始"的智慧，掌握了"道纪"（"御今之有"的根本方法），才能"执古之道"（运用古始之道），才能胜任"御今之有"的领导职责。

何谓"古始"？"古始"之"古"与"自古及今"④之"古"为同一概念，泛指与"今"相对的往昔之时。所谓"古始"，就是往昔之时的开端，即宇宙作为一个时间过程的起点（时间原点）。老子的"古始"之说是以"天下有始"⑤的宇宙论假设作为前提的，根据这个假设，宇宙在时间上有一个开端，"古始"就是宇宙开端。

为何"御今之有"一定要"知古始"？"知古始"对于"御今之有"究竟有怎

---

① 《老子·六十五章》。
② 《老子·十九章》。
③ 《老子·十四章》。
④ 《老子·二十一章》。
⑤ 《老子·五十二章》。

样的意义？

> 天下有始，以为天下母。既得其母，以知其子。①

——如果说宇宙在时间上有一个开端的话，那么，处于这个时间原点的宇宙（即原始宇宙），就是万事万物的总根源（"天下母"），"知古始"的意义是在于了知"天下母"（"得母"），由此达到对万事万物的理解——明白万事万物的所以然之故（"知子"）。

> 既知其子，复守其母，没身不殆。②

——既然知道了万事万物的总根源（"天下母"），明白了万事万物的所以然之故（"知子"），就该运用古始之道（"守母"，"执古之道"）来治理天下（"御今之有"），这样才可以永享太平而不会有危险（"没身不殆"）。

对于"古始"（宇宙开端），老子有如下具体描述：

> 有物混成，先天地生，寂兮寥兮，独立不改，周行而不殆，可以为天下母。吾不知其名，字之曰道，强为之名曰大。③

存在于"古始"（宇宙开端）之时的"混成"之"物"，既然是"先天地生"的东西，它就是如庄子所说的那种"自本自根"④的终极存在。因其"自本自根"，所以它是"独立不改"。"独立"是指原始"混成"之"物"作为终极存在，在空间上独一无二，没有任何外在的东西与它并立而存，具有绝对的自主性和自足性；"不改"是指它在"周行而不殆"的循环运动中始终自主自足，这是对"独立"的

---

① 《老子·五十二章》。
② 同上。
③ 《老子·二十五章》。
④ 《庄子·大宗师》："夫道有情有信，无为无形；可传而不可受，可得而不可见；自本自根，未有天地，自古以固存；神鬼神帝，生天生地；在太极之先而不为高，在六极之下而不为深，先天地生而不为久，长于上古而不为老。"

补充性说明,旨在强调"可以为天下母"的东西在时间上具有永恒的自主自足性。空间上绝对的自主自足和时间上永恒的自主自足,就是老子所谓"道法自然"[①]的"自然"所包含的基本意义。"知古始"的本质意义就在于了知"古之道"的"自然"本性。

如果说"道法自然"意味着"自然"是"道"的本性从而是支配"道之动"的法则的话,那么,"人法地,地法天,天法道,道法自然"[②]则意味着"自然"是道、天、地、人的共同本性和共同法则。因此,对"执古之道,以御今之有"的人间统治者来说,其"知古始"的实践意义就在于遵循支配全宇宙(包括道、天、地、人)的"自然"法则,推行"辅万物之自然而不敢为"的"无为"[③]之治。

要之,"知古始"包含着对宇宙普遍法则的体认与运用,这种明显属于哲学层次的智慧,并不是一种理论智慧,而是一种实践智慧,即类似加拿大著名管理哲学家霍金森(Christopher Hodgkinson,1946—)所说的"行动哲学"(philosophy-in-action)。霍金森曾在"管理是一种行动哲学"[④]的意义上指出:"如果哲学家不会成为管理者,那么管理者必须成为哲学家。"[⑤]老子也有类似的管理思想:担当"御今之有"的领导责任的人,必须成为"知古始"的"为道"[⑥]之士。

二、"虚静"——"上德"的领导心境

《道德经》通行本上篇论"道"、下篇论"德",帛书的篇次则是上篇论"德"、下篇论"道",但不论是道篇在前还是德篇在前,都无改于"道""德"为《道德经》中两个最基本的概念这一事实。

关于"道",《道德经》第二十五章有"字之曰道"和"强为之名曰大"之说,

① 《老子·二十五章》。
② 同上。
③ 《老子·六十四章》。
④ "Administration is philosophy-in-action."(Christopher Hodgkinson : *Toward a Philosophy of Administration*, Oxford: Basil Blackwell Publisheder limited, 1983, p.2)
⑤ "If philosophers will not become managers, it is certain that manaers must become philosophers."(Christopher Hodgkinson: *Toward a Philosophy of Administration*, Oxford: Basil Blackwell Publisheder limited, 1983, p.17)
⑥ 《老子·四十八章》:"为道日损,损之又损,以至于无为,无为而无不为。"

第一章则有"道可道,非常道;名可名,非常名"之论,联系起来看,二者应该是互相对应的:"字之曰道"对应于"道可道,非常道";"强为之名曰大"对应于"名可名,非常名"。如果确乎存在这种对应关系,那么,这种关系究竟意味着什么?

据第一章的论述,"可"与"非常"在意义上有关联性与一致性,而"非常"明显蕴含"变"之义,则"可"当含有"两可"之"变"的意义。"字之曰道"和"强为之名曰大"都是在"两可"之"变"的意义上说的,即"字之曰道"意味着既可称为"道"亦可称为别的东西,"道"在这里只是个称谓,与它所称谓的对象本身是两回事;"强为之名曰大"意味着既可命名为"大"亦可命名为别的东西,"大"在这里只是个名号,与它所指的对象本身并不是一回事。

据此来理解"道可道,非常道;名可名,非常名"的话,其词面意义可概括为:(1)"道"有"可道"与"非可道"之分:"可道"之"道"是"道"之称谓,而非真实存在的道本身;"非可道"之"道"则不是"道"之称谓,而是真实存在的道本身。所谓"道可道,非常道",就是说,真实存在的道是"非可道"之"常道"。(2)"名"有"可名"与"非可名"之分:"可名"之"名"是名号,不是真实的存在本身;"非可名"之"名"则不是名号,而是真实的存在本身。所谓"名可名,非常名",就是说,真实的存在是"非可名"之"常名"。以其"非可名",故"常名"实为"无名"。

综之,所谓"道可道,非常道;名可名,非常名",其要义是说"常道无名",这与老子自己所说的"道常无名"[①]本质上是同一意思,即:真实存在的道是不可命名的。在此意义上,所谓"执古之道,以御今之有",是意味着(万物)"化而欲作,吾将镇之以无名之朴"[②]。

在《道德经》中,"无名之朴"含有双重意义:

(1)"无名之朴"是指作为"天地之始"[③]而"字之曰道"的混沌未分的原始宇宙。

因其"混成"未分而"非可名",故云"吾不知其名";又说"强为之名曰大",是意味着它既可名"大"亦可名"小",故有"道常无名,朴虽小,天下莫能臣也"[④]

---

① 《老子·三十二章》。
② 《老子·三十七章》。
③ 《老子·一章》:"无名天地之始。"
④ 《老子·三十二章》。

之说,但无论"大"或"小",都只是名号,并非真实存在着的"无名"之"道"本身。在此意义上,"无名之朴"是指天地万物尚未产生时真实存在的原始混沌之物。

(2)"无名之朴"是指道、天、地、人所共有的自然淳真的德性。

就"无名"之"道"本身来说,它在自我运动中表现出"生之畜之,生而不有,为而不恃,长而不宰"的"玄德"①。王弼的注文说:"凡言玄德,皆有德而不知其主,出乎幽冥。"②王弼又注第一章"同谓之玄"说:"不可得而名,故不可言同名曰玄。"③据此,"玄德"亦可称"无名之德"。按"名可名,非常名"的逻辑,"玄德"之"无名"应属"常名"。在此意义上,"玄德"又称"常德"。但从"常德不离,复归于婴儿""常德乃足,复归于朴"④的话来看,"常德"又不等同于"玄德":"玄德"是"道"本身所固有并以"生之"(产生万物)、"畜之"(养育万物)表现出来的德性;"常德"则是"道"所赋予天、地、人的德性,这种德性在人身上是以婴儿般天真而没有做作和虚伪的淳朴行为表现出来的。不过,"常德"与"玄德"又有其共性特征,即它们都是有德之实而无德之名。在此意义上,"无名之朴"是指道、天、地、人所共有的自然淳真的德性。

故"朴散则为器"⑤也有双重含义:

(1)"朴散则为器"是指原始混沌体演化为天地万物。

这个宇宙演化过程是受"道之动"的"反"⑥(向自己的对立面转化)的法则支配的,是"道法自然"的一种体现。"反"作为出于"自然"的法则,决定了"道"从"无名"的原始混沌之"朴"必然分化为"有名"的天地万物之"器"——就此而言,"道法自然"含有"道顺应必然"之义。所谓"无名天地之始,有名万物之母"⑦,是就"道"在这个必然的宇宙演化过程中所处的地位与作用的变化而言,意谓:当宇宙还是"无名"("非可名"之"常名")的原始混沌之"朴"时,"道"是"先天地生"的"天地之始";当宇宙由"无名"之"朴"演化为"有名"

① 《老子·十章》。
② 〔魏〕王弼:《老子注·十章》。
③ 〔魏〕王弼:《老子注·一章》。
④ 《老子·二十八章》。
⑤ 同上。
⑥ 《老子·四十章》:"反者,道之动。"
⑦ 《老子·一章》。

（"可名"之"非常名"）的天地万物之"器"时，"道"是生育万物的"万物之母"。在此意义上，"朴散则为器"的宇宙演化意味着"道"由"天地之始"到"万物之母"的角色转换，随着其角色转换，"道"的本体显现出"生之畜之"（产生万物、养育万物）的功能与作用，这种生养万物的功能与作用微妙不可言，故被称为"玄德"。《道德经》第五十一章又有"道生之，德畜之；长之、育之、亭之、毒之、养之、覆之"①之说，表明"玄德"并不完全等同于与"道"相对而言的"德"，后者仅有"畜之"之意，"玄德"则兼有"生之畜之"之意。由是观之，《道德经》中有广义与狭义两种"德"：广义的"德"即"玄德"，狭义的"德"即"尊道而贵德"②之"德"。狭义的"德"是指作为宇宙本体的常道在其自我演化出万物（"道生之"）之后所体现出来的"畜之"（养育万物）的功能与作用。

（2）"朴散则为器"是指淳真之德堕落为名相之德。

当"道"由原始混沌之"朴"演化成天地万物之"器"之后，一方面，对万物（包括人类）来说，它们都具有"道"所赋予的"德"，其"德"无名而实有"畜之"（使万物发育成长）之功能，万物皆赖其"德"而自然地发育成长，另一方面，对人类来说，万物（包括人事）又因其形器各各相殊而成为"可名"的现象，由此生成名相世界。面对名相世界，有两种治国理民的方式：一种是"名亦既有，夫亦将知止"③，即以"道"为用，任万物自然变化——"道常无为而无不为。侯王若能守之，万物将自化"④；另一种是利用"名"（包括禁止偷盗之类恶行的法令和倡导仁义之类善行的名教）来治国理民，或用法令来禁绝恶行，或用名教来倡导善行，抑或二者兼用之，无论何种情况，都不免使人们或为逃避法律惩罚或为博取道德名誉而弄虚作假，从而丧失其固有的淳真之德。这里后一种情况，便是"朴散则为器"的另一种含义所指。

《道德经》说：

> 上德不德，是以有德。下德不失德，是以无德。上德无为而无以为，
> 下德为之而有以为。上仁为之而无以为，上义为之而有以为。上礼为

---

① 《老子·五十一章》。
② 同上。
③ 《老子·三十二章》。
④ 《老子·三十七章》。

之而莫之应,则攘臂而扔之。故失道而后德,失德而后仁,失仁而后义,失义而后礼。①

　　参考王弼的注文②并结合《道德经》中其他相关论述,上面这段话可解读为:上德之人虽无德之名,却有德之实,其德是"不求而得,不为而成"③的自然之德,而非人为修养而成。其自然之德体现于治国理民,即"唯道是用,无执无用"④,亦即"虚其心,实其腹,弱其志,强其骨,常使民无知无欲,使夫智者不敢为也"⑤。上德之人依凭其自然之德所采用的这种治国理民方法,就叫做"无为"。"无为"不是无所作为,而是"无以为"(无意而为)。"上德"的"无以为"不同于"上仁"的"无以为":前者属于"无为",所运用的是"道";后者属于"为之",所运用的是"仁"。故尽管它们都属于"无以为"(无意而为),"上德"的"无以为"是"以百姓为刍狗"⑥,犹如"天地相合,以降甘露,民莫之令而自均"⑦,其德泽于民是自然均衡而无所偏为;"上仁"的"无以为"则有所偏为。无意而为且无所偏为,是谓"无为"。至于"上义"的"有以为"和"上礼"的"攘臂而扔之",更不如"上仁"的"无以为",乃是意有所图,欲遂其私,属于"下德为之"之末流了。

　　无意而为且无所偏为的"无为"是"上德"的行为表现,这种行为是以行为主体的"虚静"作为其心境条件的。

　　根据《道德经》第十六章"致虚极,守静笃。万物并作,吾以观复。夫物芸芸,各复归其根。归根曰静,静曰复命"⑧及其他章中一些相关论述⑨,老子所谓

---

① 《老子·三十八章》。
② 〔魏〕王弼:《老子注·三十八章》。
③ 同上。
④ 同上。
⑤ 《老子·三章》。
⑥ 《老子·三十八章》。
⑦ 《老子·三十二章》。
⑧ 《老子·十六章》。
⑨ 《老子·三章》:"是以圣人之治,虚其心,实其腹,弱其志,强其骨,常使民无知无欲,使夫智者不敢为也。为无为,则无不治。"又《三十七章》:"道常无为而无不为。侯王若能守之,万物将自化。化而欲作,吾将镇之以无名之朴。无名之朴,夫亦将无欲。不欲以静,天下将自定。"又《二十章》:"绝学无忧。"楚简乙本作:"绝学亡忧。"又《四十八章》:"为学日益,为道日损,损之又损,以至于无为。"《一章》:"故常无欲,以观其妙。"

"虚""静"都是就"心"而言,"虚"是指心中"无知","静"是指心中"无欲"。

"无知"之"知"与"知古始"之"知"是两个不同概念:"知古始"之"知"与"知常"①之"知"是同一概念,是指"为道"②之知;"无知"之"知"是指"为学"③之知,即对由"道"所派生并作为表现"道"之本体的现象(现实世界的万事万物)的认知。在老子看来,"为道"之知须从心中摒除"为学"之知("绝学"④)以至于达到"虚极"才能得到,只有获得了"为道"之知("得母"),才能了知现实世界万事万物的所以然之故("知子")。故"虚"作为"上德无为"的心境条件之一,本质上是"知古始"的精神条件和心理依据。

"无欲"之"欲"是"化而欲作"⑤之"欲"、"少私寡欲"⑥之"欲",即受外物影响与制约所产生的有待于外物、有求于外物的欲望⑦;"无欲"即是无待于外物、无求于外物的自主自足之心境。"守静笃"意味着"常无欲",即保持自主自足的心境。对于"吾"来说,只要保持自主自足的心境,就能体察到"道"作为"万物之母"的"畜之"(养育万物)之妙用("常无欲,以观其妙"⑧)。正是由于"道"的这种妙用,使得"芸芸"众物"各复归其根"(各自回复到其原初本性)⑨,即从各有所求以至于"并作"(由"知""欲"所引起的向外求取的作为)的躁动状态,回复到"道"所赋予它们的"无知无欲"的虚静本性,故"守静笃"具有如此双重意义:既是"常无欲,以观其妙",也是"万物并作,吾以观复"。

要之,如果说"虚"具有体察"道"之本体的意义的话,那么,"静"则具有体察"道"之功用,亦即体察万物之本性的意义。也就是说,"虚静"对于担当"御今之有"的领导责任的人来说,具有"明体达用"之意义——虚以明道之体,静

---

① 《老子·十六章》。

② 《老子·四十八章》。

③ 同上。

④ 《老子·二十章》。

⑤ 《老子·三十七章》。

⑥ 《老子·十九章》。

⑦ 许抗生将"化而欲作"解释为"私欲萌动"(参见许抗生:《帛书老子注译与研究》,浙江人民出版社1985年版,第130页),即以"欲"为"私欲";又将"少私寡欲"解释为"减少私心和欲望"(同上,第103页),以"欲"为"欲望",均不确切。

⑧ 《老子·一章》。

⑨ 这里的"根"相当于《庄子》中的"性"概念;所谓"归根",相当于《庄子》所说的"反性"——《庄子·缮性》:"古之存身者,不以辩饰知,不以知穷天下,不以知穷德,危然处其所而反其性,己又何为哉!"

以达道之用。在静以达道之用的意义上，"守静笃"具有直接的"御今之有"之功能，其原理在于"静为躁君"，"躁则失君"①。此处"君"犹言"主"②，为驾驭、控制之意。据王弼的注文，"静为躁君"所表达的是"不动者制动"的原理。照此说来，"御今之有"者须保持无欲清静，方能驾驭得了天下百姓；反之，不能"见素抱朴，少私寡欲"③，内心总是"不知足"而常处于"欲得"④的躁动状态，则未免与百姓相争，就会失去对百姓的控制，丧失统御百姓的领导地位。

三、"下知有之"——"太上"的领导形象

老子将人间统治者分为四个等次："太上，下知有之。其次，亲而誉之。其次，畏之。其次，侮之。"⑤等次最差的是被天下人所轻慢。比这高一等的是为天下人所畏惧。又比这高一等的是为天下人所亲近和赞誉。最高等次的是老百姓只是知道他的存在而已，这样的统治者被老子称为"太上"。

王弼解释"太上"的含义，说："太上，谓大人也。大人在上，故曰'太上'。"⑥这固然也说得通，但是从"太上"与下文三个"其次"之间的逻辑关系来看，"太上"之"太"分明是表示四个等次中的最高等次，其含义应为"头等""第一流"。再从"太上"与下文"下知有之"及本章末二句"悠兮其贵言。功成事遂，百姓皆谓我自然"⑦的文义关联来看，"太上"之"上"是相对于"下"而言，"下"指老百姓，"上"指位居百姓之上的统治者。⑧故"太上"的确切含义应为"第一流的人间统治者"，即老子心目中能像"道"一样"法自然"的"侯王"——可跻身于"域中四大"的"王"。

王弼又解释"下知有之"的意思，说："大人在上，居无为之事，行不言之教，

---

① 《老子·二十六章》。
② 许抗生：《帛书老子注译与研究》，浙江人民出版社 1985 年版，第 115—116 页。
③ 《老子·十九章》。
④ 《老子·四十六章》："祸莫大于不知足，咎莫大于欲得。"
⑤ 《老子·十七章》。
⑥ 〔魏〕王弼：《老子注·十七章》。
⑦ 同上。
⑧ 《老子·七十五章》："民之饥，以其上食税之多，是以饥。民之难治，以其上之有为，是以难治。"其中"上"都是相对"民"而言，也是泛指位居天下百姓之上的人间统治者。

万物作焉而不为始,故下知有之而已。"① 这是用"太上"的行为方式来解释"下知有之"的原因,并没有对"下知有之"的含义本身做出分析。

王弼用以解释"太上"行为方式的说辞"居无为之事,行不言之教,万物作焉而不为始(施)",是来源于《道德经》"是以圣人处无为之事,行不言之教。万物作焉而不辞,生而不有,为而不恃,功成而弗居。夫唯弗居,是以不去"②。这意味着王弼将《道德经》中"太上"与"圣人"视为同一概念,认为它们都是指能够"处无为之事,行不言之教"的人间统治者。这样解释固然没有什么错误,却未免过于笼统,因为在先秦诸子百家中关于国家治理,并非只有老子或道家才倡导"处无为之事,行不言之教",其他学派中也有学者在一定意义上推崇"无为""不言"。

例如,《论语·卫灵公》载:"子曰:'无为而治者其舜也与?夫何为哉?恭己正南面而已矣。'"显然,孔子是推崇舜的"无为而治"抑或至少对此持赞赏态度的。再如《论语·阳货》载:"子曰:'予欲无言。'子贡曰:'子如不言,则小子何述焉?'子曰:'天何言哉?四时行焉,百物生焉,天何言哉?"所谓"四时行焉,百物生焉,天何言哉",就是说"四时行""百物生"都是由于"天"的作用所造成,但"天"在发挥这种作用时是"无言"或"不言"的,换言之,"天"并不是以"言"而是以"行"来发挥其作用的。孔子这一思想后来为孟子所继承并被发展为"天不言,以行与事示之而已矣"③的天道观,按照这种天道观,"天"之"不言"而"以行与事示之",乃是"诚者,天之道"④的体现和证明。由此可见,儒家孔、孟都在一定意义上推崇"不言",其实质在于崇尚"行""事",故孔子乃有"君子欲讷于言而敏于行"⑤之说。

又如《管子·乘马》说:"无为者帝,为而无以为者王,为而不贵者霸。"这是从"王""霸"之辩角度评论"无为",认为"无为"的"帝道"不但高于"为而不贵"的"霸道",而且高于"为而无以为"的"王道"。如果把《管子·乘马》"无

---

① 〔魏〕王弼:《老子注·十七章》。楼宇烈说:"'万物作焉而不为始'之'始'字,疑当作'施',音近而误。"(楼宇烈:《王弼集校释》,中华书局1980年版,第41页)

② 《老子注·二章》。

③ 《孟子·万章上》。

④ 《孟子·离娄上》。

⑤ 《论语·里仁》。

为者帝"、《兵法》"察道者帝"、《幼官》"常至命,尊贤授德则帝"① 看作是思想上互相一致的三个说法的话,则可以推断,"无为"的意思是"顺性命之理",亦即《心术上》所谓"因":"因也者,舍己而以物为法者也。感而后应,非所设也;缘理而动,非所取也。""因者,因其能者言所用也。"② 根据"因"的原则来选拔和任用有才德的人,使有才德者各得其用,就是所谓"常至命,尊贤授德"的"帝"之境。

又如《韩非子·扬权》说:"虚静无为,道之情也。"又说:"权不欲见,素无为也。"即在韩非看来,显摆自己的权势是不对的,而是应当效法"道",像"道"那样"虚静无为",行"无为"之事,这才是君主治国取得成功的关键所在,也是君主"得事理"的体现。"得事理,则必成功。"③ "动弃理,则无成功。"④ 也就是说,法家集大成者韩非也推崇"无为",其实质是主张"缘道理以从事"。"夫缘道理以从事,无不能成。"⑤

所以,像王弼那样将"太上"的行为方式笼统地描述为"处无为之事,行不言之教",显然不能准确反映老子关于"太上"的真思想。

要确切地把握老子的"太上"概念,关键在于准确理解"下知有之"的意义,这种意义应该从"下知有之"与"亲而誉之""畏之""侮之"的关系中去把握,即分别从"亲而誉之""畏之""侮之"来反推出"下知有之"的含义。

首先,"太上"是无人"侮之"的。为何"太上"可以免于受人之侮?老子曰:"知足不辱。"⑥ 从"道法自然"角度来看,"不知足"意味着离开自主自足的自然本性而向外求取;从"祸莫大于不知足,咎莫大于欲得"⑦ 的话来判断,"知足"与"不知足"是同"欲"相关的,"不知足"意味着有向外求取之欲,"知足"意味着

① 赵守正注:"常至命:依上下文例,'常'上脱一字。据《管子集校》一说,疑是'平常至命'。"(赵守正:《管子注译(上册)》,广西人民出版社1982年版,第72页注⑤)赵注似未得其义理。《易传·说卦》有云:"穷理尽性以至于命。昔者圣人之作《易》也,将以顺性命之理。"据此,并与上文"凡物开静,形生理"(《管子·幼官》)联系起来看,与"处虚守静"(同上)相对应的"常至命",宜解读为"顺性命之理"。

② 《管子·心术上》。

③ 《韩非子·解老》。

④ 同上。

⑤ 同上。

⑥ 《老子·四十四章》。

⑦ 《老子·四十六章》。

没有向外求取之欲。故"知足不辱"的意思就是,只要保持内心的虚静,于物于人都没有非自然的不正当欲求,就不会与人发生争执,也就不会招来侮辱。据此推断,"下知有之"是指"太上"以虚静之心对待百姓,不跟百姓相争,使百姓不觉得"太上"对他们构成什么威胁,会给他们带来什么危险。"太上"给予百姓的这种形象,可用"人畜无害"来加以描述。于是"下知有之"便可释义为:在老百姓的心目中,"太上"是一个人畜无害的主儿。老子说:"知足不辱,知止不殆,可以长久。"① 在管理学意义上这就是告诉人们:一个当领导的如果对任何人都没有害处的话,他就一直可以当领导了。

其次,"太上"是无人"畏之"的。对"太上"为何无人"畏之"? 首先,这"畏之"究竟是何意思? 其具体所指为何?《道德经》中有五处论及"畏",其余四处为:(1)"人之所畏,不可不畏。"② (2)"古之善为士者,微妙玄通,深不可识。夫唯不可识,故强为之容。豫焉若冬涉川,犹兮若畏四邻……"③ (3)"民不畏威,则大威至。"④(按:帛书老子乙本作"民之不畏威,则大畏(威)将至矣"⑤)(4)"民不畏死,奈何以死惧之! 若使民常畏死而为奇者,吾得执而杀之,孰敢?"⑥ "人之所畏,不可不畏"之"畏"是一般意义的"畏"即惧怕;"若畏四邻"之"畏"是指(对四周相邻的人)心存戒惧;"民不畏威"之"畏"是指(对统治者的威迫)惧怕;"民不畏死"之"畏"是指(对统治者的刑杀)惧怕。"畏之"之"畏"当然也包含"畏"的一般意义"惧",然据上述分析,"畏之"的具体意义应是指这么三种情况:其一,老百姓对统治者心存戒惧;其二,老百姓惧怕统治者的威迫;其三,老百姓惧怕统治者的刑杀。这三种"畏之"的情况,意味着统治者以刑杀、威逼等手段对老百姓实行强权统治,遂使得老百姓终日惶恐不安,对统治者时刻心存戒惧。由是可知,"太上"之所以无人"畏之",是因为"太上"不以强权对待百姓,

---

① 《老子·四十四章》。
② 《老子·二十章》。
③ 《老子·十五章》。
④ 《老子·七十二章》。
⑤ 许抗生:《帛书老子注译与研究》,浙江人民出版社 1985 年版,第 62 页。
⑥ 《老子·七十四章》。此段话,《帛书老子》作"若民恒且不畏死,奈何以杀惧之也? 使民恒且畏死而为奇者,吾将得而杀之,夫孰敢矣"(转引自许抗生:《帛书老子注译与研究》,浙江人民出版社 1985 年,第 65 页)。许抗生译为:"假若老百姓总是不怕死,那末为什么还要用刑杀来恐吓他们呢? 假若老百姓怕死,而为此去搞一些歪门邪道的人(按:当为"事"之误),我将把他弄来杀掉,还有谁敢这样做啊!"(同上,第 66 页)

其懂得"弱者，道之用"①的原理，知道"强大处下，柔弱处上"②，故始终以柔弱态度来对待百姓。在老百姓心目中，"太上"是一个弱者形象。这是"下知有之"的又一层含义。

再次，"太上"是无人"亲而誉之"的。为何"太上"无人"亲而誉之"？老子说："知者不言，言者不知。塞其兑，闭其门，挫其锐，解其纷，和其光，同其尘，是谓玄同。故不可得而亲，不可得而疏，不可得而利，不可得而害，不可得而贵，不可得而贱。故为天下贵。"③"太上"作为第一流的人间统治者，自然是"知古始"而与"道"相通的"知（智）者"，故非但不是"以智治国"，相反是把自己的智慧收藏起来，含而不露，对老百姓不即不离，使他们无法识得其真面目。从这个角度看，"下知有之"的意思应该是：老百姓都知道有一个位居于他们之上的主儿，但却不清楚他们的主儿到底是怎样的一个人，既说不出他有什么缺点，也说不出他有什么优点，以至于无法对他进行或褒或贬、或毁或誉的评价。这意味着"太上"是一个从不显露自己的个性特征从而让别人无可加以褒贬和毁誉的"中性人"。

综上所述，"太上"是一个有大智慧的人，但是他深藏不露，在老百姓面前除了表现出为人处世的软弱和人畜无害之外，从不显示自己的个性特征，使得老百姓对他既无差评也无好评，俨然是一个非善非恶的中性人的形象。"太上"之所以能有如此"下知有之"的领导形象，是因其内心虚静而有超凡的定力；其非善非恶的中性人形象，恰是其虚静定力的外在表现。

---

① 《老子·四十章》。
② 《老子·七十六章》。
③ 《老子·五十六章》。此段可作如此解读："知（智）者"从不以言语方式来显示自己多么有智慧。凡通过言语来炫耀自己多么富有知识的人，都不是真正有智慧的人。真正有智慧的人是深藏不露的，就仿佛自我关闭了对外的通道，挫去了对外的锋芒，解脱了对外的纷争，使自己的智慧之光柔和暗淡，同外界融为一体（行迹同乎尘俗），这便是与"玄之又玄"的"道"相通的自然之境——也就是"古之善为士者，微妙玄通，深不可识"（《老子·十五章》）的境界。达到这样境界的人，别人既无法同他亲近，也无法跟他疏远；既无法使他得到利益，也无法使他受到伤害；既无法使他受人尊重，也无法使他受人轻蔑。这样的人，是天下最值得尊重的人。

四、"容乃公"——"王"者的领导气度

《道德经》说：

> 致虚极，守静笃。万物并作，吾以观复。夫物芸芸，各复归其根。归根曰静，是谓复命，复命曰常。知常曰明。不知常，妄作，凶。知常容，容乃公，公乃王，王乃天，天乃道，道乃久，没身不殆。①

整个这段话都是对"御今之有"者而言，根据上文相关部分的分析，这段话前三句的意思是说，如欲明道之体以达道之用，务必使内心达到虚静——唯"虚极"乃能明道之体；唯"静笃"乃能达道之用。"归根曰静"——若能"守静笃"（保持无欲清静），则万物由于道的神妙作用，自然能回复到其"无知无欲"的虚静本性。"是谓复命，复命曰常"——万物回归其虚静本性，这叫"复命"；"复命"是指万物回归其性命之常——这意味着虚静便是万物的性命之常。"知常曰明"——知道"无知无欲"是万物的性命之常，并以"致虚极，守静笃"的自我复性之法来引导万物回归"无知无欲"之常性，这就叫高明。"不知常，妄作，凶"——没有那种高明的智慧，而是妄行"尚贤""贵难得之货"②之类的"下德为之"之法，就会给自己和天下带来灾祸。"知常容，容乃公，公乃王，天乃道，道乃久，没身不殆"——有了那种高明的智慧，就能"包通万物，无所不容"③，以至于公正无私，使天下之人往而归之，乃至与天合德，与道合同，永享天下太平。④

其中"容乃公，公乃王"反映了老子这样一种管理思想：只有宽容与公平地对待百姓，才成为天下之人往而归之的"王"者。

按老子的本意，所谓宽容（"容"），是指道德上不嫌弃任何一种人，不管他们是不是善类，都一视同仁地善待之。（"善者，吾善之；不善者，吾亦善之，德

---

① 《老子·十六章》。
② 《老子·三章》："不尚贤，使民不争；不贵难得之货，使民不为盗；不见可欲，使民心不乱。"
③ 〔魏〕王弼：《老子注·十六章》。
④ 参考：〔魏〕王弼：《老子注·十六章》。〔宋〕范应元：《宋本老子道德经·十六章》。

善。"①)这种宽容思想是以其善恶观为理据的。《道德经》说：

> 天下皆知美之为美,斯恶已;皆知善之为善,斯不善已。故有无相
> 生,难易相成,长短相形,高下相倾,音声相和,前后相随。②

这段话前半段是讲,美与丑、善与恶都是互相对待的;后半段是根据美丑之间、善恶之间所存在的互相对待关系进行推论,指出有与无、难与易、长与短、高与下、音与声、前与后也都是互相对待的。这种普遍的互相对待关系不同于辩证法的对立统一关系:辩证法的对立统一关系,是对立面之间差异关系的绝对性与其同一关系的相对性;老子所讲的互相对待关系,则是对立面之间差异关系的相对性。所以,老子有"善之与恶,相去若何"③之说,其言下之意为:善恶之间其实没有确定的界限。同样,所谓"祸,福之所倚;福,祸之所伏。孰知其极?其无正也"④,也是在强调祸福之间互相依赖、互相包含、互相转化的同一关系是绝对的,其差异关系是相对的,故祸福之间的区分其实没有什么一定的准则⑤。

正因为在老子看来,诸如善与恶、祸与福之类的对立面之间的分界其实并没有一定标准,这样实际上是否定了围绕善与恶、祸与福等等的是非之争会取得什么成效,所以他才说:"多言数穷,不如守中。"⑥这里"多言"与"守中"相对,"守中"指保持内心的虚静⑦,意味着静默不语,不爱说话;则"多言"乃"好言""爱说"之意,但又不是泛指爱说话,而是指爱与别人争论是非。"数穷"⑧是指爱与别人争论是非的人很快就会使自己陷入困境。所谓"多言数穷,不如守中",这整句话的意思是说:爱与别人争论是非,非但不会取得什么成效,反而很快就会让自己陷入困境,所以不如放弃是非之争,以保持内心的虚静。(庄子"不谴是非,

---

① 《老子·四十九章》。

② 《老子·二章》。

③ 《老子·二十章》。

④ 《帛书老子》,转引自许抗生:《帛书老子注译与研究》,浙江人民出版社 1985 年版,第 37 页。此段文字,通行本《老子·五十八章》作:"祸兮福之所倚,福兮祸之所伏。孰知其极? 其无正?"

⑤ 参见许抗生:《帛书老子注译与研究》,浙江人民出版社 1985 年版,第 38 页。

⑥ 《老子·五章》。

⑦ 参见许抗生:《帛书老子注译与研究》,浙江人民出版社 1985 年版,第 81 页注⑧。

⑧ "数穷"之"数"犹"速"。参见许抗生:《帛书老子注译与研究》,浙江人民出版社 1985 年版,第 81 页注⑦。

以与世俗处"①的生活态度,应该就是从老子"多言数穷,不如守中"的思想发展而来。)

老子认为,真正有智慧的人决不会迷惑于现实世界中的种种对立现象,执着于非此即彼的对立关系,所以也决不会陷于有关美与丑、善与恶等对立现象的无休止的是非争辩,以至于离开"混而为一"而"不可致诘"②的无名之"道",失去淳朴之德("失德")。所以说:"善者不辩,辩者不善。"③守淳朴之德,行真善之事,便须放弃关于美丑、善恶的辩论,以无名之"道"的"混一"观点来理解现实世界中的种种对立现象,把它们当作本质上无差别的东西来看待,从而一视同仁地善待善人与不善人,这样才是达到了真善之本体("德善")。

按老子的本意,所谓公正("公"),是指伦理上以不别亲疏的"无亲"④原则来处理自身同老百姓的关系,表现在道德情感上就是对老百姓"不仁":"天地不仁,以万物为刍狗;圣人不仁,以百姓为刍狗。"⑤所谓"不仁",乃是不别亲疏、毫无偏私的爱,如同"天地相合,以降甘露,民莫之令而自均"⑥,其恩泽于民不带有任何人为故意的因素,完全是自然而然的均衡。这种自然均衡的道德情感,体现在"救人""救物"的善事中,就是不论男女老少、美丑善恶等差异,莫不施救,不舍弃任何一人和任何一物——"圣人常善救人,故无弃人;常善救物,故无弃物"⑦。

据老子"容乃公"的逻辑,唯有道德理性达到超脱善恶是非之争的价值中立,道德情感才能达到自然均衡的无私境界。然则,"王"者的领导气度就在于道德理性的中立与道德情感的无私。

五、"若水"——"上善"的领导品格

《道德经》说:

---

① 《庄子·天下》。
② 《老子·十四章》。
③ 《老子·八十一章》。
④ 《老子·七十九章》:"天道无亲,常与善人。"
⑤ 《老子·五章》。
⑥ 《老子·三十二章》。
⑦ 《老子·二十七章》。

上善若水。水善利万物而不争,处众人之所恶,故几于道。①

这里前面讲"上善若水",后面讲"水几于道",可见"上善"含有双重意义:既是指作为真善本体的"道"——相对于"仁""义""礼"等道德名相而言,即是"无名之朴";又是指"从事于道者"而与"道"同一②、虽无德之名却有德之实③的真善之人。所谓"上善若水",是在以"水"比"道"的前提之下,将真善之人所具有的品格比作水的品格,并认为这种品格是位居众人之上而"御今之有"的人所应当具备的领导品格。这种品格具有如下两个方面的基本特点:

(一)"利万物而不争"

在《道德经》中,与"利万物而不争"相似或相近的表述,还有"天之道,利而不害"④"圣人之道,为而不争"⑤"衣养万物而不为主"⑥"以辅万物之自然而不敢为"⑦等。这里"为"与"不敢为"相对:"为"是有所为,"不敢为"是有所不为。

有所为意义上的"为"与"辅万物之自然""衣养万物""利(万物)"是同一组概念,是指"道"及与"道"同一的真善之人所具有的"畜之"之"德"的现实表现——就其作为"道"之"玄德"的作用形式而言,其所起的作用是万物赖以生长的自然依据;就其作为"执古之道,以御今之有"的真善之人所推行的善政而言,其所行之善政是百姓过上"甘其食,美其服,安其居,乐其俗"⑧的甘美安乐生活的政治依据。要言之,"为"是"德"的"畜之"(养育万物、养育百姓)作用形式。

有所不为意义上的"不敢为"与"不害""不争""不为主"是同一组概念,是从"利""害"关系角度来说的,其意义有二:对"道"而言,"不敢为"就是"辅万物之自然"(顺应万物的自然本性)而"不为主"(不违逆万物的自然本性);对"执古之道,以御今之有"的真善之人而言,"不敢为"就是"不害"(不做损害老

---

① 《老子·八章》。
② 《老子·二十三章》:"故从事于道者,同于道;德者,同于德;失者,同于失。"
③ 《老子·三十八章》:"上德不德,是以有德。"
④ 《老子·八十一章》。
⑤ 同上。
⑥ 《老子·三十四章》。
⑦ 《老子·六十四章》。
⑧ 《老子·八十章》。

百姓利益的事）、"不争"（不跟老百姓争利）、"不为主"（不违逆老百姓的愿望而擅自给他们做主）。

综之，"为"与"不敢为"的互相统一就是水的品格，这种品格看似柔弱，其实是无往而不胜的，道理很明显："天下莫柔弱于水，而攻坚强者莫之能胜，以其无以易之。"① 只不过"弱之胜强，柔之胜刚，天下莫不知，莫能行"② 罢了。能知柔弱胜刚强之理而依之行事，就能使自己强大起来——"守柔曰强"③。反之，"强梁者不得其死"④——逞强斗狠之人是不会有好结果的。

从"利""害"角度说，若水的柔弱品格，看似"不争"，而其实"不争"正是"争"的一种方式——"夫唯不争，故天下莫能与之争"⑤。其原理在于："圣人不积，既以为人，己愈有；既以与人，己愈多。"⑥ 这就说是，在利益关系上，统治者与老百姓是可以达到互利双赢的。在这种利益一致性关系中，统治者愈是做有利于老百姓的事，就愈是对统治者自己有利。如此"为而不争"，自然是最善于为自己争利的方式，因为在这种关系中，统治者所做的事情都是有利于老百姓的，也就不会招致老百姓的反对，相反必定会得到老百姓的拥护与支持，如此又有谁去跟统治者争利呢？

老子还说："人之生也柔弱，其死也坚强。万物草木之生也柔脆，其死也枯槁。故坚强者，死之徒；柔弱者，生之徒。"⑦ 这更是将"守柔"提升到了攸关生死的高度，把它当作贵生原则提出来，欲使普天之下一切自爱自珍其生命的人都按这个原则来为人处世。

（二）"处众人之所恶"

"处众人之所恶"是就水往低处流的特性而言，意指一般人都是为取得较高或更高的社会地位而不断向上攀升，水的特性则恰恰相反，它总是往低处流。"为道"的"上善"之人则如同水往低处流一样，是与一般人反向而行，表现出甘居

---

① 《老子·七十八章》。
② 同上。
③ 《老子·五十二章》。
④ 《老子·四十二章》。
⑤ 《老子·二十二章》。
⑥ 《老子·八十一章》。
⑦ 《老子·七十六章》。

人下的样子,因为他掌握"反者,道之动"(常道的运动是向自己的对立面转化)的原理,也知道"高下相倾"①(高与下互相对待)和"贵以贱为本,高以下为基"②的道理,因此,不只是像"侯王自谓孤寡不穀"③那样"以言下之"地表现出言语上的自谦,更重要的是能"以身后之"地表现出行动上的甘居人下,以至于"处上而民不重,处前而民不害"(虽居百姓之上,而百姓并不以之为负担;虽居百姓之先,而百姓并不以之为危害),使得"天下乐推而不厌"(老百姓都乐意推举上善之人而不嫌弃),这道理就像"江海所以能为百谷王者,以其善下之,故能为百谷王"④。要之,"处众人之所恶"就是从言语到行动都谦卑地对待百姓。

六、"不信者,吾亦信之"——"德信"的领导境界

"信"是一个会意字,其"从人从言"的字形可使人意会到它的本义是指人言(出自人口的有声之言)。汉儒许慎在《说文解字》中以"诚""信"互释:"信,诚也。从人从言,会意。""诚,信也。从言,成声。"这反映出汉代人将"诚""信"视为一体而不可分割的诚信观念,同时也反映出诚信是言说领域的一种道德。从《尚书》中"尔无不信,朕不食言"(《汤誓》)、"砥至齐信,用昭明于天下"(《康王之诰》)的话,以及《诗经》中"总角之宴,言笑晏宴,信誓旦旦,不思其反"(《国风·卫风·氓》)、"无信人之言,人实诳女。……无信人之言,人实不信"(《国风·郑风·扬之水》)的话来看,在孔子之前的"六经"时代,无论是在日常生活中,还是在国家政治生活中,言说领域的诚信都已成为一个突出的社会问题。这个问题到了春秋时期越发严重,《道德经》所谓"夫礼者,忠信之薄而乱之首"⑤,就说明了至少在老子看来,"忠信之薄"是当时社会所面临的最为严峻的道德问题。《论语·卫灵公》所记孔子之言"言忠信,行笃敬,虽蛮貊之邦,行矣。言不忠信,行不笃敬,虽州里,行乎哉"⑥,也折射出"言不忠信"是当时言说领域中相当突出的道德问题。

---

① 《老子·二章》。
② 《老子·三十九章》。
③ 同上。
④ 《老子·六十六章》。
⑤ 《老子·三十八章》。
⑥ 《论语·卫灵公》。

除了上述所引之语,《道德经》中论及"信"之处尚有:

> 太上,下知有之。其次,亲而誉之。其次,畏之。其次,侮之。信不足焉,有不信焉。悠兮其贵言。功成事遂,百姓皆谓我自然。①
> 言善信。②
> 道之为物,惟恍惟惚。惚兮恍兮,其中有象;恍兮惚兮,其中有物。窈兮冥兮,其中有精,其精甚真,其中有信。③
> 信不足焉,有不信焉。④
> 信者,吾信之;不信者,吾亦信之,德信。⑤
> 夫轻诺必寡信。⑥
> 信言不美,美言不信。⑦

以上数条中,第二十一章的"其中有信"之"信"与"其精甚真"的"真"字义相近:"真"是真实之意,"信"是信实之意,即"真"与"信"之共有意义为"实",但"真"之为"实"是指自然形成的事实而非人为造成的事实,"信"之为"实"则是指可以得到验证的事实,亦即可以重复出现在人的经验之中而为人的感觉所感知的事实。

王弼将"其中有信"的"信"字释义为"信验"⑧,这正是从可以得到经验的验证方面来理解"信"的含义,应该说是大致符合老子所谓"其中有信"之"信"的原意的,因老子这话是对"道"的描述之辞,意思是说:尽管"道"没有形象也没有声音,不能被人的感觉所感知,但是"道"的真实性是可以得到经验验证的。(由"道"所派生出来的天地万物都是凭人的感觉就能感知到的,它们作为可以被人的感觉所感知的经验事实正可以用来验证"道"的真实性,换言之,由天地

---

① 《老子·十七章》。
② 《老子·八章》。
③ 《老子·二十一章》。
④ 《老子·十七章》。
⑤ 《老子·四十九章》。
⑥ 《老子·六十三章》。
⑦ 《老子·八十一章》。
⑧ 王弼《老子注·二十一章》:"信,信验也。"

万物及其运动、变化所构成的整个感性世界都是"道"真实存在的体现和证明。）

"信验"意义上的"信"（真实性可以得到经验验证）应是《道德经》中"信"字的基本意义，其他如"信言""寡信""言善信"等语词中所出现的"信"的意义都是基于上述意义，是由这种意义衍生或引申而来。

所谓"信言"，是指其真实性经得起经验的验证的言论，相当于孔子所谓"言之必可行"①的可行之言，因其可以实行并由此对实践者产生一定实际效用从而满足其一定需要，故可行之言亦必是有用之言、可用之言。

所谓"言善信"，是对如水一般"善利万物而不争，处众人之所恶"的"上善"之人而言，其意思是说："上善"之人讲话总是讲可行有用的实话，从不讲不可行的废话、空话。

所谓"轻言必寡信"，是泛指那些轻易许下的诺言必定是"假大空"之类的居多，很少可以被付诸实行。

所谓"信不足，焉有不信焉"，是对当时现实社会政治状况的一种描述。"信不足"是指当时位居百姓之上的统治者"忠信之薄"——对老百姓的承诺大都属于"假大空"之类，很少可以被付诸实行。所谓"有不信焉"，正是指老百姓因统治者"忠信之薄"而产生了对政府的不信任，乃至无论统治者讲什么，老百姓都抱以怀疑而不信从。这种严重的信任危机意味着当时的国家治理已陷入政令不通的乱局之中，于是统治者只得撸起袖子，振起臂膀，以暴力相威胁，逼迫老百姓服从政令——"上礼为之而莫之应，则攘臂而扔之"②。老百姓对政府不信任，以致政令不能得到顺畅的贯彻执行，归根到底是由于不合理的国家制度"礼"所造成的——"夫礼者，忠信之薄而乱之首"！

老子所主张建立的是一种被他描述为"大制不割"③的国家制度。这种理想的"大制"区别于"礼"（周代国家制度）的本质特征在于"不割"。如何理解"不割"？

按《礼记·曲礼上》"夫礼者，所以定亲疏，决嫌疑，别同异，明是非也"的说法，"礼"原是为解决人们打算行事时心中的疑惑、猜疑与犹豫而对人情关系的亲疏、事情的真伪、物类的同异和事理的对错所设定的界限及标准。这些界限与标准都是以"名"（名称、名目、名号等）的形式固定下来的，因此，只要掌握了相

① 《论语·子路》。
② 《老子·三十八章》。
③ 《老子·二十八章》。

应的"名",人们就可以"定亲疏,决嫌疑,别同异,明是非"了。这就是说,"礼"与"名"有不可分割的联系,在这种联系中,"礼"的意义在于划定界限、确定界限标准,用以限制和约束人们的行为,"礼"就是这些界限与标准作为一系列组织行为规范的系统化形式;"名"的意义在于将这个行为规范系统转换成一系列的概念与名称,"名"就是概念化的"礼"(一定的组织行为规范系统)的名称系统。这也意味着"礼"有彼此互相联系而不可分割的三个系统:一个实践层次的行为规范系统,一个是思想层次的行为概念系统,一个是语言层次的行为名称系统。这三个系统有一个共同的核心,这就是行为。行为是人们在生活过程中为达到某种目的所从事的活动,这种活动是围绕一定目的、利用一定手段和采用一定方法来进行的具体活动。具体性是行为的基本特性,这个特性决定了每种行为都是与他种行为有区别的特殊行为。故"礼"的核心意义在于"分"(对不同行为的区分、划界)。老子所谓"大制不割"的"割"就含有"分"的意义,从一定意义上说,"不割"就是"不分"。

但是,老子所说的"不割"又不等同于"不分"。例如,老子讲"贵以贱为本,高以下为基"①,这说明贵贱、高下还是要分的。事实上,老子明确指出:"朴散则为器,圣人用之则为官长。"②"为官长"显然意味着老子并不是一个无政府主义者,他是主张设立一定的官制,由各级官长承担国家治理责任的。正因如此,老子又说"始制有名"③,这个"制"就是"大制"之"制",无疑首先是指圣人"为官长"时所设立的官制;相应地,"有名"首先是指"大制"之下各级官长都各有其名位与名分。老子还认为,圣人是根据"善人者,不善人之师;不善人者,善人之资"④的原则来设立名位与名分各异的官长的,这又意味着老子也并不是不区分善与恶,虽然他认为善与恶是相对的,所以不应执着于善与恶的对立。他既然讲"善人"为"不善人之师","不善人"为"善人之资",就说明他所主张建立的"大制",是基于对善与恶的区分并有相应的名号,在此前提下,才能"为官长";否则,如果对善与恶不加区分,又谈何"善人"与"不善人"呢?什么"善人者,不善人之师;不善人者,善人之资",就更是无从谈起了。

---

① 《老子·三十九章》。
② 《老子·二十八章》。
③ 《老子·三十二章》。
④ 《老子·二十七章》。

毫无疑问，老子所说的"大制"是并不绝对排斥"名"的，这不仅是因为他事实上承认"始制有名"，更因为按照其"反者，道之动"的逻辑，从"无名"世界（"道"）到"有名"世界（"器"）的转变是"道法自然"的结果，乃是不得不然，所以圣人在"朴散则为器"的情况下为治理天下而设立官长，也不得不用"名"来区分善与不善，并对善人与不善人进行政治上的分工——套用孟子"劳心者治人，劳力者治于人"①的话，老子所谓"善人者，不善人之师；不善人者，善人之资"，其实就相当于说"善人者治不善人，不善人者治于善人"。

然而，另一方面，老子又指出："名亦既有，夫亦将知止。知止可以不殆。"②这意味着在老子看来，既要承认名相世界的种种差异与对立，又要看到这些差异与对立的相对性，对"御今之有"的统治者来说，更应该以"道"的观点来理解名相世界的种种差异与对立，把它们看作本质上同一的东西，而不为其差异与对立所迷惑而深陷其中。因此，老子认为理想的国家制度应该对善人与不善人不作区别对待——这便是"大制不割"的实义所在。老子说："不贵其师，不爱其资，虽智大迷。"③（不尊重作为不善人之师的善人，不爱护作为善人之资的不善人，虽然看起来有智慧，其实是迷妄之极。）这就表明了他所讲的"大制"是一种包容性很大以至于既"贵其师"（尊重善人）又"爱其资"（爱护不善人）的政治制度，在这种制度下，善人与不善人受到一视同仁的对待，治国理民不再用"名"（包括法律之名和道德之名），既不用法令来迫使老百姓为逃避法律惩罚而弃恶，也不用名教来引导其为博取"仁义""孝慈""忠臣"之类的道德美名而行善，因为这样做不仅不会收到好的效果，反而会使人们丧失淳朴之德，乃至造成社会混乱和政治黑暗——"法令滋彰，盗贼多有"④；"大道废，有仁义；智慧出，有大伪；六亲不和，有孝慈；国家昏乱，有忠臣"⑤。所谓"知止"，就是既不强制百姓服从政府法令，也不采用名教来化导百姓，而是"无常心"地"以百姓心为心"⑥，使百姓在"莫之命而常自然"⑦（没有谁使他们如此，永远是他们自己如此）的状态下

① 《孟子·滕文公上》。
② 《老子·三十二章》。
③ 《老子·二十七章》。
④ 《老子·五十七章》。
⑤ 《老子·十八章》。
⑥ 《老子·四十九章》。
⑦ 《老子·五十一章》。

"自化""自正""自富""自朴"①,以至"功成遂事,百姓皆谓我自然"②。

要之,在"大制不割"的理想制度下,治国理民完全是出于"道"的"畜之"之"德",诚心诚意为了天下百姓过上"甘其食,美其服,安其居,乐其俗"③的甘美安乐生活而"依养万物","辅万物之自然而不敢为",因此对老百姓只有"信言",没有"美言"。

按《道德经》第三十八章所阐述的观点来分析,"美言"是"失德"之后统治者以花言巧语来忽悠天下百姓就范于"仁""义""礼"之道德美名,使其为博取这些道德美名而去做那些看似善而实则跟恶相去不远的伪善之事,这是"下德为之"的言说方式。

然则,"美言不信"可作如此解释:"美言"是统治者"失德"之后所采取的言说方式,实为统治者"无德"的言语表现形式,即内心不能保持虚静而总是有求于外物从而不免有私欲的躁动性言语方式,这种躁动性言语本质上是"不知常,妄作"④情况下的"妄言";"不信"既是指统治者的"美言"因其虚妄不真而不能付诸实行,又是指统治者因其"美言"不能付诸实行而失信于民。

与"美言"相对,"信言"则是"上德"之人"无以为"(无意而为)的言说方式。正因其言说是出于"无以为"(无意而为),故"信言"的首要特点是"不美"。

由上文分析过的"美言不信"之语可知,"美言"属于"妄言",不能付诸实行,是言行分离状态下内心私欲的表达,这意味着"美言"之"美"有两种含义:(1)表示言者内心有私不公。有私不公的心境与"虚极静笃"的"为道"心境正相反对,这就注定了"美言"者不可能"得道"。在此意义上,"美言"就是与"道"相背离的谬论。(2)表示言者缺乏行动意愿。既言之而又缺乏行动意愿,这就决定了言者无论如何言说,都不会考虑言之是否可行的问题。换言之,"美言"者是只顾言论的语辞效应,而不顾言论的实践效果的,在这种情况下,只为求得最佳的语辞效应,而竭尽语辞修饰之能事。在此意义上,"美言"就是辞藻华丽的巧言。

据此而论,"信言不美"之"不美"应该也有两种含义:(1)表示言者内心公而无私。这正是"虚极静笃"的"为道"心境,这种心境是"得道"的主观精神条

---

① 《老子·五十七章》。
② 《老子·十七章》。
③ 《老子·八十章》。
④ 《老子·十六章》。

件。在此意义上,"信言"就是"得道"之言,即合于"常道"的正言(与谬论相对)。
(2)表示言者有行动意愿。抱有行为愿意的言者所考虑的首要问题是言之是否可行,因此,言者只求言论符合实际而可行,并不追求什么语辞效应,因而也不会作刻意的语辞修饰。在此意义上,"信言"就是自然之言(与巧言相对)。故老子有云:"希言自然。"①王弼释之曰:"无味不足听之言,乃是自然之至言。"②所谓"无以为"(无意而为)的言说方式,本质上就是自然言说方式,故其言语质朴,给人以"无味不足听"之感。

其次,"信言"的特点是"贵言"。

老子曰:"信不足焉,有不信焉。悠兮其贵言,功成事遂,百姓皆谓我自然。"③这里"贵言"是紧接着"信不足焉,有不信焉"(统治者对老百姓的承诺很少能付诸实行,于是老百姓对政府产生了不信任感)而言,故"贵言"的首要意义是指为了达到言之足可行从而免于失信于民而惜言如金,即"贵言"是"慎言而不马虎"之意。同时,紧接着"贵言"之后的话是"功成事遂,百姓皆谓我自然",这可以被理解为是就"贵言"的效果而言,即"贵言"并不仅仅是意味着"慎言而不马虎",关键还在于"贵言"有两个方面的效果:其一,"功成事遂"。在此意义上,"贵言"乃是可达致"功成事遂"的有用且有效的善言。其二,"百姓皆谓我自然"④。这意味着"贵言"作为有用且有效的言论,在被付诸实行而使老百姓受益的过程中,不是大张旗鼓地向老百姓进行宣传,更不是强令老百姓贯彻执行,而是如春风化雨润物无声地进行的,以至于其言论取得了让老百姓受益的实际成效,而老百姓却都认为这是由于他们自己的努力所取得的成果。在此意义上,"贵言"是有益于百姓却不干扰百姓的至善之言,与政府的法令与教化言论都有明显区别。相对于政府法令和教化言论的推行,"贵言"的推行正是所谓"行不言之教"——"不言"非"无言"也,"贵言"是也。

再次,"信言"更具有"不信者,吾亦信之"的特点。

如上文分析,"不信"既是指言论虚妄不真而不能付诸实行,又是指因虚妄

---

① 《老子·二十二章》。

② 〔魏〕王弼:《老子注·二十二章》。

③ 《老子·十七章》。

④ 许抗生《帛书老子注译·道篇注译》原文:"成功遂事,而百姓谓我自然。"译文:"功成了,事就了,而老百姓却说是他们自己成就的(与君主没有关系)。"(许抗生:《帛书老子注译与研究》,浙江人民出版社1985年版,第100—101页)

言论不能付诸实行而失信于人。然则,"信"便是指言论能付诸实行而取信于人。故上文所引《道德经》第四十九章"信者,吾信之;不信者,吾亦信之,德信"① 之论,其中"信者"与"不信者"应理解为言论谨慎靠谱、诚信待人的人和言论虚妄不实、待人没有诚信的人。"德信"是指对上述两种人一视同仁,一律以诚信待之。这是从主体际交往维度来界定"信言",将"信言"规定为言语交往中不因人而异地、无条件地诚信待人,也就是说,并非只对诚信待人的人才以诚信相待,对待没有诚信的人就不诚信以待,而是无论对方是不是诚信之人都一律以诚信相待。

老子的"德信"论与其"善者,吾善之;不善者,吾亦善之"的"德善"② 论在思维方式上是同一的,属于道德形上学思维或道德本体论思维,其特点是预设了形上之"道"作为终极存在或第一性存在,因其存在的终极性、第一性,"道"的存在就具有无条件性、绝对性,亦即具有"自本自根"之自然性,这个特性使"道"成为存在之本体,同时也使内在于"道"的"德"成为道德之本体,以及属于"德"范畴的"善""信"成为善良之本体、诚信之本体——凡本体皆具"自本自根"之自然性。老子的"德善"论和"德信"论是其以"道"为存在之本体的形上学在"善"论领域和"信"论领域的应用形式,正是运用了其形上学的思维方法来思考"善"、思考"信",老子才达到了对善良之本体、诚信之本体的把握,从而提出了"德善"论、"德信"论。按照老子的理论,真正的善良("德善")是无条件地善待一切人(包括善人与非善人),而如果给善良设置前提条件,要求凡受善待者都应当是善人或非不善之人,那么,任何人皆可站在自身立场上为自己善待他人设置如此前提:你必须善待我,我才会善待你;如果你不善待我,我就不会善待你。这样,人与人之间就不可能有善良了。按照同样的逻辑,真正的诚信("德信")是无条件地诚信对待一切人(包括诚信之人与非诚信之人),如果给诚信设置前提条件,要求凡受诚信待遇者都应当是诚信之人而非非诚信之人,那么,任何人皆可站在自身立场上为自己诚信待人设置如此前提:你必须诚信待我,我才会诚信待你;如果你不是诚信待我,我就不会诚信待你。这样,人与人之间就不可能有诚信了。

---

① 《老子·四十九章》。
② 同上。

下卷　比较研究

试论儒释道之联结点 ①

【提要】儒、释、道三家创始人的学说各有其独特的世界观和人生观,然其倡导的得道方法则悉以限制人欲为得道之首要的和关键的一步。尽管其对限制人欲所立的限度各不相同,孔子以"礼"为限度,老子以"自然"为限度,释迦以"戒律"为限度,但三者之间并不存在根本对立,其统一性从一开始就占主导地位,这为后来儒、释、道合流奠定了基础。其三家合流的过程,实即"礼""自然""戒律"之区别逐渐缩小、界限逐渐消失的过程,至宋明理学,它们终于融合于"天理"。

研究中国古代哲学,特别是汉魏以后的哲学,势必涉及儒、释、道三家的关系问题。这个问题非常复杂,本文仅对三家之联系点作一尝试性探讨。

所谓儒、释、道三家,系指我国古代哲学史上的三大学派。其中,儒、道二家皆创立于先秦,释家则乃自后汉之初印度佛教传入中国后始有之。从此,儒、释、道三家并立,成为我国古代哲学舞台上的三个主角。毫无疑问,儒、释、道这三个主角之所以能够在同一舞台上表演,并在发展中趋于合流,就是因为它们之间存在着某种同一性。这种同一性,当然包括三者之间互相贯通的关系。本文所谓的"联结点",正是指其相通之处而言的。

我们说儒、释、道本来就存在着相通之处,这当然是指它们的创始人的学说中就已包含了某种相通的思想。这种相通的思想体现在他们所提倡的得道方法上。

所谓得道(或曰闻道、知道、体道、悟道),简言之,即是认识、体会、领悟宇宙人生的根本之道。儒、释、道三家之学说,以其基本内容而言,无不是包括了这样两个方面:一方面在于揭示宇宙人生的根本之道,另一方面则在于阐明把握宇

---

① 本文原载《苏州大学学报》1991 年第 3 期,中国人民大学报刊资料复印中心《中国哲学史》1991 年第 9 期全文转载。

宙人生根本之道的方法。

所谓宇宙人生的根本之道,具体言之,在孔子(儒家创始人)那里,就是所谓"天命"(得道即在于"知天命");在老子(道家创始人)那里,就是所谓"常道"(得道即在于"知常");在释迦牟尼(佛家创始人)那里,就是所谓"四谛"(得道即在于"悟四谛")。

孔子的"天命"论,其大要是说,"天"是宇宙间的最高主宰;自然界和人世间的一切现象都是由"天"的"不言"之"命"决定的。其着重点在于说明,人生本是由"天命"决定的;社会上之所以会有贫富之分和贵贱之别,这都是出于"天命";"礼"(宗法奴隶制等级秩序的规定)则是这种天定的社会秩序的反映,它体现着"天命"。"知天命",最根本的就是要懂得天命之不可违,礼法之不可犯。明白了这个道理,就会安守本分,乐于从命,乐于从礼,从而成仁、成圣,"内圣外王"。

老子的"常道"论则在于说明,"道"是宇宙的本根(以其"恍惚",妙不可言,故谓之曰"常道");天地万物皆由之以生,并赖之以存、以长,而"道"却"常无为"。其"常无为",却能"无不为",这便是"道"的奥妙所在。"知常",就是要观"道"以明其"常无为而无不为"之妙理。若明于此理,则其用之于作战,则能无败无失;用之于取天下,则足以使天下归之;用之于治天下,则天下将自定;用之于养生,则可以长生久视……总之,只要"从事于道",能像"道"那样"常无为",就能"无不为"。

至于释迦牟尼的"四谛"说,其基本内容乃是讲人生是苦,人生所处的现实世界也充满了苦,所谓"苦海无边"。"苦"从何来? 只因有"生"。何以有"生"? 以其"造业"。何故"造业"? 由于"无明"也。因此,要消灭"苦",归根结底,便是要消除"无明"。此"四谛"之理,一经彻悟,即可消除"无明",入于涅槃,成为佛陀。

由上可见,孔、老、释三氏之学,其道固不相同,其得道之旨亦各异其趣。孔氏以为得道成圣则能"博施于民而能济众";老氏以为得道成圣则能"常无为而无不为";释氏以为得道成佛则能解脱生死,永享极乐。这充分显示出他们各有其独特的世界观和人生观。但是,若循此作进一步的考察,则可以看到,他们所提倡的得道方法却有着惊人的相似之处。

首先,我们来看释迦牟尼的主张。他提出"八正道"作为成佛的途径。所谓

"八正道",包括:(1)"正见"——见四谛理,正确认识宇宙人生的真相,走向正道;(2)"正思维"(又名"正欲")——思四谛理,断灭恶的欲念,生起正当的欲念;(3)"正语"——常摄口善业戒,说出和善真实的言语;(4)"正业"——常摄身善业戒,努力做自己正当的行业;(5)"正命"——以正业维持生命;(6)"正精进"(又名"正勤")——一心专精,不断地向善的方向去努力;(7)"正念"——忆念正道,精进正业,不使思想行为有错误;(8)"正定"——身心清净,入无漏定。①释氏所开示的"八正道"已具有戒定慧三学的次第增进,如正语、正业、正命,就是戒学;正念、正定,就是定学;正见、正思维就是慧学;而以正精进为策励戒定慧三学的完成。故释迦牟尼的得道方法可以归结为"戒、定、慧"三学。此三学是统一的,摄心为戒,由戒生定,从定发慧,以此智慧悟道成佛。因此,戒是三学的基础;欲要成佛,解脱生死,必先从戒入手,而戒的基本内容则是断除个人的贪欲。②

其次,我们来看老子的主张。他把得道的过程称作"为道",主张通过"为道"来达到"知常"。怎样"为道"呢?他说:"为道日损,损之又损,以至于无为,无为而无不为。"③这里,"损"是减少的意思。减少什么呢?"少私寡欲"④是也。"日损"就是要日益减少私欲,以至于达到"不欲以静"⑤。所谓"无为"也就是"静"的意思。在老子看来,无私无欲,乃是人的自然本性。"日损"的过程,即是返本归根的过程。他说:"归根曰静。"⑥这意思便是说,复归到人的自然本性,达到了无私无欲,内心就会彻底平静下来。他认为,只有使内心达到"虚极静笃"的状态,才能心地生辉。从而靠这"内心的光明"(高亨语)直接照察宇宙的本根。他所谓"涤除玄览,能无疵乎"⑦,也是根据这样的要求提出来的。这里,他把心比作一面玄妙的镜子。为照察宇宙的本根,他要求把这面镜子清洗得干干净净,不留一点污点。很明显,他所要"涤除"的是私欲,即非自然的欲望。要之,老子的"为道"过程可归纳为如下三个步骤:(1)无欲(自然);(2)静(无为);(3)观(无

---

① 据《佛学入门手册》,中国佛教协会福建省分会印。
② 参见方立天:《中国佛教与传统文化》,上海人民出版社1988年版,第136页。
③ 《老子·四十八章》。
④ 《老子·十九章》。
⑤ 《老子·三十七章》。
⑥ 《老子·十六章》。
⑦ 《老子·十章》。

不为①）。这三步具有内在的统一性：无欲而静；静而观。或曰：自然而无为；无为而无不为。在这里，无欲或自然乃是基础，它是"知常"之首要的和根本的条件。

再看孔子的得道方法。从其"吾十有五而志于学，三十而立，四十而不惑，五十而知天命"②的自述来看，他所谓"知天命"的过程是从"学"开始，由"学"而至于"立"，由"立"而至于"不惑"，由"不惑"而达到"知"。这里所说的"学"，当是指学"礼"而言，因为照孔子的看法，"不学礼，无以立"③也。而"立"则应该是"立于礼"④。所谓"立于礼"，就是依靠礼而立的意思。故"立"的实质乃是归依"礼"，亦即所谓"复礼"。子曰："一日克己复礼，天下归仁焉。"⑤"复礼"即意味着"归仁"。在孔子看来，"仁"是人之所以为人的根据。他说："仁者人也。"⑥这句话，反过来也可说成"不仁者，非人也"。足见，"仁"乃是人之本；"归仁"，即是归其本。综合上述，返本归仁的过程实际上有两个方面：一方面是学礼，另一方面是克己。从学礼的方面说，"礼"不过是"仁"的外在形式，其精神内核是"仁"，故学礼的过程实是礼的精神日益渗入内心而使之仁化的过程。一旦实现了这种心灵的仁化，即可谓"归仁"矣。再从克己的方面说，所谓"克己"就是克服自己的私欲，以至于达到"不欲"。孔子在回答子路问成人时，曾说："臧武仲之知，公绰之不欲，卞庄子之勇，冉求之艺，文之以礼乐，亦可以为成人矣。"⑦孔子既以"不欲"为"成人"的条件之一，那么，毫无疑问"不欲"也是"成仁"的条件之一。因为，依照他的思想，"成仁"的要求与"成人"的要求应该是一致的；而且，从"一日克己复礼，天下归仁焉"的话可以看出，"不欲"还是"成仁"的首要条件。孔子讲"不欲"，并不是说不能有欲望，而只是说不能有私欲。在他看来，仁与私是不相容的。因为"仁"就是"爱人"，并且，这种"爱"乃是赤诚无私的爱，是全心全意奉献给他人的爱。为了实现这仁爱之心，可以抛弃自己的一

---

① 在老子哲学中，"无不为"也具有认识论的意义，含有无不察、无不知的意思。
② 《论语·为政》。
③ 《论语·季氏》。
④ 《论语·泰伯》。
⑤ 《论语·颜渊》。
⑥ 转引自《中庸·二十章》。
⑦ 《论语·宪问》。

切,甚至牺牲自己的生命,所谓"志士仁人,无求生以害仁,有杀身以成仁"①。因此,仁必须以无私为前提。正由于此,才必须学礼和克己双管齐下。学礼,旨在日益其仁心;克己,旨在日损其私心。如此损益,方能使内心充满仁而不留一点私。唯其达到仁而无私,才能进入到"不惑"的境界。所谓"不惑",当是指排除私欲后一心专注于仁道而呈现的一种极稳定、极平静的心理状态。杨伯峻先生《论语译注》(中华书局 1980 年版)根据孔子"知者不惑"的说法,把"四十而不惑"解释为:"四十岁,(掌握了各种知识,)不致迷惑。"这样解释未尝不可,却未必贴切。孔子以"知天命"为最高的认识,故他所谓"知者不惑",当是说认识了"天命",不致迷惑。而"四十而不惑"的"不惑",则应该是指认识"天命"的心理条件。孔子认为,只有彻底屏除了私欲,进而使内心达到专一入定的状态,这样才可以认识到"天命"。按照孔子的认识论思想,一般的知识是可以通过学思并重的方法来掌握的。而对于"天命"的认识,却不是靠通常的学习和思考就能获得的。"知天命"乃是一种神秘的认识,要获得这种认识,只能采取与之相应的神秘的认识方法。如前所述,这套认识方法的具体步骤可归纳为:(1)"不欲"("仁");(2)"不惑";(3)"知"。这三个步骤是依次递进的:"不欲"才能"不惑";"不惑"才能"知"。这里,"不欲"是首要的;欲知"天命",必要做到"不欲",即"仁"。需要补充说明的是,按孔子的思想,做到"仁"与"成仁"并不是一回事。做到"仁",虽说并不很容易,这要通过长期学"礼"才能达到,据其自述,他本人也是到了三十岁才做到"仁"的,但比起"成仁"来,做到"仁"毕竟要容易得多,以至于可以说"我欲仁,斯仁至矣"②。只是要长此下去,一贯地做到"仁",这是很难的。孔子曾评论自己的学生,说道:"回也,其心三月不违仁,其余则日月至焉而已矣。"③要做到必然"不违仁",则必"知天命"而后可也。倘若达到了这一步,那就是"成仁"了。

综上所述,孔、老、释三家的得道方法,不仅在形式上相同,更为重要的是,它们都是以限制人欲为得道之首要的和关键的一步。这种内容上的共同点,我以为即是儒、释、道三家之联结点。以融合儒、释、道著称的宋明理学,恰是在这个联结点上做功夫,从而提出了"存天理,灭人欲"的主张。所谓"灭人欲",分明

---

① 《论语·卫灵公》。
② 《论语·述而》。
③ 《论语·雍也》。

是集儒、释、道三家的得道方法之"精华"于一身。宋明理学真不愧是儒、释、道三家之"集大成"者。

当然，我们也应该指出，孔、老、释虽然都主张限制人欲，但他们各自所立的限度却并不相同。孔子是以"礼"（即"仁"）为限度，老子乃以"自然"为限度，释迦则以"戒律"为限度。在他们看来，凡超出了这些限度的人欲，都是不合理的，故而是不当有也不能有的。但由于这些限度存在着范围和程度上的区别，故在孔子看来是合理的欲望，在老子或释迦看来就未必是合理的；反之亦然。不过，它们的区别毕竟是属于范围和程度上的差异，其限制人欲的性质是相同的。这就是说，"礼"（即"仁"）、"自然"、"戒律"，它们之间并不存在根本的对立。正是由于它们之间的统一性从一开始就居于主导地位，这才奠定了后来儒、释、道合流的基础。儒、释、道合流的过程，实即"礼"（"仁"）、"自然"、"戒律"之区别逐渐缩小、界限逐渐消失的过程。到了宋明理学那里，它们终于融为一体，这就是理学家们所讲的"天理"。

老庄思想同异辨①

【提要】老子和庄子的思想原本是通而不一的。(1)其为学出发点,在老子是出于"治国",在庄子则是本于"治身";(2)其哲学的最高范畴"道"名相同而实相殊,老子是以"气"为"道"之实体,庄子是以"道"为"气"之本原;(3)其历史观皆持复古主张,然其社会理想有所差异,老子是追求"小国寡民"(属于文明社会初期),庄子则向往"至德之世"(属于原始社会);(4)其人生观皆崇尚"自然",但同是"自然"的人生态度,老子是严肃认真的,庄子却是玩世不恭的;(5)其知行观都主张通过直觉来把握"道",然其直觉方法有所不同,老子的方法以"不行而知"为特点,庄子的方法则以"以无知知"为特点;(6)其自由观也有所区别,表现在对自由的诉求上,老子追求行动自由,庄子则追求精神自由。

关于老子和庄子的思想,世之学者往往有见其同,而忽视其异。事实上,老庄思想原是通而不一的。本文拟就其异同离合之处分成若干条目,逐一加以辨析。

出发点:老子出于"治国",庄子本于"治身"

中国古代学者之为学,其大旨皆不出修身治国的范围。老、庄亦然。作为思想家,老、庄都是代表了没落奴隶主贵族利益的,这一共同的阶级属性,规定了其为学总方向必与奴隶主贵族利益保持一致。然而,老、庄毕竟生当于不同时代:老子乃处于奴隶制正在崩毁瓦解、封建制尚在孕育之中的春秋末年;庄子则处在封建制已然确立、奴隶制被摧毁的战国中期。这不同的历史条件,决定了他们各有其特殊的个人志趣:老子犹不失其治国平天下之壮心;庄子则为时局所限,

① 本文原载《社会科学战线》(长春)1995 年第 3 期,中国人民大学报刊资料复印中心《中国哲学史》1995 年第 7 期全文转载。

只是顾念其个人命运了。于是我们可以看到,其为学的思想出发点是如此不同:

老子是出于治国安邦之志。今观《老子》之书,几乎皆是为"侯王"出谋划策之言。二十五章有云:"故道大,天大,地大,王亦大。域中有四大,而王居其一焉。人法地,地法天,天法道,道法自然。"① 足见老子提出"自然"之"道"来,主要是供"王"者效法的。故三十七章云:"道常无为而无不为。侯王若能守之,万物将自化。"② 老子所著五千言,实不过是为"侯王"所开示的一张治国的方子而已。

反之,庄子则是本于修己治身之志。他对于治国平天下之事,漠视至极。《庄子·逍遥游》中述有许由不愿接受尧所让天子之位的故事,许由其人,实乃作者庄子本人的自画像。其借许由之口曰:"予无所用天下为!"③《史记》本传更载有庄子谢绝楚威王卿相之聘的事迹,足见其不啻口说,而且力行其言。这充分表明,庄子全然不似老子那样雄心壮志,积极参政议政,而是消极自处,独善其身了。《庄子·让王》曰:"道之真以治身,其绪余以为国家,其土苴以治天下。由此观之,帝王之功,圣人之余事也,非所以完身养生也。"此话虽未必是庄子本人所言,却无疑亦反映了庄子的思想。由此可见,庄子所热切关注的主要是个人的"治身"问题,他的全部理论,实际上都是在于阐明其修身处世之哲学的。

宇宙观：老子以"气"为"道"之实体,庄子以"道"为"气"之本原

老、庄虽共以"道"为其哲学的最高范畴,然其"道"名相同而实相殊:老子之"道",外观则"无物之象"——不具有感性的"物"的形式,故可名"无";内里却"其中有物"——包含着实在的"物"的内容,故又可名"有"。是"道"乃"无"与"有"之统一体,故曰:"无名天地之始,有名万物之母。"④ "无",言"道"之形式;"有",则言其内容。就内容说,"道"与"物"同,皆含"气"者;只是其形式相反,"道"是涣散无形之"气","物"则为聚集成形之"气"。在老子看来,"道"和"物"是可以互相转化的。但他是在肯定"道"为"天下母"的前提下来

---

① 《老子·二十五章》。
② 《老子·三十七章》。
③ 《庄子·逍遥游》。
④ 《老子·一章》。

讲"道"与"物"的相互转化的。这意味着万物最初都由"道"而生,最后又都复归为"道",所谓"大曰逝,逝曰远,远曰反"①,"夫物芸芸,各复归其根"②。在这个周而复始的无穷循环过程中,所变换的只是"气"的性状,其实体则常住不变。③

庄子继承了老子关于"气"聚而为"物"的思想,指出:"通天下一气耳。"④ 这就是认为"气"是构成天下万物的物质基础。譬如,以人而言:"人之生,气之聚也;聚则为生,散则为死。"⑤ 但是,庄子却并不认为"气"是整个宇宙的本原。其论人的生死之理有云:"察其始而本无生,非徒无生也而本无形,非徒无形也而本无气。杂乎芒芴之间,变而有气,气变而有形,形变而有生,今又变而之死,是相与为春秋冬夏四时行也。"⑥ 此论实完整而概括地表达了庄子的宇宙观,他认为宇宙原本只是一个虚无的世界,后来才变而有气;其气初无形象,后乃聚而成形以为物,后又从无生命的物中变化出有生命之物。这个观点,在《齐物论》中亦有所反映:"古之人,其知有所至矣。恶乎至?有以为未始有物者,至矣,尽矣,不可以加矣!其次以为有物矣,而未始有封也。其次以为有封焉,而未始有是非也。是非之彰也,道之所以亏也。"其中所谓"未始有物",实相当于前述"本无气"的阶段;"有物"而"未始有封",乃相当于"有气"而"无形"的阶段;"有封"而"未始有是非",则相当于"有形"而"无生"的阶段;而"是非之彰"则相当于"有生"的阶段。由此可见,庄子确乎认为宇宙是从虚无开始的。这个虚无的本体,便是他在《大宗师》中所讲的"自本自根,未有天地,自古以固存"的"道"。无形的"气"和有形的"物"都是由这个绝虚的"道"变化、衍生出来的。显然,庄子的宇宙观是典型的"无中生有"论。

社会观:老子妄求"小国寡民",庄子梦想"至德之世"

在社会历史观方面,老、庄都力主复古,欲将历史车轮由文明社会倒退到远古的自然社会。然而,细加考察,可以发现,他们的社会理想,其实并不完全相同。

---

① 《老子·二十五章》。
② 《老子·十六章》。
③ 关于老子之"道"即"气"的论证,详见拙文《老子之"道"新解》,《江苏社会科学》1993 年第 5 期。
④ 《庄子·知北游》。
⑤ 同上。
⑥ 《庄子·至乐》。

试看：

老子所理想的是"小国寡民"的社会，其主要特征是："使有什伯之器而不用；使民重死而不远徙。虽有舟舆，无所乘之；虽有甲兵，无所陈之。使人复结绳而用之，甘其食，美其服，安其居，乐其俗。邻国相望，鸡犬之声相闻，民至老死不相往来。"①

庄子的理想社会则是"至德之世"，其主要特征是："当是时也，山无蹊隧，泽无舟梁；万物群生，连属其乡；禽兽成群，草木遂长。是故禽兽可系羁而游，鸟鹊之巢可攀援而窥。夫至德之世，同与禽兽居，族与万物并，恶乎知君子小人哉！"②

显然，庄子的"至德之世"较老子的"小国寡民"更为原始，"小国寡民"犹带有文明社会的某些特征，诸如"甲兵""舟舆"之类。尤其是"甲兵"，此乃国家的重要标志之一。它显示了"小国寡民"作为阶级社会的特性；而"至德之世"却全无文明之迹象，国家固不存在（以其无"君子""小人"之分），就连"舟梁"都还没有，人们甚至尚未构木为巢，而"同与禽兽居"，这说明其时代至少也得在"有巢氏"以前。以此，若谓老子的"小国寡民"是属于文明社会之初始阶段的话，庄子的"至德之世"则当属原始社会无疑，甚或还是原始社会的早期。由此，我们就更不难理解为何老子以"气"为宇宙的本原，而庄子却进而要把宇宙的本原推及于"本无气"的虚无了。

人生观：老子严肃认真，庄子玩世不恭

在人生观上，老、庄皆主张以"自然"态度来对待人生。然而，同是"自然"的态度，于老子则是严肃认真的，庄子却是玩世不恭的。下面，我们试从其名利观和生死观两个方面来说明之。

首先来看其名利观。

乍看起来，老、庄都是淡泊名利的，似乎无甚区别。其实不然。老子的名利观颇似儒家鼻祖孔子的观点。孔子虽"罕言利"，但他并不一般地反对追求"利"，而是主张"见得思义"③，即认为应该通过正当的、合礼合法的渠道来谋取个人利

① 《老子·八十章》。
② 《庄子·马蹄》。
③ 《论语·子张》。

益。老子对于"利",亦抱有类似的态度。他强调"利而不害"①,反对损人利己。他认为,"既以为人,己愈有;既以与人,己愈多"②,主张把利己和利人统一起来,通过利人的手段来达到利己之目的。当然,老子并不是很重利。在他看来,"金玉满堂,莫之能守"③;并且,"多藏必厚亡"④。因此,他更强调的是"知足者富"⑤,认为"祸莫大于不知足"⑥。所以,他主张"少私寡欲"⑦,反对贪得无厌的求利。

对于"名"的态度,老子亦很接近于孔子。孔子并不怎样看重"利",但却十分看重"名",不过不是当世之名,而是没世之名。他说:"君子疾没世而名不称焉。"⑧孔子所追求的乃是青史留名!与之相似,老子其实亦是十分看重"名"的,不过不是昙花一现的"非常"之"名",而是名垂千古的"常名"。他认为,只有不为一时的功名所牵累,才能获得永垂不朽的大名,故曰:"功成而弗居。夫唯弗居,是以不去。"⑨反之,居功则必损其名。所以,他力主"功遂身退"⑩。此亦即所谓"名亦既有,夫亦将知止。知止可以不殆"⑪之意。若是,则纵然身死,而其名可以不去。此之谓"死而不亡"。"死而不亡者寿。"⑫老子所孜孜以求的人生大目标,正是这样的"寿"!由此观之,老子对于没世之名的追求实较孔子为甚,其执著认真的态度着实令人肃然而起敬。

与老子相比,庄子的名利观可就大相径庭了。《逍遥游》中许由说的一番话,可看出庄子对于名利的态度来,其曰:"吾将为名乎?名者实之宾也。吾将为宾乎?鹪鹩巢于深林,不过一枝;偃鼠饮河,不过满腹。"⑬此话之底蕴实就是说:我只消填饱肚子,再有个睡觉的地方,就行了;什么功名利禄,我全不在乎!所

---

① 《老子·八十一章》。
② 同上。
③ 《老子·九章》。
④ 《老子·四十四章》。
⑤ 《老子·三十三章》。
⑥ 《老子·四十六章》。
⑦ 《老子·十九章》。
⑧ 《论语·卫灵公》。
⑨ 《老子·二章》。
⑩ 《老子·九章》。
⑪ 《老子·三十二章》。
⑫ 《老子·三十三章》。
⑬ 《庄子·逍遥游》。

以，庄子的处世原则是：不求有功，但求无过，所谓"为善无近名，为恶无近刑"①也。这种处世态度，分明是一种混世主义、滑头主义！

其次，再来看其生死观。

对于生命，老子是十分珍惜的，并因此很注重养生之道。他主张通过内气（德）的存养，即所谓"积德"，来达到"深根固柢，长生久视"之目的。他认为，"物"的存在是依赖于积聚在其体内的"气"（"德"），其内气一旦散失（"失德"），则必然导致其灭亡。而欲念则是导致人的内气散失的："故物，或损之而益，或益之而损。"② 这也就是说，欲念与内气是互相排斥的。欲念减少则内气增多；反之，欲念增多则内气减少。因此，他主张"为道者日损。损之又损，以至于无为"③，亦即要使欲念减少到与"自然"相一致的程度。如此，其心便能"不欲以静"④，以至于"心不使气"，从而就能保持内气充足，使生命力常盛不衰；反之，若"心使气曰强。物壮则老，是谓不道，不道早已"⑤，此所谓"不道"，是指不合乎上述"长生久视之道"。当然，老子虽认为通过"积德"可以"长生久视"，但也仅仅是延长寿命而已；他未尝认为养气可以长生不死，所谓"不道早已"，反过来恰好说明了"为道"（"积德"）也不过是迟死罢了。在这一点上，老子的观点与后世道教徒的"长生不死"的神仙观点是有本质区别的。

庄子对于生死则是持一种极端消极的自然主义态度。他以"死生为昼夜"⑥，"不知说（悦）生，不知恶死"⑦。并以相对主义的观点来看待人生，谓"人生天地之间，若白驹之过郤，忽然而已"⑧，以为人生短促而虚幻，不必看得太认真。他更以悲观主义的观点来解释人生，说："人之生也，与忧俱生。"⑨ 他因此嘲讽那些追求长生久视的养形存身者："寿者惛惛，久忧不死，何苦也！"⑩ 他极欣赏那些"游

---

① 《庄子·养生主》。
② 《老子·四十二章》。
③ 《老子·四十八章》。
④ 《老子·三十七章》。
⑤ 《老子·五十五章》。
⑥ 《庄子·至乐》。
⑦ 《庄子·大宗师》。
⑧ 《庄子·知北游》。
⑨ 《庄子·至乐》。
⑩ 同上。

方之外者"的人生态度,认为其"以生为附赘悬疣,以死为决疣溃痈"①的生死观,才是真正通乎生死之道的。唯其如此,方能达到"死生无变于己"②,而"入于不死不生"③之地。庄子的这种企图从精神上解脱死生的做法,实质上是一种虚无主义的人生态度。

知行观:老子主张"不行而知",庄子主张"以无知知"

关于知行问题,老、庄的思想有其相通之处,即都主张通过直觉来把握"道"。这种直觉方法,具体说来,也就是在闭目塞听的情况下,依靠"内心之光明"④,来"直接体认道"⑤。显而易见,这种致知方法,是定然要排斥"行"的,即否定"行"对于"知"的决定作用,在这个意义上,可以说老、庄都是主张"不行而知"的。

但是,老子的"不行而知"是内在地包含着对具体事物的认识的。照他的思想逻辑,"不行"是"知(道)"的前提;而"知(道)"又是"知天下(万物)"的前提。他说:"圣人不行而知。"⑥又说:"天下有始,以为天下母。既得其母,以知其子;既知其子,复守其母,没身不殆。"⑦由此可见,老子知行观的思路是:知道("得其母")——知物("知其子")——行道("守其母")。显然,知物乃是整个认识过程中的一个不可或缺的重要环节;没有知物这个环节,就不能够实现知道与行道的统一。老子知行观的根本失误是在于:它颠倒了知物与知道的关系,不是把知物(对个别的认识)当作知道(对一般的认识)的前提和基础,而是相反地把知道当作知物的前提和基础。这样,当然就不可避免地要抹煞实践对于认识的决定作用,导致神秘主义的直觉。

而庄子的"不行而知",却是完全排斥了对具体事物的认识的。他曾耗费了大量精力来论证对于具体事物,是既无认识的必要,亦无认识之可能的。首先,

---

① 《庄子·大宗师》。
② 《庄子·齐物论》。
③ 《庄子·大宗师》。
④ 引高亨语,见高著《老子正诂》(中国书店 1988 年版)。
⑤ 引刘笑敢语,见刘著《庄子哲学及其演变》(中国社会科学出版社 1987 年版)。
⑥ 《老子·四十七章》。
⑦ 《老子·五十二章》。

就客体方面说,"物无非彼,物无非是";"是亦彼也,彼亦是也"[①]。如是万物齐一,本无质的差别,则自无分辨、认识的必要。另一方面,"物之生也,若骤若驰。无动而不变,无时而不移"[②]。因此,万物不过是"以不同形相禅,始卒若环,莫得其伦"[③]。既然事物都没有质的相对稳定性("若骤若驰"),亦无规律可寻("莫得其伦"),则更无认识之可能矣。再从主体方面讲,"吾生也有涯,而知也无涯。以有涯随无涯,殆已"[④]。以有限的生命去追求无限的知识,这是注定要失败的。那么,去追求有限的知识,这是否会成功呢?庄子的回答同样是否定的。他认为,世俗的所谓知识,其实都不过是人们主观的一偏之见,根本算不得真知。有些人企图通过论辩方式来弄清谁是谁非,实在是徒劳无益的。因为论敌诸方任何一方取胜或者失败,都不足以表明其是或者非。是与非是没有一个客观的标准的。[⑤] 所以,明智的做法应该是"不谴是非"[⑥]。

因此,庄子的"不行而知"蕴含有"不知为知"的意义。换言之,其"不行"就是"不知",亦即放弃对具体事物的认识。庄子认为,如此就能达到"是非不得于身"的"无人之情"的胜境。[⑦] 在他看来,这种境界本身即是一种真知境界;同时,也只有进入到这样的境界,才谈得到对"道"的真正把握。按照庄子的思想逻辑,"是非不得于身"的不知之知,还不是最高的认识,而仅是达到了"以为有封焉,而未始有是非也"的境界,或者至多也只是达到了"以为有物矣,而未始有封也"的境地。最高的认识乃是"以为未始有物者"。[⑧] 庄子认为,要获得这样的认识,必须以"无知"为前提。有云:"闻以有翼飞者矣,未闻以无翼飞者也;闻以有知知者也,未闻以无知知者也。"[⑨] 所谓"以无知知",就是放弃了对具体事物的认识,而达到对"道"的直觉体认。要之,庄子的"不行而知",实即"以无知知"。

---

① 《庄子·齐物论》。
② 《庄子·秋水》。
③ 《庄子·寓言》。
④ 《庄子·养生主》。
⑤ 参见《庄子·齐物论》。
⑥ 《庄子·天下》。
⑦ 《庄子·德充符》:"有人之形,无人之情。有人之形,故群于人;无人之情,故是非不得于身。"
⑧ 参见《庄子·齐物论》。
⑨ 《庄子·人间世》。

关于"以无知知"的思想,《大宗师》中有比较具体的论述,其曰:"堕肢体,黜聪明,离形去知,同于大通,此谓坐忘。"① "坐忘"有两个要点:一是"堕肢体"——"离形";二是"黜聪明"——"去知"。所谓"离形",当然不是毁掉形体之意,而是"免为形",即不人为地保养身体的意思。"世之人以为养形足以存生"②,而庄子主张"不以好恶内伤其身,常因自然而不益生也"③。所谓"不益生",就是"免为形"。"夫欲免为形者,莫如弃世。"④ "弃世"意味着行动上不为养形操劳,思想上不为存生烦恼。要之,"弃世"包括弃事和忘生两个方面。"弃事则形不劳,遗(忘)生则精不亏。夫形全精复,与天为一。"⑤ 此所谓"与天为一",正是上述《大宗师》所云"同于大通"之底蕴所在。由此可见,所谓"离形去知",实即"弃事遗生"之意。"弃事"意味着不劳不作,故谓之"坐";"遗生"就是"忘生",简而言之曰"忘"。是之谓"坐忘"。"坐忘"的关键是在于"忘";不能"忘",便"坐"不住。那么,怎样才能达到"忘(生)"呢?《大宗师》述"闻道"者女偊之体会云:"吾犹守而告之,三日而后能外天下;已外天下矣,吾又守之,七日而后能外物;已外物矣,吾又守之,九日而后能外生;已外生矣,而后能朝彻;朝彻,而后能见独"⑥。其中所谓"外生"者,即忘生之意。"外生"是由"外天下"进而"外物"而渐次达到的。这个境界,显然也就是物我两忘的境界。或曰"天地与我并生,而万物与我为一"⑦ 的"齐物"境界。"齐物",这便是庄子所讲的"无知""去知"的具体涵义。所谓"以无知知",即是说达到了"齐物",就能"朝彻"而"见独",从而"与天为一"了。

综上所述,庄子知行观的思路是:无知物("齐物")——真知道——实行道("与天为一")。这和老子知行观的思路有明显的差别,而其中最突出、最重要的区别是在于:老子主张"知天下",而庄子却主张"外天下"。这种区别反映出他们的知行学说所要解决的现实问题是不同的:老子要解决有关于天下的社会问题;庄子则是要解决与天下无关的纯个人问题。

---

① 《庄子·大宗师》。
② 《庄子·达生》。
③ 《庄子·德充符》。
④ 《庄子·达生》。
⑤ 同上。
⑥ 《庄子·大宗师》。
⑦ 《庄子·齐物论》。

自由观：老子追求行动上的"无不为"，庄子追求精神上的"逍遥游"

因其思想出发点不同，老、庄的自由观亦表现出很大的差异。这首先体现在他们所追求的自由之性质不同：老子所追求的是政治哲学范畴的自由；庄子所追求的则是人生哲学范畴的自由。具体言之，前者主要是国家行政管理领域的自由，后者则主要是个人为人处世方面的自由。了解这一点非常重要，这是我们考察、分析和估价其自由观的出发点和基础。

老子的自由观集中反映在他所提出的"无为而无不为"[①]这一命题上。这里，"无不为"是老子所追求的自由，"无为"则是实现其自由的条件。"无为"和"无不为"是老子自由观的两个基本范畴。何谓"无不为"？有云："圣人……不为而成。"[②] 又云："圣人无为，故无败；无执，故无失。"[③] 可见，所谓"无不为"，就是"无败""无失"或"成"的意思。通俗地讲，"无不为"即是指办事成功，处事胜利。如第三章有云："为无为，则无不治。"[④] 这里的"无不治"，即属"无不为"的范畴，意谓治理国家获得成功。由是观之，老子所追求的自由，无疑是实践中的自由，它具有某种现实性。

老子认为，要获得行动上的自由，关键在于"为无为"。唯其"无为"，才能"无不为"；而且，只要"无为"，就能"无不为"。何谓"无为"？概言之，"法自然"就是"无为"。所谓"道法自然"[⑤]"道常无为"[⑥]可以证之。然而，具体地讲，老子的"无为"则主要是作为一种政治主张提出来的，它被认为是国家行政管理中所应当遵循的一个基本原则。其具体涵义，笔者曾概括为如下几个要点：

（1）"无为"是"大为"，即一般的、笼统的"为"，是为全局范围之事；

（2）"无为"即是抓根本大事，而不拘泥于枝节；

（3）"无为"是以柔制刚，是以顺从客体的手段来达到支配客体的

---

① 《老子·四十八章》。
② 《老子·四十七章》。
③ 《老子·六十四章》。
④ 《老子·三章》。
⑤ 《老子·二十五章》。
⑥ 《老子·三十七章》。

目的,亦即是从对象出发,根据对象的客观要求和实际情况来采取相应的措施;

（4）"无为"即"无名"（"常名"），也就是给被管理者以充分的自由度,对他们的行为不作过细的具体规定,而只作一般的原则规定;并且一旦规定下来,即保持相对的稳定,而不随意经常的变动。①

总之,作为政治范畴的"无为"原则,其基本精神是把国家行政管理当作一项服务性质的活动来看待,反对管理者以自己为主,去左右或决定被管理者的行为;主张以被管理者为主,根据被管理者的要求,来为其做一些辅助性的工作。所以,老子说"圣人"是"衣养万物而不为主"②,"以辅万物之自然而不敢为"③的,并谓"圣人无常心,以百姓心为心"④。他认为,只有这样,统治者才能在国家管理中收到"无不为""无不治"的成效。

我们再来看庄子的自由观。关于庄子的自由观,周勤同志曾将其概括为"基于超世和顺世矛盾之上的游世主义哲学"⑤。她指出:"游世主义,作为庄子自由观的最高总结,是在'超世'的精神世界中领悟天道的永恒性和必然性,又在'顺世'的命定哲学中执着地表现出对于主观意志的追求。"⑥周勤同志将庄子的自由观归结为"游世主义",这有其合理性。但"游世"只是庄子实现其"逍遥游"的手段,或者说,只是"逍遥游"的外在表现,而非其实质。本文拟着重从其实质方面来说明庄子自由观与老子自由观的区别。

"逍遥游"确是"庄子自由观的灵魂"（周勤语），它实即庄子所汲汲以求的自由。这种自由,到底是怎样的一种自由呢？它究竟具有怎样的特点呢？《庄子》首篇《逍遥游》为我们提供了求解这些问题的基本线索。

在《逍遥游》中,庄子列举了许多事例,来说明现实世界中的人、物、事无不是受某种条件制约的。例如,航行于大江大河的大船,必须依赖于水,若"水之积

---

① 参见周可真:《老子"无为"新解——兼论老子的管理思想》,《铁道师院学报》(苏州)1993 年第 2 期。
② 《老子·三十四章》。
③ 《老子·六十四章》。
④ 《老子·四十九章》。
⑤ 周勤:《论庄子的自由观与人生哲学——"逍遥游"三境界辨析》,《中国社会科学》1985 年第 1 期。
⑥ 同上。

也不厚,则其负大舟也无力";又如,"抟扶摇而上者九万里"的大鹏,必须凭借风才能飞行,若"风之积也不厚,则其负大翼也无力";又如"御风而行"的列子,其"虽免乎行,犹有所待者也"。庄子据此做出结论说:"若夫乘天地之正,而御六气之辩,以游无穷者,彼且恶乎待哉! 故曰:至人无己,神人无功,圣人无名。"①

依据上述材料进行分析,我们可以获致如下两点认识:

第一,"逍遥游"是庄子通过对客观事物之能动性的考察和分析,从中非科学地、唯心地抽象出来的一种脱离开一切客观的具体条件的"绝对能动性"。它曲折地反映出一切客观现实的能动性都不能不具有相对的意义这一客观真理,同时更直接地表现出庄子妄图超越这一客观真理而去追求一种他所认为的人所应当具有的能不受时空条件制约而"游无穷"的能动性;

第二,"逍遥游"作为一种能"游无穷"的"绝对能动性",其表现为"无己""无功""无名",这就足以显出这种"绝对能动性"的实质是在于个人放弃其在社会中实现自我的追求("功名"无非是个人自我价值的社会表现形式),而另去追求一种拒斥一切他在因素的绝对自在的个人之"纯我"(因无"他"故,亦可谓"无我")的实现。

要之,庄子所追求的自由,乃纯然是一种抽象的自由,是妄图摆脱一切物质条件制约的个人的绝对的精神自由。庄子认为,要享受到这样的精神自由,就必须"坐忘"。"忘"的实质就在于使"心"既不受身外之物的牵累,甚至亦不受个人肉身的牵累,而真正达到"游乎尘垢之外"②的绝对自在境界。在他看来,其"心"臻于此等境界,便可与"道"为一。而庄子之"道"的一个最重要的特征,即在于它一方面"自本自根",绝对独立,另一方面又"与物无际"③,不离乎物。他所追求的"逍遥游"之"心"正具有这样的特点。这个特点体现在他的处世哲学上就是所谓"不谴是非,以与世俗处"④,或者如周勤同志所讲的"是基于超世和顺世矛盾之上的游世主义哲学"。

以上通过对老、庄自由观的考察和分析,可知其本质区别在于:老子所追求的是现实的行动之自由,而庄子所追求的却是抽象的精神之自由。

---

① 《庄子·逍遥游》。
② 《庄子·齐物论》。
③ 《庄子·知北游》。
④ 《庄子·天下》。

儒道之"信"探微 ①

【提要】春秋初,"信"为祝史职守之"道"。春秋末,老子、孔子共同开启中国哲学"信"范畴的历史篇章。"信"范畴在道家有一个从"无为之信"到"逍遥之信"的演变,在儒家则有一个从"仁信"到"诚信"的演变。老子"无为之信"作为一种言说道德,以"言由乎道"或"言法自然"为本质特征;庄子将老子政治哲学的"无为之信"发展为处世哲学的"逍遥之信"。但两者均以"守中""不辩"为共性特征。孔子之"信"属于"仁"范畴,为"仁爱之信",其以"言必信"为体、"言不必信"为用,具有"信"的经常性与权变性辩证统一的特点,更以其立基于"智"的特点,与排斥"智"的道家老庄之"信"有根本区别,又别于以"诚"为"天之道"的孟子之"信"和继承并发展了孟子"诚道"思想的荀子之"信"。孟子之"信"属于"诚"范畴,为"诚意之信",是"仁""义""礼""智"的共同根据。荀子之"信"作为具体表现"诚"的"信",与"忠"处在同一层次,具有"诚意之信"与"实言之信"双重意义。虽然和孔子一样以"信"作为言说道德,但荀子更以"诚意之信"作为手工职业道德,是其区别于孔、孟之"信"的一大思想特色。

古汉语中"信"字最早出现于金文,其字形从"人"从"口",或从"千"从"言"。据"象形字典"网(www.vividict.com)对"信"字的造字解说,(人)+(口,说话)是表示开口许诺,(千)+(言,说话)是表示用千言万语保证,其造字本义是"许诺,发誓"。依笔者之见,这样的解说未免有诠释过度之嫌,因为从"人"+"口"的字形结构上,我们最多能领悟到"信"的本意是"出自人口的有声之言",即许慎所谓"从人从言"② 的"人言";即使是结合"人"+"口"的字形

---

① 本文原载《杭州师范大学学报(社会科学版)》2015 年第 3 期,中国人民大学报刊复印资料《中国哲学》2015 年第 9 期转载。
② 〔汉〕许慎:《说文解字·信》。

结构来理解"千"+"言"的字形结构,从后一种字形结构上,我们最多能领悟到"信"的意义或为"出自千人之口的有声之言",即"众口一词之说"。然则,若非主观的猜测与想象,又怎能得出其造字本义是"许诺,发誓"的结论来呢?

考虑到本文的题旨,在此毋须在词源学上作更多更深入的探究,仅凭"信"在金文中的字形结构所提供的信息和古文学家许慎所做的解释,知道"信"的基本意义是"人言"(按:"众口一词之说"也是"人言"),已可明了"信"概念所涉及的对象原本是"言"。不过,从《墨子·修身》所谓"言不信者行不果。……行不信者名必耗"等话语文本资料来看,显然"信"概念的对象并不限于"言",而是还涉及"行",即不但言说领域有信与不信的问题,行事领域也有信与不信的问题。但是,从《诗经》"总角之宴,言笑晏宴,信誓旦旦,不思其反"(《诗经工·风·氓》)、"无信人之言,人实诳女。……无信人之言,人实不信"(《国风·郑风·扬之水》),《尚书》"尔无不信,朕不食言"(《汤誓》)、"砥至齐信,用昭明于天下"(《康王之诰》)等言语中,可以了知,至少在孔子以前的时代,"信"概念所涉及的对象尚只是"言";同时可知,远在孔子以前,言说问题已成为一个既存在于日常生活领域,更存在于国家政治生活领域的普遍社会问题。

《诗经》中那些涉及"信"的诗句,主要是反映了当时(西周初年至春秋中叶)日常生活领域的言说问题。其中《氓》所讲的是一位女士诉说被昔日男友无情遗弃的事,由此既可看出《诗经》年代的中国婚姻制度之发展已开始演进到恋爱婚姻阶段,更可以看到随着这个阶段的到来,互相恋爱的男女间时常出现背弃山盟海誓之类的事;而《扬之水》所讲的是一位妻子规劝其丈夫切莫轻信谗言的事,这反映出那个年代人际交往中常发生言语上互相戏弄甚至播弄是非的情况。这些日常生活中的言说问题之所以会成为《诗经》编纂者所关心和重视的社会问题,是因为它们影响到人们的婚姻及其家庭生活的幸福和人际关系的和谐;《诗经》编纂者收集这些诗,通过这些诗来揭露存在于日常生活中的此类现实问题,显然有借以化民善俗的教化意图,以此"信"就被当作日常生活中人们应守的一个交际规则而提出来了,这种用以调节和改善人际关系的言说规则,既是衡量人们在言说领域的行为是否恰当的一种社会规范,也是他们在言说领域应予自觉遵守和据以自律的一种道德准则。

《尚书》中涉及"信"的那些言语都是出自当时(商初、周初)统治者之口,它们反映了前朝(夏末、殷末)统治者对老百姓及下属官员常常说话不算数甚至惯于虚言诳语，以至于老百姓普遍不把统治者的话当回事，统治者内部的下级官员也普遍不把上级长官乃至于国王的话当回事了。这就使得国家政令难以得到顺畅的贯彻和切实的执行，于是政事废弛和政局动荡便在所难免，夏之亡于桀、商之灭于纣就都是由于其长期的政事废弛和政局动荡所酿成的最终结果。正是在这种历史背景和政治背景下，新朝统治者才不得不用发"誓"形式来向百姓说话，而统治集团内部年资既深且精于治道的权威人士也不时要用"诰"的形式来告诫和勉励年资较浅而不通治道的新手，其目的都是为了重树统治者在国家中的政治威信及其政令的权威，以实现其对国家和政府的有效治理。《汤誓》和《康王之诰》中所提到的"信"既是出现于这样的政治语境中，则其意义甚明：它是作为治道的一项重要内容而被提出来的一个政治原则，这个原则对于君臣百官来说，既是其作为专务治国理民之事者所应遵守的职业道德之一，也是他们为达成其有效治理所必须遵循而不得违背的治理法则之一。

从《左传》所记春秋早期随国大夫季梁对随侯所说"天方授楚，楚之赢，其诱我也。君何急焉？臣闻小之能敌大也，小道大淫。所谓道，忠于民而信于神也。上思利民，忠也；祝史正辞，信也。今民馁而君逞欲，祝史矫举以祭，臣不知其可也"[①] 的话来看，言说问题在当时的宗教领域也颇显突出，乃至出现了"祝史矫举以祭"的严重情况，这使得原本作为掌管祭祀祝祷等事宜的祝官和掌管文书、记录时事的史官所应当坚守的职业道德的"信"遭受严重践踏，由此引起了素来忠于职守而享有"贤大夫"之称的季梁"不知其可"的深深忧虑。季梁的话还表明，其时"信"已被提升至"道"（治国理民之道）的层次，而"今民馁而君逞欲，祝史矫举以祭"的情况则表明，这个以"忠"和"信"为精神核心的"道"已然衰落。至春秋末年，这个支撑国家政权而使国家政治秩序得以维持不坠的"道"终于穷途没落了，以此老子乃有"忠信之薄"的悲叹！

尽管在春秋早期"信"就已经上升到"道"的层次，成为"道"的内容，但毕竟那个时代的哲学还处在萌芽时期，"信""忠"之"道"尚未摆脱其意识的宗教形式，还仅是作为萌芽状态的哲学观念而存在。

中国传统哲学的正式开创，始于春秋末年的老子和孔子，然其一直发展到西汉司马迁时代，才达到对其作为"究天人之际"的学问这一自我本性的高度自

---

① 《左传·桓公六年·季梁谏追楚师》。

觉,在此以前,其"究天人之际"的学术活动多少还处在不自觉或盲目的状态。就其开创者老子和孔子而言,老子只是在自觉地探讨他所谓的"道""德"问题,虽然其《道德经》中不时论及"天道"或"天之道"和"人之道"及其对人类的意义关系和价值关系,但他的这种"究天人之际"是被其纳入"道""德"问题的框架之内来进行探讨的;而孔子则几乎不公开谈论"性与天道",以至于他的学生中竟有感叹"夫子之言性与天道,不可得而闻也"①者,其本人则尝自称"与命与仁"②,这可以理解为他是在自觉地探讨人生和人事领域的不可为与可为的问题——不可为者"命"也,可为者"仁"也。

但无论是自觉探讨"道""德"问题的老子,还是自觉探讨"命""仁"问题的孔子,他们都把"信"当作一个重要范畴来加以探讨,由此开启了中国哲学"信"范畴的历史篇章。然为篇幅所限,本文所探讨的内容仅是该历史篇章首篇中的个别章节——先秦哲学中儒道两家哲学的"信"范畴。

道家:从"无为之信"到"逍遥之信"

《道德经》德篇开篇曰:"上德无为而无以为,下德为之而有以为。上仁为之而无以为,上义为之而有以为。上礼为之而莫之应,则攘臂而扔之。故失道而后德,失德而后仁,失仁而后义,失义而后礼。夫礼者,忠信之薄而乱之首。前识者,道之华而愚之始。是以大丈夫处其厚,不居其薄;居其实,不居其华。故去彼取此。"③考虑到老子所处"礼坏乐崩"的时代背景,这段话可被理解为是他直接针对"礼坏乐崩"的现实问题所做出的理性分析与对策之论。由是可知,老子对周代礼乐制度是持全盘否定态度的,因为按照他的分析及其思想逻辑,"仁"和"义"都还不失为"下德",其于维护社会稳定多少可以起到一些积极作用,尽管其作用极为有限,而"礼"却是连"下德"都算不上,压根儿就是有害无益的东西,它实际上是造成"忠信之薄"以至于酿成天下祸乱的根源。基于这个理由而全盘否定礼乐的态度及其"去彼(薄、华)取此(厚、实)"的主张,表明了老子是极端重视"忠""信"对维持社会稳定的积极意义的,实际上是视"忠""信"为

① 《论语·公冶长》。
② 《论语·子罕》。
③ 《老子·三十八章》。

社会稳定和天下太平的道德根基——他透过"礼坏乐崩"的种种表象,看到了其乱象的社会本质在于"忠信之薄"。

将"忠信之薄"和"处其厚,不居其薄;居其实,不居其华"的话语联系起来看,老子所提倡的"忠""信"显然都属于"上德"范畴。王弼释"上德"曰:"常得而无丧,利而无害,故以德为名焉。何以得德?由乎道也。"① 据此,"信"作为一种"上德",也就是"由乎道"而"得德"所达到的"常信而无丧"。按老子"信不足焉,有不信焉"② 的逻辑,所谓"常信而无丧"之"常信",也就是"无不信"之"足信"。而在"上德无为"的意义上,属于"上德"范畴的"足信"亦可谓"无为之信"。从《道德经》"言善信"③"信言不美,美言不信"④ 和"夫轻诺必寡信"⑤ 等话语来分析,"无为之信"显然是言说领域中的一种道德,合乎这种道德的言说具有如下基本特征:

第一,与"轻诺"相对而有"贵言""希言"之特点——"悠兮其贵言,功成事遂,百姓皆谓我自然"⑥;"希言自然"⑦。这就是说,要使言说合乎道德,必须慎言少言,要惜言如金,一诺千金。

第二,与"美言"相反而有"不美"之特点。从"天下皆知美之为美,斯恶已;皆知善之为善,斯不善已"⑧ 的话来分析,老子所谓的"美"是与"恶"相对相反的"美",这有别于后世与"丑"相对相反的"美"。"丑"有"(相貌)难看""恶劣""不好""羞耻""憎恶"等含义,"恶"则仅在"不好"意义上完全等同于"丑"。故作为"恶"之反的"美",除了含有"好"的意义,还有"华丽""荣耀"等含意。联系其"居其实,不居其华"的话语来进行综合分析,可以断定,与"美言"相反而有"不美"之特点的"信言",应该是指朴实无华之言。

第三,与因人而异相反而有一律对事不对人的客观性特点。老子曰:"信者,

① 〔魏〕王弼:《老子注·三十八章》。
② 《老子·十七章》。
③ 《老子·八章》。
④ 《老子·八十一章》。
⑤ 《老子·六十三章》。
⑥ 《老子·十七章》。
⑦ 《老子·二十三章》。
⑧ 《老子·二章》。

吾信之；不信者，吾亦信之，德信。"①此所谓"德信"应可理解为"上德之信"或"无为之信"。这段话所表达的意思是：不管听讲者是否相信我的话，也不管听讲者平时说话是否对我讲信用，我都坚守言而有信的准则，一视同仁地以信言相待。这意味着，信言是不以言说者所处的具体人际关系为转移的客观之言。这种不因人而异的客观性，也就是老子所谓"多言数穷，不如守中"②之"守中"意义上的中立性。这种客观中立性同时也意味着信言具有"非辩"特性，即信言是绝对超脱是非之争——不管是自己与他人之间的是非之争，还是别人之间的是非之争的"不争之言"，因为只要言说者参加或介入任何一种形式的争辩，他就必定要么是肯定自己的意见而否定他人的意见，要么是肯定此人的意见而否定彼人的意见，无论是何种情况，这都是意味着其放弃了中立原则而根据其所处的具体人际关系来说话了，这样自然是无法做到"德信"，所以老子说"善者不辩，辩者不善"，意思是说，一切合乎"德信"的善言皆非争辩之言，一切争辩之言皆非善言。

综上，可将合乎"德信"的善言概括为三大特点：靠谱、质朴、中立。这意味着，"德信"作为一种言说道德，有三个基本要求：（1）言必据实而绝不虚言诳语；（2）言词质朴而绝不花言巧语；（3）就事论事而绝不与人争辩。言说必须同时满足这三个要求，才能达到"无不信"的"足信"之境。而如欲臻此境界，唯有"从事于道"——"从事于道者，同于道"③，故"从事于道"即意味着"同于道"（即王弼所谓"由乎道"）而达到"上德"（即王弼所谓"常得而无丧，利而无害"之"德"）之境。"足信"则是臻于"上德"之境而达到"言由乎道"。因"道法自然"④，故"言由乎道"也意味着是"言法自然"。

老子为保持言说的客观中立所提出的"不辩"原则，为其后学庄子所特别看重，庄子不仅在理论上主张像"圣人"一样"和之以是非而休乎天钧"⑤，而且在实际生活中更是躬行"不谴是非，以与世俗处"⑥的中立不辩之道，这是对老子"德信"思想的一种继承和发展——庄子将老子的"无为之信"发展成"逍遥之

---

① 《老子·四十九章》。
② 《老子·五章》。
③ 《老子·二十三章》。
④ 《老子·二十五章》。
⑤ 《庄子·齐物论》。
⑥ 《庄子·天下》。

信"了。

庄子的"逍遥之信"和老子的"无为之信"在实践形态上都表现出有"守中""不辩"的特点,但因其实践性质不同,其"守中""不辩"的意义也有相应的区别。

今观《道德经》之书,几其全部皆是为"侯王"出谋划策之言。第二十五章有云:"故道大,天大,地大,王亦大。域中有四大,而王居其一焉。人法地,地法天,天法道,道法自然。"① 足见老子提出"自然"之"道",主要是供"王"者效法的。故第三十七章云:"道常无为而无不为。侯王若能守之,万物将自化。"② 老子所著五千言,实不过是为"侯王"所开示的一张治国的方子。所以,老子的哲学是一种政治哲学,或曰国家治理哲学。老子"为无为,则无不治"之说,表明了其所以"法自然"而"为无为",就是为了达成"无不治"的国家治理目标。他所提倡的"无为之信",是从属于这个政治功利性目标的,是为了达到"无不治"而以"无为之信"作为一种政治手段,以求取信于天下,赢得天下人的信服,即期望收到"无不信"的治理成效。因此,"无为之信"的实践属于国家治理范畴,其"信"是属于"治道",其"守中""不辩"是属于"治术"。

与老子相较,庄子对于治国平天下之事,乃是漠视至极。《庄子·让王》曰:"道之真以治身,其绪余以为国家,其土苴以治天下。由此观之,帝王之功,圣人之余事也,非所以完身养生也。"由此可见,庄子所热切关注的主要是个人的"治身"问题,其哲学实为探讨"治身之道"的处世哲学。

庄子的处世哲学吸取了老子"恬淡为上,胜而不美"的政治哲学信条,进而认为"夫恬惔寂漠,虚无无为,此天地之平,而道德之质也。故曰:'圣人休休焉则平易矣,平易则恬惔矣。'平易恬淡,则忧患不能入,邪气不能袭,故其德全而神不亏"③。其"不谴是非,以与世俗处",正是出于持"天地之平"而保"道德之质"的考虑,为了达到"德全而神不亏"所采取的"恬惔寂漠,虚无无为"的生活态度。仔细推敲,"不谴是非"既具有持"天地之平"的意义,又具有保"道德之质"的意义。在持"天地之平"的意义上,"不谴是非"意味着如老子所说那样"从

---

① 《老子·二十五章》。
② 《老子·三十七章》。
③ 《庄子·刻意》。

事于道者,同于道",从而像"法自然"的"道"那样"虚极静笃"地"守中"①,这是合于"天道";在保"道德之质"的意义上,"不谴是非"意味着如老子所说那样"常德不离""常德不忒",亦即《庄子》所谓"虚无恬淡,乃合天德"。这也就是说,庄子的"逍遥之信"实质上是将原本被老子运用于治国平天下的"无为之信"引入到日常生活领域,使之由治国之道转换为完全按"天道""天德"来立身处世的治身之道了。

从《庄子·盗跖》所记载的子张与满苟得之间对话的思想内容,更可了解到庄子"逍遥之信"的具体内涵。子张与满苟得的对话直接涉及"信"的话题,观子张"不信则不任,不任则不利"之说及满苟得"无耻者富,多信者显""小人殉财,君子殉名"等语,可知《盗跖》是借助于这些话语来说明世俗之"信"有两种类型:一种是小人"计之利"的"为利之信";一种是君子"观之名"的"为名之信"。而满苟得"无为小人,反殉而天;无为君子,从天之理"之说和"若弃名利,反之于心,则夫士之为行,抱其天乎"之语,则表达了《盗跖》作者的观点:应超越"为利之信"和"为名之信",达到"弃名利,反之于心"而"抱其天"的境界。这个境界也就是《逍遥游》所说的那种"无己""无功""无名"而"乘天地之正,而御六气之辩,以游无穷"的"无待"境界。庄子所提倡的"逍遥之信"正是这样的"无待之信"。

儒家:从"仁信"到"诚信"

自言"与命与仁"的孔子,于不可为之"命"只是强调"知命"而已,其自觉的学术研究,实际上全是致力于探讨可为之"仁"。故学者评论常称其哲学为"仁学",委实是如实贴切之的评。孔子的仁学研究也是在"礼坏乐崩"的时代背景下进行的,但是他对"礼坏乐崩"的社会现实持有完全不同于老子的态度:老子全盘否定周代礼乐制度,孔子则表示"周监于二代,郁郁乎文哉,吾从周"②,服膺于周公所制的礼乐。不过,在道德问题上,孔子又与老子有某种共同点,即和老子一样关注"忠信"之德。孔子主张"君子进德修业",认为"忠信,所以进德也;

---

① 《老子·十六章》:"致虚极,守静笃,万物并作,吾以观复。"又《五章》:"多言数穷,不如守中。"
② 《论语·八佾》。

修辞立其诚,所以居业也"①。又谓:"所谓君子者,言必忠信而心不怨,仁义在身而色无伐,思虑通明而辞不专;笃行信道,自强不息,油然若将可越而终不可及者。此则君子也。"②

从孔子"言必忠信"和"言忠信,行笃敬"等话语可以看出,其"忠"与"信"是同类概念,其指称对象均属于言说领域的道德规则。据《说文》"忠,敬也。从心,中声"③和"信,诚也。从人从言,会意"④的解释,并参考《国语·周语下》中"言忠必及意,言信必及身"的话以及《论语·子路》中"吾党有直躬者"的话,可以认为,作为一般言说规则,"信"所涉及的是"言"与"身"(躬行)的关系,"忠"所涉及的是"言"与"意"(心意)的关系。而曾子有"夫子之道,忠恕而已矣"⑤之说,这表明了"忠"与"恕"有内在关联。据《说文》:"恕,仁也,从心,如声。"⑥参照孔子"其恕乎! 己所不欲,勿施于人"⑦的话,可以领会到,"恕"所涉及的是己心(意)与人心(意)的关系。然则,正如"忠"与"信"被并称为"忠信"是意味着"忠""信"属于同类概念,"忠"与"恕"并称为"忠恕"也意味着"忠""恕"属于同类概念。据此分析,既然"恕"所涉及的是己心(意)与人心(意)的关系,则与之同类的"忠"所涉及的"言""意"关系应是己言与己意的关系;进而,与"忠"同类的"信"所涉及的"言""行"关系则应是己言与己行的关系。据《国语》注家韦昭"出自心意为忠"的注文,"忠"的意义为己言合于己意,则"信"的意义应是己言适于己行。进而言之,"忠"是言而由衷,言意一致,不以违心之语自欺;"信"是言而可行,言行一致,不以不能履行兑现的空言假话骗人。

但是,就"信"而言,孔子的言行一致观念又有其特殊性。他一方面讲"言忠信,行笃敬,虽蛮貊之邦,行矣。言不忠信,行不笃敬,虽州里,行乎哉"⑧,并强调"言必忠信",认为"人而无信,不知其可也"⑨,但另一方面又说"言必信,行

① 《易传·文言传·乾》引孔子语。
② 《孔子家语·五仪解》。
③ 〔汉〕许慎:《说文解字·忠》。
④ 〔汉〕许慎:《说文解字·信》。
⑤ 《论语·里仁》。
⑥ 〔汉〕许慎:《说文解字·恕》。
⑦ 《论语·卫灵公》。
⑧ 《论语·卫灵公》。
⑨ 《论语·为政》。

必果,硁硁然小人哉"。^① 这看起来似乎是自相矛盾：前者之意是"言必信",后者之意是"言不必信"。如果要把它们统一起来作无矛盾的会通性理解,只能这样来解释：当他讲"所谓君子者,言必忠信而心不怨"时,"信"是为人处世所应遵守的一般原则,"必"是表示不得违背这个一般原则；当他讲"言必信,行必果,硁硁然小人哉"时,"信"是作为一般原则的具体运用,"必"是表示具体地运用"信"的过程中执一不化而不知变通的固执态度。这也就是说,孔子既肯定守"信"之常之经,又强调用"信"之变之权。就守"信"的经常性而言,是"言必信"；就用"信"的权变性而言,是"言不必信"。小人讲"信"是用"信"而不知权宜,君子讲"信"则是用"信"而懂得权宜。孔子曰："义者宜也。"^② 又曰："君子义以为上。"^③ 所谓"言不必信",就是指用"信"而行其所言时,应考虑到行为的合宜性、正义性,而不能是为了行其所言以证明其说到做到的讲信用就不顾行为的合宜性、正义性。孔子主张"行己有耻",不能厚脸黑心地无所不为。所以他认为,凡事必先问一问义之与否,宜做则做,且要见宜勇为——"见义不为,无勇也"^④；不宜之事则决不能做,若"富与贵,是人之所欲也,不以其道得之,不处也；贫与贱,是人之所恶也,不以其道去之,不去也"^⑤。如此"见得思义"^⑥,才是君子所应取的品格；反之,见利忘义的作为则是小人的无耻勾当。孔子之强调"言不必信",正是要求用"信"者须贯彻"行己有耻"的正义原则,正当而适当地行其所言。

孔子用以衡量某种行为是否合宜或正当的标准是"礼",即所谓"非礼勿视,非礼勿听,非礼勿言,非礼勿动"是也。在他看来,倘能做到"非礼勿视,非礼勿听,非礼勿言,非礼勿动",这便是达到了"克己复礼"的要求而臻于"仁"境了。^⑦ 所以,用"信"而贯彻"行己有耻"的正义原则,也就是意味着必须依礼而得宜地行其所言。如此用"信",乃是履行"仁道"^⑧ 的一种行为。《论语》载："子张问

① 《论语·子路》。
② 《中庸·二十章》引孔子语。
③ 《论语·阳货》。
④ 《论语·为政》。
⑤ 《论语·里仁》。
⑥ 《论语·宪问》。
⑦ 参见《论语·颜渊》。
⑧ 《孟子·离娄上》："孔子曰：道二,仁与不仁而已矣。"

仁于孔子。孔子曰：'能行五者于天下为仁矣。''请问之。'曰：'恭、宽、信、敏、惠。恭则不侮，宽则得众，信则人任焉，敏则有功，惠则足以使人。'"孔子明确将"信"纳入"仁"范畴，则其"信"可以本质地归结为"仁信"。

按孔子"克己复礼为仁"[①]"不学礼，无以立"[②]"不知礼，无以立也"[③]和"仁者爱人"[④]"义者，宜也"的思想，"仁"的本质特征是基于"智"且使"智""义""礼"达到互相统一的"爱人"。所谓仁，就是在知礼（智）的基础上，合宜（义）地按其所知（礼）爱（仁）其所爱（人）。然则，所谓仁信，也就是在知礼的基础上，合宜地按照所知之礼，行其所言，以表其爱人之心。

综上，孔子的"仁信"是有体有用：以其体而言，是"言必信"；以其用而言，是"言不必信"。这种体用关系，突出地反映了孔子仁学中经与权或常与变互相统一的辩证思维特征。这种思维特征不仅表现在以"言必信"为体、"言不必信"为用的仁信本体论中，更表现在其仁信生活论中，即为了在日常生活中确保"信"能够得到贯彻执行，而不至于使"言不必信"的权宜性破坏了"言必信"的经常性，孔子要求君子在处理言行关系时奉行"先行其言，而后从之"[⑤]的原则，即对于别人的请求，不是首先用言语承诺的方式来应允对方，而是首先采取行动来实践自己想要承诺对方的话，等到这尚未言说的承诺已经实现之后再把它说出来。相对于言语的承诺，这种"先行其言，而后从之"的承诺乃是无言的承诺，行动的承诺。采取这种承诺方式，可以绝对保证不失信于人，从而使"信"的经常性——"言必信"得到充分体现；但是，采取这种承诺方式，又并不是意味着在任何情况下自己都应采取行动去满足别人的请求，而是必须根据实际情况，以"礼"为准绳来权衡和决定自己是否要采取行动来满足别人的请求，这样，"信"的权宜性——"言不必信"在这里也得到了充分体现。

与老子的"无为之信"观念相比，孔子的"仁信"观念更重视言行相统一的具体条件，强调躬行其言所必备的知识条件（智）、时机条件（义）和行为条件（礼），而不是像前者那样更重视言说本身所应具备的"法自然"的特性。而与

---

① 《论语·颜渊》。
② 《论语·季氏》。
③ 《论语·尧曰》。
④ 《论语·颜渊》："樊迟问仁，子曰：'爱人。'"
⑤ 《论语·为政》。

庄子的"逍遥之信"观念相比,孔子的"仁信"观念是强调了"信"的有待性(条件性),前者却是相反地强调了"信"的无待性(无条件性)。不过,在某种意义上说,庄子的"逍遥之信"也不是无条件,而是和老子的"无为之信"一样以"自然"为条件的,在此意义上,它们都是"自然之信",只是这个"自然"相对于孔子的"仁信"所依赖的"智""义""礼"来说是无条件,即不像"智""义""礼"那样是有待于人去学习,"自然"是无待于学的,所谓"为学日益,为道者日损。损之又损,以至于无为"①"堕肢体,黜聪明,离形去知,同于大通"② 是也。就此而言,孔子之"信"与老庄之"信"的根本区别可以归结为"待学之信"与"不学之信"——由于"学"与"教"互相对待,其区别亦可归结为"待教之信"和"不教之信"。这种区别归根到底是"智"与"不智"的区别,只是"不智"按《老子》应被表述为"大智若愚"之"大智",按《庄子》应被表述为"以无知知"之"无知"抑或"不知而后知之"的"不知"。以此,为表述方便起见,也未尝不可以说,孔子之"信"是"智信",老庄之"信"是"愚信"。

无论如何,孔子之"信"是立基于"智",此乃"仁信"之特点,这不仅与主张"绝圣弃智""不谴是非"的道家之"信"排斥"智"形成鲜明对照,也有别于以"诚"为"天之道"的孟子之"信"和继承并发展了孟子"诚道"思想的荀子之"信"。笔者在《儒家学说中关于"天"的观念和信仰及其历史演变》一文中提到:和西周以来的宗教天命观一样,孔子亦认为,"天"是万能的宇宙主宰,宇宙间一切运动变化都是由于"天"之所为,是"天命"使然。但是,孔子指出,"天"具有"无言"的特性:"天何言哉? 四时行焉,百物生焉。天何言哉!"③ 这个"天"与商代宗教观念中的"帝"形成了鲜明对照,卜辞云:"甲辰,帝其令雨?"④ 又云:"王封(建)邑,帝若(诺)。"⑤ "帝令""帝诺"都表明"帝"是个能说会道、好发号施令的人格神。而"天"有"何言哉"! "天"能使"四时行""百物生",但却不是靠发号施令来实现的。

孔子并没有直接说明"天"与宇宙万物之间这种"不令而行"的关系的所以

---

① 《老子·四十八章》。
② 《庄子·大宗师》。
③ 《论语·阳货》。
④ 《殷墟文字乙编》第 6951 片。
⑤ 《卜辞纂集》第 373—374 片。

然之故，但是，根据其"其身正，不令而行；其身不正，虽令不从"①的政治思想逻辑，我们可以领悟到，"天"之"不令"而"四时行""百物生"，是由于"天"之"身正"的缘故。所谓"天"之"身正"，就是意味着"天行乾"②——身正则行健。在孔子看来，"天"并不是以"言"而是以"行"而来影响万物的。"天行乾"，就是"天"所施与万物的一种影响，一种虽然无声却对万物具有无比感召力的道德命令——"天命"，万物正是受了其无言之"天命"的感动而"自强不息"的。

本于孔子上述思想，孟子更明确指出："天不言，以行与事示之而已。"③并且孟子进一步提出："诚者，天之道也。"④参照《大学》"意诚而后心正，心正而后身修"的观点，可以看出，孟子的"天道"观在孔子宗教天命观的基础上又有所发展：孔子强调"身正"，孟子则强调"心正"；孔子认为"天"不是以"言"而是以"行"来影响万物，而孟子认为归根到底"天"是以"意"来影响万物的。依孟子之见，"至诚而不动者，未之有也；不诚，未有能动者也"⑤。所以，他相信，万物之所以能遵从"天道"而行，是由于"天意至诚"而感动了万物的缘故。

孟子"诚"的观念明确赋予"天"以道德意识属性，同时亦赋予天下万物以道德意识属性。在此基础之上，孟子更提出："思诚者，人之道也。"⑥其实质在于强调，人作为万物中之一物，是"出乎其类"而"拔乎其萃"的，即人不仅具有先天的道德意识属性，而且能以后天自觉的"思诚"来回应"天"的"诚意"。这样，在天人之间就确立起一种互动关系，即人感动于"天"而"天"反过来亦为人所感动这样一种天人之间的道德情感交流关系。⑦

因此，孔子之"信"不同于孟子之"信"：孔子之"信"与"忠"是同类概念，如果说其"忠"的意义是在于只说真心话而不说违心话的话，那么，与之相应，其"信"的意义则在于只说可行的大实话而不说不可行的虚假话；而孟子之"信"则与"诚"为同类概念，如果说其"诚"的意义是在于只想说真心话而不说违心话的话，那么，与之相应，其"信"的意义则在于只想说可行的大实话而不说不可

① 《论语·子路》。
② 《易传·象传·乾》。
③ 《孟子·万章上》。
④ 《礼记·中庸》。
⑤ 《孟子·离娄上》。
⑥ 《礼记·中庸》。
⑦ 详见周可真：《儒家学说中关于"天"的观念和信仰及其历史演变》，《周易研究》2004年第2期。

行的虚假话。换言之,如果说孔子之"信"所讲究的是"君子无戏言"①的话,那么,孟子之"信"所讲究的则是"君子无心于戏言"。所以,孟子本人是这样来定义"信"的:"可欲之谓善,有诸己之谓信。"②按照孟子"诚者,天之道也。思诚者,人之道也"的思想逻辑,这里"善"的具体含义应该被理解为"诚",与之相应,"信"的具体含义应该被理解为"思诚"。据此,"可欲之谓善,有诸己之谓信"的具体意义应该被理解为:值得人去追求的是"诚",人有求"诚"之心是"信"。这意味着孟子之"信"是从属于"诚"的一个概念,是指自觉地回应"天"之"诚意",而与"天"之"诚意"相对应和一致的"人"之"诚意"。

按孟子"父子有亲,君臣有义,夫妇有别,长幼有序,朋友有信"③之说,"信"作为一种自觉的道德意识是体现在对朋友的言语活动中,即对朋友以竭诚之意相待,绝无虚情假意。《大学》所谓"诚其意"而"毋自欺",也是要求在尚未开口说话时就不能有说违心话的念头,假使冒出这种念头,那就是意味着自欺。显然,只要有了说违心话的念头,就难免不说违心的骗人话。易言之,自欺势必导致欺人。所以,要保证"忠"而不欺人,就必须首先保证"诚"而无自欺。这也就是说,"诚"是"忠"的必要前提,无"诚"便无"忠"。孟子之"信"正相当于《大学》所谓"毋自欺"的"诚意"。将"信"纳入"诚"范畴,使孔子的"仁信"(仁爱之信)转换成"诚信"(诚意之信),这是孟子对孔子仁学思想的一大改造。孔子所提倡的"仁信",因为要求道德主体"非礼勿言",所以也必然要求道德主体有"知礼"之"智";孟子所提倡的"诚信"却是要求道德主体须有"反身而诚"的"思诚",这里只有"尽心""知性""知天"④的自我反省,其反省的目的是为了达到内心与"天道"的冥合,它不仅不以孔子所说的那种"知礼"之"智"作为基础,相反,在孟子看来,由此自我反省所达到的心灵与"天道"的冥合,才是作为"智之端"的"是非之心"扩而充之以成"智"的根据,同时也是作为"仁之端"的"恻隐之心"、作为"义之端"的"羞恶之心"和作为"礼之端"的"辞让之心"扩而充之以成"仁""义""礼"的根据。进言之,在孟子哲学中,体现"天之道"的"诚信"是"仁""义""礼""智"的共同根据,"仁""义""礼""智"都是"诚信"的具

---

① 《论语·子路》:"君子名之必可言也,言之必可行也。君子于其言,无所苟而已矣。"
② 《孟子·尽心下》。
③ 《孟子·滕文公上》。
④ 《孟子·尽心上》:"尽其心者,知其性也,知其性则知天矣。"

体表现。

荀子虽然在人性问题上坚持"性恶"说而批评孟子"性善"说,谓"性善则去圣王,息礼义矣;性恶则兴圣王,贵礼义矣"①,更以"明于天人之分"②的主张来支持其"性伪之辩",然其所谓"天人之分"的"分"实乃"职分"之"分"(按:其字音应读为"奋"),其主张"明于天人之分",不过是要求人们弄清楚天人之间各自的职分,并根据其职分来确定天行与人事各自的界限、范围与限度,而不能将属天的职分("天职")及其范围之内的属天职能("性"),与属人的职分("礼义法度")及其范围之内的属人职能("伪")互相混淆起来,以至于将天行与人事不加区别地互相混淆而影响到正当的人事,使人不能尽到其职分范围内所应尽的义务,但是,荀子的道德观念却深受孟子"诚者,天之道"思想的影响而持有如是观点:"天地为大矣,不诚则不能化万物。圣人为知矣,不诚则不能化万民。父子为亲矣,不诚则疏。君上为尊矣,不诚则卑。夫诚者,君子之所守也,而政事之本也。"③这分明也是将"诚"视为既属"天道"(天地之道)又属"人道"(圣人之道)的"天人之际"普遍法则,其与孟子的天人相通观念实无二致。故荀子亦如孟子主张按"思诚者,人之道也"的要求来进行"反身而诚"的道德修养那样,强调"君子养心莫善于诚"④。

从其后文"致诚则无它事矣,唯仁之为守,唯义之为行。诚心守仁则形,形则神,神则能化矣;诚心行义则理,理则明,明则能变矣。……夫此有常,以至其诚者也。君子至德,嘿然而喻,未施而亲,不怒而威。夫此顺命,以慎其独者也。善之为道者,不诚则不独,不独则不形,不形则虽作于心,见于色,出于言,民犹若未从也,虽从必疑"⑤来看,荀子所谓"养心莫善于诚",其意与《大学》"欲正其心者,先诚其意""意诚而后心正"相近,也是主张通过反躬自省的修为来达到在任何情况下都能自我保持其意念纯正的向善而不为外界因素有所改变的"慎独"之境,只是荀子未尝如《大学》那样以"格物致知"作为"诚其意"的根据,他并没有具体论述怎样"致诚"的过程及方法,倒是对"致诚"所达到的"心

---

① 《荀子·性恶》。
② 《荀子·天论》:"故明于天人之分,则可谓至人矣。"
③ 《荀子·不苟》。
④ 同上。
⑤ 同上。

诚"之功能与功效有所描述,按其描述,这种功能与功效最重要的是体现在政事上——以其功能而言,"心诚"则"能化万民"(可以教化万民);以其功效而言,"心诚"则"民从无疑"(能令民众信服)。就"心诚"可以收到"民从无疑"的政事功效来说,"心诚"具有取信于民的政治意义,也正是在这个意义上,荀子乃并称"诚""信"为"诚信"——所谓"诚信生神,夸诞生惑"①,所谓"诚信如神,夸诞逐魂"②,这两处"诚信"都是用以标识同一关系的政治哲学概念,这个关系便是"诚""信"之间"诚生信"或"诚则信"的逻辑关系,它意味着对治国理民者来说,"心诚"可使其收到取信于民而令万民信服的神奇功效。根据这两处"诚信"之词均与"夸诞"被对举使用的实际情况,"诚信"与"夸诞"可被当作一组反义词来看待和理解——在实际使用中,如果说"夸诞"的意思就是指言词虚妄不实的话,那么,"诚信"的意思便是指言词真实可靠。这也就是说,这里的"诚信"是被当作一个名词来使用的,其意义是指出于诚心的信言。从《荀子》书中频频出现"信"被单独使用的情况来看,其"诚信"应被视为"信"的别称,它意味着荀子所使用的"信"概念和孟子的"信"概念一样是从属于"诚"的。

但是,较之于孟子的"诚信"概念,荀子的"诚信"概念又有其独特性。在孟子那里,"仁""义""礼""智"都是"诚信"的具体表现,而在荀子这里,"诚信"则是具体表现"诚"的"信",与"忠"处在同一层次——《荀子》书中"忠""信"二词常被并举使用即是其证,如"体恭敬而心忠信"③"慎礼义,务忠信"④"致忠信以爱之"⑤等等。值得注意的是,在《荀子》书中,一方面有"诚信"与"夸诞"对举使用的情况,这表明"信"是同言说相关的一个概念;另一方面又有"体恭敬而心忠信"之说,这与孔子所谓"言忠信,行笃敬"形成了鲜明对照——孔子之"信"与"忠"都是与言说相关的概念,而荀子之"信"则与"忠"同属于与意识(心)相关的概念。合观之,荀子之"信"既是与言说相关的一个概念,又是与意识相关的一个概念。在言说领域,"诚信"或"信"是指出于诚心而非虚情假意的实言;在意识领域,"信"是指实言所由之以出的诚意——前者是"实言之

---

① 《荀子·不苟》。
② 《荀子·致士》。
③ 《荀子·修身》。
④ 《荀子·富国》。
⑤ 《荀子·王霸》

信",后者是"诚意之信"。"实言之信"只是指对别人所讲的话完全是出于自己的一片诚心,绝无虚情假意的成分;而"诚意之信"则与"忠"同是指实言所由之以出的诚意,只是其所指的诚意在不同关系中有不同意义:若出于其诚意的实言有利于别人但违逆别人意志而难以被别人接受,则这种关系中的诚意便是所谓"忠"(其言可相应地称为"忠言");[①] 若出于其诚意的实言为别人所相信[②] 从而愿意接受,则这种关系中的诚意便是所谓"信"(其言可相应地称为"信言")。

其次,在荀子这里,"信"又是较低于"义"的一个下位概念——《荀子·王霸》中所谓"义立而王,信立而霸"之说,《强国》中所谓"凡为天下之要,义为本,而信次之"之说,皆是其证。"信立而霸"的思想在《议兵》中被具体表述为"政令信者强,政令不信者弱"。这是将"信"当作为了提高和增强政府公信力而保证政令信实可靠的一种为政之道。显然,这个意义的"信"是"实言之信",而非"诚意之信"。在《强国》中,荀子更从总结历史经验和吸取历史教训的角度如此论证了推行信政的重要性:"古者禹汤本义务信而天下治,桀纣弃义倍信而天下乱。故为人上者,必将慎礼义,务忠信,然后可。此君人者之大本也。"荀子还将"忠信"纳入"得人之道",称"凡得人者,必与道也。道也者何也?礼义辞让忠信是也。故自四五万而往者,强胜,非众之力也,隆在信矣"。这说明,在荀子的政治哲学中,"信"概念并非限于指为政之道(信政),同时还指人事管理中的用人之道(信用)。在《王霸》中,荀子讲到人事管理中应当贯彻"道德诚明,利泽诚厚"的原则,讲究信用应该达到"上下相信"。为此,用人应选择任用"端诚信全之士",而力避任用"权谋倾覆之人";另一方面,对所任用的人才,要"厚德音以先之,明礼义以道之,致忠信以爱之",如此则"足以竭人矣",甚至可以达到"百姓贵之如帝,亲之如父母,为之出死断亡而不愉"。反之,用人不讲"诚信",其最坏的后果是可能出现"上诈其下,下诈其上"而导致"上下析"的糟糕局面。

《荀子·非十二子》则提到"百工忠信而不楛,则器用巧便而财不匮矣"。这里所讲的"忠信"都是泛指诚意,其"信"是"诚意之信"。这句话的意思是说,如果手工业者都是出于为了满足社会需求的一片诚意来进行认真的劳作,就不会出现粗制滥造的产品,这样就能满足人们对于手工业产品的需求,就不至于会

---

① 《荀子·臣道》:"逆命而利君谓之忠。"
② 《荀子·王霸》有"上下相信"之说,其中"信"是动词,指相信对方的诚意。据此,当被当作名词使用时,"信"就是指可以被相信的诚意。

出现手工业产品匮乏的现象了。将"诚意之信"作为一种职业道德来要求百工，使之成为手工行业中的一种普遍职业行为规范，这是荀子诚信思想的一大特色。

正如孔子将"信"作为为人处世的一个基本准则来要求君子从事"进德修业"的自我修养，荀子也要求君子以"信"作为自己应守不离的一种言说道德，认为不能遵守这种道德的人便是小人——"言无常信，行无常贞，无所不倾，若是则可谓小人矣。"[1] 同时，荀子更将"信"作为一种道德情感——"诚意之信"来加以提倡，以求人们互相都以真诚之心相待。荀子认为，只要有了这份真诚的道德情感，无论走到哪里都能得到别人的尊重和信任——"体恭敬而心忠信，术礼义而情爱人；横行天下，虽困四夷，人莫不贵。劳苦之事则争先，饶乐之事则能让，端悫诚信，拘守而详；横行天下，虽困四夷，人莫不任。"[2]

此外，可能是受到老子"德信"思想的影响，荀子也有类似思想，即认为无论别人是否相信自己，都要努力使自己成为一个值得别人信任或可以让人信任的人——所谓"能为可信，不能使人必信己"[3] 是也。因此，对于一个追求诚信、讲究信用的君子来说，他应该是"耻不信，不耻不见信"[4]。

---

[1] 《荀子·不苟》。
[2] 《荀子·修身》。
[3] 《荀子·非十二子》。
[4] 同上。

中国传统国家治理思想的三种基本类型①

【提要】中国传统国家治理思想可区划为三种类型：追求人际公平的儒家型、追求天人之际公平的道家型和追求自我实现效率的法家型。

本文拟重点探讨先秦诸子百家中儒、道、法三家的国体观念，这主要是出于两点理由：

其一，在"诸子蜂起"的春秋战国时期，尽管在"百家争鸣"中出现了所谓"十家九流"②的诸多学派，但综观这些学派在当时及后世的实际影响，其中只有儒、墨、兵、道、法五家影响较为重大。这五家中，墨家在战国时代曾经影响很大，以至于孟子曾声称他那个时代是"圣王不作，诸侯放恣，处士横议，杨朱、墨翟之言盈天下。天下之言不归杨，则归墨"③，但是秦汉以后它就逐渐走向衰落了，而且长期湮没不著。兵家则不但在当时就颇有影响，对后世更有深远影响，然其影响范围毕竟主要局限在军事领域，其兵法固然也对国家治理有一定影响，但其影响力远不及儒、道、法三家的影响那样重大。其余三家中，儒、道对当时和后世的影响自不待言，单就法家来说，它在当时引领各国变法，其现实影响力实际上远远超过儒、道；而秦始皇统一中国后所建立的那套以皇权为核心的郡县制帝国政治体系，其理论根据主要是来自法家学说，其历史根据则是来自商鞅变法以来法家政治理念在秦国的具体实践。秦朝覆亡后，后人对所谓秦朝暴政多有抨击，尤其是自以为继承了先秦儒家道统的学者、思想家，几乎个个都把秦朝当作后世治国者的一个反面教材来予以评说，可是，秦始皇所开创和确立的那套郡县制帝

---

① 本文原载《哲学动态》2015 年第 1 期，中国人民大学报刊复印资料《政治学》2015 年第 7 期全文转载。

② 据西汉学者刘歆所作《七略·诸子略》，"十家"指儒、道、阴阳、法、名、墨、纵横、杂、农、小说。刘歆认为这十家之中小说家属于艺文，当除去不算，因称其余九家为"九流"。

③ 《孟子·滕文公下》。

国政治体系,却事实上是作为一种政治衣钵代代相传,直至清朝覆亡从未发生过任何实质性变化,乃至于可以且足有理由说,自秦至清长达两千一百余年的郡县制帝国历史,本质上不过是先秦法家政治理想持续恒久的具体实践过程。正是通过这种国家政治实践形式,法家实际上一直都对中国社会产生着几乎是全方位的影响。

其二,国体的核心问题是政权组织目的问题,即:应该依据怎样的目的来进行国家政权的组织设计?这包含两个方面的问题:(1)应该依据什么人的目的来进行设计?(2)应该依据什么人的什么目的来进行设计?前者与目的主体的性质相关,是要确定以国家中的什么人——例如某个人抑或某个人群集团——作为目的主体,这涉及政权组织设计的主体价值取向,关系到国家政权由谁来掌握和掌权者为谁掌权的国家主体问题;后者与主体目的的性质相关,是要确定以目的主体的何种目的——例如道德目的抑或功利目的——作为依据,这涉及政权组织设计的目的价值取向,关系到政权掌控者追求何种理想目标的国家目的问题。相对于政体,国体无疑是根本,但国体的根本性却不在于国家政权组织的具体设计活动与过程是怎样以及设计出来的组织结构与组织形式是怎样,而是在于国家政权由谁来掌握和掌权者为谁掌权以及追求何种理想目标。当把国家当作一个历史过程来理解时,国家理想就自然要被理解为国体中最重要的因素,因为国家理想是反映国家根本目的的,这个目的不仅决定国家主体在国家历史发展过程中各个阶段活动的基本方式与方法,而且决定该历史过程前进的总体方向从而决定国家的未来命运与发展前途——正是在这个意义上,国家理想堪称是国体之本,而儒、道、法三家国体观念所包含的三种国家理想(详见后文)是具有典型性的三种国家理想类型,它们足可成为中国传统国家治理思想的三种基本类型的标志。

民本君末·民主君辅·君主民器
——传统国家主体观念的三种基本类型

中国古代有所谓"百官"与"四民"之说。"百官"原是指公卿以下的众官,后来泛指一切官吏;"四民"指包括士、农、工、商各阶层在内的平民百姓。在古代国家生活中,"百官"与"四民"之间是如孟子所谓的"治人者"与"治于人者"的关系,而统御"百官"来管治"四民"并协调"百官"与"四民"关系的人即是所谓"君"或"王"。儒、道、法对国家主体问题的思考和论述,正是围绕"君""民"关系来进行的,是通过"君民之辨"来表达其国家主体观念的。

(一)儒家:"民本君末"

《礼记·缁衣》引孔子语云:"民以君为心,君以民为体。"这里"民为君体"虽然未必是孔子本人所说,但它所表达的关于民与君在国家中的地位关系的基本看法——"民为本(体),君为末(用)",是代表了儒家的国体观念的。孟子所谓"民为贵,社稷次之,君为轻"①的"民贵君轻"之说,以及荀子所谓"君者,舟也;庶人者,水也。水则载舟,水则覆舟"②的"君舟民水"之喻,都是"民本君末"观念的不同表达形式。

不过,荀子通过"君舟民水"之喻来表达的"民本君末"观念,又有不同于孔孟的新意,因为它是同"天之生民,非为君也。天之立君,以为民也"③的观念互相联系的,这种借助于传统神学"天命论"形式④来表达的"立君为民"观念,较诸孔孟之儒,更进一步强调了国家政权诞生过程中"民本君末"的关系,在这种关系中,"民"是天命国家的天然目的,"君"是从属和服务于这个天然目的的天然工具。这是对孔孟国家主体观念的一个重要发展,它赋予了"民本君末"以"民为目的,君为工具"的价值内涵。按照这种国家主体价值观,掌权之君只是为民掌权,所以应该为民服务。这种分明是把民当作国家主体来看待的"民为国主"观念,后来被明清之际启蒙思想家黄宗羲(1610—1695)所接续,复以"古者以天下为主,君为客,凡君之所毕世而经营者,为天下也"⑤的表述形式重新表达出来。

---

① 《孟子·尽心下》。
② 《荀子·哀公》。
③ 《荀子·大略》。
④ 荀子的天道观其实属于天道自然观念,《荀子》中诸如"天论"之"天"均是属自然之天,并无神学性质。其以神学形式表述和显示的"天授君权"观念,并不表明其有如汉儒董仲舒那样的神学政治思想,它应该被理解为是荀子借助于传统神学"天命论"来表达其政治理想的一种姑且之举,一种姑且因袭传统说法的权宜性表达方式。
⑤ 黄宗羲:《明夷待访录·原君》。

（二）道家：“民主君辅”

《道德经》中屡屡讲到“治国”“治民”的问题，既有“治大国，若烹小鲜”[①]之论，更有“小国寡民”[②]之说。从其政治理想来说，“小国寡民”才是真正反映《道德经》政治诉求的，其关于“治国”“治民”的理论，主要是针对“小国寡民”而说。

按《道德经》的论述，其理想中“寡民”之“小国”乃是合于“道”的“自然之国”，在这些微型国家中，身处“治人”地位的人，都是些“从事于道者”而“同于道”[③]的“圣人”，其守“常无为而无不为”之“道”[④]，以“道”之“辅万物之自然而不敢为”[⑤]为法，辅百姓之自然而不敢为，乃至“功成事遂，百姓皆谓我自然”[⑥]。因“圣人无常心，以百姓心为心”[⑦]，“生而不有，为而不恃，功成而弗居”[⑧]，乃至仅仅“下知有之”[⑨]，故“圣人处上而民不重，处前而民不害。是以天下乐推而不厌”[⑩]。

由是观之，在《道德经》“小国寡民”的政治理想中，国君与人民百姓之间是这样一种关系：治人之君是由人民推举出来的，其治权由人民所赋予，其职权和职责仅在于辅助人民进行自我管理。——“我无为而民自化，我好静而民自正，我无事而民自富，我无欲而民自朴”[⑪]的“圣人之治”[⑫]，便是实现于这“民主君辅”的关系中。

据上所论，无论是儒家的“民本君末”观，还是道家的“民主君辅”观，都是肯定了人民在国家中的根本地位，强调了国家必须依赖于人民才能存在，执政者

---

① 《老子·六十章》。
② 参见《老子·八十章》。
③ 《老子·三十七章》："从事于道者，同于道。"
④ 《老子·三十七章》："道常无为而无不为。"
⑤ 《老子·六十四章》。
⑥ 《老子·十七章》。
⑦ 《老子·四十九章》。
⑧ 《老子·二章》。
⑨ 《老子·十七章》："太上，下知有之。其次，亲而誉之。其次，畏之。其次，侮之。"
⑩ 《老子·六十六章》。此段前二句意为：圣人虽居百姓之上，而百姓并不以之为负担；虽居百姓之先，而百姓并不以之为危害。
⑪ 《老子·五十七章》。
⑫ 《老子·三章》。

应当为民服务,在此意义上,其国家主体观念均可被纳入"民为国主"范畴,被视为"民为国主"观念的两种形态。

(三)法家:"君主民器"

法家的国家主体价值观与儒、道二家都有明显区别,这仅从其著述中称呼君、民的用语上也可以看得出来一些端倪。《管子》《商君书》《韩非子》等法家主要经典中,用以称呼君的"主""人主""主上"等词出现的频率很高:

> 《管子》:"主者,人之所仰而生也……主,牧万民,治天下,莅百官,主之常也。"(《形势解》)"人主者,擅生杀,处威势,操令行禁止之柄以御其群臣,此主道也。"(《明法解》)"权势者,人主之所独守也。"(《七臣七主》)"粟者,王之本事也,人主之大务,有人之途,治国之道也。"(《治国》)"令者,人主之大宝也。"(《法法》)"明主者,有术数而不可欺也,审于法禁而不可犯也,察于分职而不可乱也。"(《明法解》)"人主不周密,则正言直行之士危;正言直行之士危,则人主孤而毋内;人主孤而毋内,则人臣党而成群。使人主孤而毋内、人臣党而成群者,此非人臣之罪也,人主之过也。"(《法法》)
>
> 《商君书》:"主操名利之柄,而能致功名者,数也。"(《算地》)"权者,君之所独制也。人主失守则危。君臣释法任私必乱。"(《修权》)"人主为法于上,下民议之于下,是法令不定,以下为上也。此所谓名分之不定也。夫名分不定,尧、舜犹将皆折而奸之,而况众人乎?此令奸恶大起,人主夺威势,亡国灭社稷之道也。"(《定分》)"人主之所以禁使者,赏罚也。"(《禁使》)"凡世莫不以其所以乱者治,故小治而小乱,大治而大乱,人主莫能世治其民,世无不乱之国。"(《慎法》)
>
> 《韩非子》:"人主者,明能知治,严必行之,故虽拂于民,必立其治。"(《南面》)"人主之大物,非法则术也。"(《难三》)"威势者,人主之筋力也。"(《人主》)"今势重者,人主之爪牙也,君人而失其爪牙,虎豹之类也。"(《人主》)"明主之所导制其臣者,二柄而已矣。二柄者,刑德也。何谓刑德?曰:杀戮之谓刑,庆赏之谓德。"(《二柄》)"明主者,

使天下不得不为己视，天下不得不为己听。"(《奸劫弑臣》)"又将以法术之言矫人主阿辟之心，是与人主相反也。"(《孤愤》)"圣人之道，去智与巧，智巧不去，难以为常。民人用之，其身多殃；主上用之，其国危亡。"(《扬权》)

然而，在儒、道二家的经典中，使用"主""人主""主上"这类语词来称呼君的情况却极为罕见，儒家经典中《论语》《孟子》压根没有，仅见于《荀子》，如："人主者，以官人为能者也；匹夫者，以自能为能者也。人主得使人为之，匹夫则无所移之。"① "国者，天下之制利用也；人主者，天下之利势也。"② 道家经典中《道德经》也压根没有，仅见于《庄子》个别客观陈述性话语中，如："人主莫不欲其臣之忠，而忠未必信，故伍员沉于江，苌弘死于蜀，藏其血三年而化为碧。"③

用以称谓君的"主""人主""主上"之类的语词常见于法家经典而罕见于儒、道经典，这种语言现象无疑是此三家对于君在国家中的地位持有大相径庭的意识定见的直接显现。在法家的政治意识中，早就形成了君为一国之主的君主概念，而儒、道二家本无这样的概念，这一概念是到了战国中晚期才渗透到了儒、道的政治意识中。

法家的君主概念，到了其集成大成者韩非的政治意识中更得以固化和空前强化，这具体表现在如下三个方面：

（1）在君与国的关系上，韩非说："国者，君之车也。"④ 这分明是把君定义为国主了，在这个定义中，国是君的工具，一种君可以凭借"势"⑤ 的动力来驱动它和按照他的意愿来操纵它以达成他的目的、理想和目标的工具。

（2）在君与百官的关系上，韩非分别确定了君的"人主"地位和百官的"人臣"地位，在这种政治地位关系中，"人主者，以刑德制臣者也"⑥，"人主自用其刑

① 《荀子·王霸》。
② 同上。
③ 《庄子·外物》。
④ 《韩非子·外储说右上》。
⑤ 《韩非子·外储说右上》："势者，君之马也。"
⑥ 《韩非子·二柄》。

德,则群臣畏其威而归其利矣"①,因"为人臣者畏诛罚而利庆赏"②,故"贤者之为人臣,北面委质,无有二心。朝廷不敢辞贱,军旅不敢辞难;顺上之为,从主之法,虚心以待令,而无是非也。故有口不以私言,有目不以私视,而上尽制之"③。这也就是说,在韩非看来,君臣之间的正当关系应该是臣忠心不二顺从君的"君主臣仆"关系。

（3）在君与百姓的关系上,韩非分别确定了君的"主上"地位和百姓的"民人"地位④,进而认为君民之间的价值关系是"君上之于民也,有难则用其死,安平则尽其力"⑤。在这种关系中,君是目的,民是工具,民对君仅具有器用意义。

要之,在国家主体问题上,韩非的根本看法可以被概括为"君为国主,民为国器",简言之曰"君主民器"——民是供作为国主的君使用以为国家派上各种不同用场的器具。

天下为家·天下为公·天下为君
——传统国家制度理想的三种基本类型

按照中国古代政论家、思想家的普遍看法,国家目的应该是反映宇宙本性的,只有符合宇宙本性的国家目的,才是合理的。由于儒、道、法各有其特殊的宇宙观,其三家对于国家目的的定位各不相同,由此确定的反映其国家目的观从而归根到底反映其宇宙观的国家理想也相应地互见差异,这首先表现在此三家对于其理想国的社会制度各有不同的设想。

（一）儒家:"天下为家"的"小康"理想

儒家经典《礼记·礼运》固然有关于"天下为公"和"天下为家"两种不同性质的国家理想——"大同"与"小康"的构想与描述,且声称孔子曾自言"大道之行也,与三代之英,丘未之逮也,而有志焉",似乎"大道之行也,天下为

---

① 《韩非子·二柄》。
② 同上。
③ 《韩非子·有度》。
④ 参见《韩非子·扬权》。
⑤ 《韩非子·六反》。

公"的"大同"才是孔子立志追求的理想国家的社会境界,但是按孔子"为国以礼"①、"克己复礼为仁"②的仁道原则,倒是《礼运》所描述的"小康",才是同孔子的仁道原则正相一致从而能够反映孔子国家理想之真精神的理想社会境界。

孔子之所以主张"为国以礼",是因为他对"礼"有如此根本看法:"夫礼,先王以承天之道,以治人之情……是故夫礼必本于天……圣人以礼示之,故天下国家可得而正也。"③正是由于他把"礼"本质地理解为由"承天之道"的"圣人"制定出来从而必然符合"天之道"的天命国法,他才主张"为国以礼",即依据"礼"来组织人群,构建人群关系体系,使所构建的人群组织具有一种其内部关系"贵贱有等,长幼有差,贫富轻重皆有称"④的有序结构。按荀子的说法,具有这种有序结构的组织,是"有气有生有知亦且有义"从而"最为天下贵"的人之所以优于动物和胜过动物的根据所在,因为这种差等有序的礼制结构,能使人群内部关系达到合"义"之"分"(合理的分工)从而形成"分则和"的和谐合作,正是依靠这种和谐合作,才使人获得了一种远高于动物而足可"序四时,裁万物,兼利天下"的群体活动效能——"和则一,一则多力,多力则强,强则胜物"。⑤

正是"为国以礼"的国家组织原则,决定了"为政以德"⑥的国家管理原则。这两个方面的原则,在儒家国家治理思想体系中具有不可割裂的关系,它们在本质上都是被视为体现"天之道"从而是不可动摇的天命国法,是治国者只能服从而不能违背的两个根本原则。同样也是由孔子表述出来的所谓"道之以德,齐之以礼"⑦的国家治理模式,就是立基于"为国以礼"的组织原则和"为政以德"的管理原则。这种唯儒家特有的国家治理模式有三个方面的基本特性:

(1)要求治国者"好礼""好义""好信"——《论语·子路》:"上好礼,则民莫敢不敬;上好义,则民莫敢不服;上好信,则民莫敢不用情;夫如是,则四方之民襁负其子而至矣。"

(2)要求贵族精英"克己复礼""约之以礼"——《论语·雍也》:"君子博

---

① 《论语·先进》。
② 《论语·颜渊》。
③ 《礼记·礼运》引孔子语。
④ 《荀子·富国》。
⑤ 《荀子·王制》。
⑥ 《论语·为政》:"为政以德,比如北辰,居其所,而众星共之。"
⑦ 《论语·为政》。

学于文,约之以礼,亦可以弗畔矣。"《论语·颜渊》:"克己复礼为仁。一日克己复礼,天下归仁焉。"

(3)要求实行"有教无类"[①]的全民教育——《孟子·滕文公上》:"设为庠序学校以教之。庠者,养也;校者,教也;序者,射也。夏曰校,殷曰序,周曰庠;学则三代共之,皆所以明人伦也。人伦明于上,小民亲于下。有王者起,必来取法,是为王者师也。"

这三方面的要求都是为了达到使一国之人皆"明人伦"而"知礼"而"立于礼"[②],以保证国家组织结构的有序稳定。这种必须依靠"礼"来构建其组织和规范其组织行为才能形成的结构有序稳定的礼治国家的社会形态,决不可能是《礼运》所描述的那种"人不独亲其亲,不独子其子"的"大同",因为这种"大同"伦理在逻辑上明显包蕴"亲其非亲,子其非子"这种曾经被孟子斥为"是无父""是禽兽"的"墨氏兼爱"伦理的道德因素,这与崇尚"周礼"的孔子所提倡的以"亲亲为大"的"仁"[③]伦理精神内核的"礼"的"亲亲"原则是背道而驰的!故《礼运》所谓"丘未之逮也,而有志焉"的说法实不可信。

"天下为家"的"小康"之国是以"各亲其亲,各子其子,货力为已"[④]的"家"为基本生产单位,这些以血缘为纽带所构成的家庭组织都采取"货力为已"的私营方式来从事生产经营活动,它们与国家之间的联系也是借助于血缘的纽带建立起来的宗法政治关系,这种政治关系的制度表现形式便是所谓"封土建国"的"封建"之法——分封制。通过分封,形成若干大小不等的封国,所有这些封国及作为其"共主"的天子所直接管辖的王畿,就构成了一个联邦国家(可简称为"邦国")。儒家理想的"小康"之国就是这样的邦国。这种邦国形态的国家,虽然名义上是"普天之下,莫非王土。率土之滨,莫非王臣"[⑤],实际上"王土"非并由"王"所独占,而是最终都分配到各自"货力为已"地进行生产经营活动的具体家庭,故邦国的"王有"是以各家的"私营"为形式的。要言之,"小康"之国是以家庭组织的小生产为基础,家庭私营经济为特色的私有制社会国家。

---

① 《论语·卫灵公》。
② 《论语·尧曰》:"不知礼,无以立也。"《论语·秦伯》:"立于礼"。
③ 《礼记·中庸》引孔子语:"仁者人也,亲亲为大;义者宜也,尊贤为大;亲亲之杀,尊贤之等,礼所生也。"
④ 《礼记·礼运》。
⑤ 《诗经·小雅·北山》。

（二）道家：“天下为公”的“小国”理想

道家经典中固然是未尝有“天下为公”的提法，但是《道德经》有“知常容，容乃公，公乃王，王乃天，天乃道，道乃久，没身不殆”①之说，此说的精神内核是“王道为公”的思想，据此思想来设计的符合“王道”理想的社会，当然可以说是“天下为公”的社会——尽管它和儒家《礼记·礼运》所谓“天下为公”的“大同”社会是两回事，自然不可等而视之。道家理想中“天下为公”之“公”是体现在奉行“王道”的“有道者”，能根据“损有余而补不足”的“天之道”来制定社会制度，这种制度具有“高者抑之，下者举之；有余者损之，不足者补之”的平衡机制②，所以推行此种制度的社会，可以实现无有尊（高）卑（下）分别与贫（不足）富（有余）差异的人际平等，使社会成员都能“甘其食，美其服，安其居，乐其俗”③。从经济上来说，这样的社会制度无疑是不容私有制和剥削现象存在的，按老子“道法自然”之说，它应该是属于“自然之公”的公有制社会。

（三）法家：“天下为君”的“博国”理想

尽管法家的集大成者韩非曾被司马迁评论为学术上“归本于黄老”④，而据实说，无论是韩非还是其他法家人物，他们都未尝欣赏老子所追求的那种“天下为公”的“小国”理想。就韩非来说，其理想的国家状态是“国博君尊”⑤。在《扬权》中，韩非曾如此描述其理想中大一统帝国的总体格局与治理面貌：“事在四方，要在中央。圣人执要，四方来效。虚而待之，彼自以之。”⑥（意思是：政事分散在地方，大权集中在中央。圣明君主掌握权柄，四方臣民都来效力。君主虚静对待臣民，臣民自然各尽所能。）在如此“国博君尊”的理想国度中，帝国尊君一如可以从心所欲地驾驭马车的自由御人，既能“处势”熟练地玩弄国家于掌心，

---

① 《老子·十六章》。
② 《老子·七十七章》：“天之道，其犹张弓与？高者抑之，下者举之；有余者损之，不足者补之。天之道，损有余而补不足。人之道则不然，损不足以奉有余。孰能有余以奉天下？唯有道者。”
③ 《老子·八十章》。
④ 司马迁：《史记·老庄申韩列传》。
⑤ 《韩非子·制分》。
⑥ 《韩非子·扬权》。

又能"抱法"自如地令行禁止于天下。^①这种"国博君尊"的帝国理想，与其说是一种以"国博"为特点的大国理想，勿宁说是一种以"君尊"为特点的大帝理想。

如果说儒家的"民本"邦国是虽为"国王所有"却是"各家私营"的"天下为家"之国的话，那么，法家的"君主"帝国则是非但"帝王所有"亦且"帝王独营"的"天下为君"之国，因为这种帝国在本性上不过是"君之车"，其众官不过是"君之仆"，百姓不过是"君之器"——它在本质上完全无异于明清之际启蒙思想家黄宗羲针对当时的郡县制帝国的社会现实予以猛烈抨击的那种"以我之大私为天下之大公""使天下之人不敢自私，不敢自利"的君主私有独营制国家：

> ……后之为人君者不然。以为天下利害之权皆出于我，我以天下之利尽归于己，以天下之害尽归于人，亦无不可。使天下之人不敢自私，不敢自利，以我之大私为天下之大公。始而惭焉，久而安焉，视天下为莫大之产业，传之子孙，受享无穷……屠毒天下之肝脑，离散天下之子女，以博我一人之产业……敲剥天下之骨髓，离散天下之子女，以奉我一人之淫乐，视为当然，曰"此我产业之花息也"。^②

黄宗羲的这些精彩绝伦、精辟异常的断语，不仅是对长达两千一百余年的中华郡县制帝国社会制度的针针见血之评，同时实质上也是对先秦法家集大成者韩非"国博君尊"的理想帝国社会制度的数语中的之论。

功利境界·道德境界·天地境界
——传统国家治理境界的三种基本类型

儒、道、法互相差异的国家理想，不仅表现在"天下为家""天下为公""天下为君"三种不同的国家社会制度的设想上，更表现在国家治理境界的不同追求上。

冯友兰先生在《新原人》一书中曾提出"人生四境界"说，将各种不同的人

---

① 《韩非子·外储说右上》："国者，君之车也。势者，君之马也。"又《难势》："抱法处势则治，背法去势则乱。"又《制分》："夫凡国博君尊者，未尝非法重而可至乎令行禁止于天下者也。"
② 黄宗羲：《明夷待访录·原君》。

生境界划分为由低到高的四个等级：自然境界、功利境界、道德境界、天地境界。自然境界是指一个人顺着自己的本能或其社会的风俗习惯，做他所做的事，对所做的事有何意义并无觉解，或不甚觉解。功利境界是指一个有自我意识的人本于利己的动机，为自己做各种事。道德境界是指一个人对自己作为社会的一员或社会整体的一部分有了觉解之后，为社会的利益做各种事。天地境界是指一个人不仅对自己作为社会整体的一部分有了觉解，同时还对自己作为宇宙整体的一部分有了觉解，从而为宇宙的利益、"天民"做各种事。[①]

对于儒、道、法所追求的治理境界，正可以按冯先生的"人生四境界"说来予以评判，因为从儒、道、法三家的学者作为一些特殊的个人来说，其学说是反映他们自己个人的人生境界的，同时更将其对人生的目的和意义的领悟提到了学理层面来予以阐释，使之上升到了人生观的高度，而正是这种理论地表现其人生境界的人生观，构成了其治理思想的哲学基础。当然，冯先生所提"人生四境界"中处于最低级别的所谓"自然境界"，是明显不适用于这里的评判的，因为儒、道、法三家的学者都是一些自觉的人，而且是对于宇宙和人生及其关系都有高度觉解的人。

若依冯先生对其他三境界的界说来做个分判，儒、道、法三家学者的人生境界应可分判为：法家学者是功利境界，儒家学者是道德境界，道家学者是天地境界。

（一）法家：功利境界

法家的主要经典对于"民之性"或"人之情"都有明确诠解[②]，这些解释都大同小异，韩非则集大成地将这些解释简明扼要地概括为"自为心"，认为人们无论做什么事，"皆挟自为心也"[③]。按美国著名社会心理学家马斯洛（Abraham Harold Maslow，1908—1970）的需要层次理论来解释，被法家纳入"民之性"或

---

① 参见冯友兰：《新原人》第3—7章，载冯著《贞元六书》，华东师范大学出版社1996年版。

② 《管子·禁藏》："夫凡人之情，见利莫能勿就，见害莫能勿避。""凡人之情：得所欲则乐，逢所恶则忧，此贵贱之所同有也。近之不能勿欲，远之不能勿忘，人情皆然。"《商君书·算地》："民之性，饥而求食，劳而求佚，苦则索乐，辱则求荣，此民之情也。"《韩非子·奸劫弑臣》："夫安利者就之，危害者去之，此人之情也。"又《外储说左上》："好利恶害，夫人之所有也。……喜利畏罪，人莫不然。"

③ 《韩非子·外储说左上》。

"人之情"范畴的东西都是属于心理需求范畴,照韩非"利在所在,民归之;名之所彰,士死之"① 的说法,一般民众的心理需求是属于较低层次的生理需求和安全需求,故而"利在所在,民归之"(可以得到利益的地方,民众就归向它);士人则有更高级的社交需求和尊重需求,故而"名之所彰,士死之"(可以显扬名声的地方,士人就为它卖命)。就韩非本人的追求来说,他的理想境界是"神不淫于外"或"外物不能乱其精神"的"神静"——"上德"之境。要达到这样的精神境界,当然必须摒弃对于"名""利"之类的"外物"的欲求。故欲求"上德"者对"上德"的追求应该是属于自我实现需求范畴,那是最高层次的心理需求。

不过,具有最高层次心理需求的人,并不等于他自然也具有最高人生境界的追求。人的心理境界与人生境界是两回事。心理需求范畴的自我实现是每个正常人都可能具有的需求形式,只要较低层次的需求都得到满足之后,就自然会产生自我实现需求。人生境界却不是这样,不是只要达到了较低级的人生境界,接着就会自然地上升到较高级的人生境界。

自我实现需求可以在多个向度上得到满足,但无论是在何种向度上去追求这种需求的满足,凡有此需求者,必定是围绕"自我"这个中心主题来开展其活动的,也就是说,其行事必是为自己。从人生境界来说,为自己做事的境界,即是冯先生所谓的功利境界。韩非固然具有最高层次的自我实现需求,但他的人生境界却并不高,尚处在功利境界,较道德境界尚有距离,离天地境界就更远了。

但是,韩非毕竟是具有最高层次心理需求的人,所以,他的人生境界虽属功利境界,却又不是简单的仅仅出于利己动机而做各事情的那种功利境界,而是一种自我实现型的功利境界,而且在追求自我实现的向度上,他是选择了在政治领域著书立说的方式来满足其自我实现的需要,换言之,他只是在他的头脑中观念地建构他所渴望得以实现的自我。《韩非子》中所描述的"明君"或"明主"(亦称为"圣人"或"圣王"),正是韩非所渴望得以实现的他的自我形象的理念。在这个关于他要求予以实现的自我的理念世界中,那位有"明君"之称的人,当然也是一个追求自我实现的人,但是他不是通过追求名利来实现自我,相反,他是能够抵御名利等一切足以扰乱一般人心神的外物的诱惑而一心求道的人,然其求道的目的,既不是像也是一心求道的儒家那样要"化成天下"以实现"天下归

① 《韩非子·外储说左上》。

仁",也不是像同样一心求道的道家那样要"辅万物之自然"以实现"万物自化"的理想,而是要"抱法处势"和"操法术之数"以成就"霸王之功"① 或"帝王之功"——这个"霸王"或"帝王"就是那位有"明君"之称的人最终实现了其自我的他的自我之"体"(本体、实体),而"霸王之功"或"帝王之功"则是最终实现了其自我的"明君"的自我之"用"(作用、功用)。这种"体用合一"之境,便是那"明君"作为一个追求自我实现的人的人生极境,也是他作为一个借助于治国来实现其自我的治国者的治理极境。

(二)儒家:道德境界

从人生观角度看,儒家之所以追求"仁"的实践(孔子称为"为仁"),是因其将"仁"理解为人之所以为人而区别于动物(禽兽)的特殊本质②。故"为仁"的目的就是为了使自己成为一个区别于禽兽的人,一个使自己脱离了动物界而以不同于禽兽的特殊存在方式生活于宇宙之间的人;而"为仁"的意义恰恰就在于它足以使人脱离动物界而以人的生活方式生活。这也就是说,对儒家来说,"为仁"是一种表现人性、显示人的特殊存在的行为方式,是"为仁"者本于人性自觉所采取的一种自认为符合人性的行为方式。

通过"为仁"所表现出来的人性自觉,包括两个方面:对自己来说,是自我意识到自己应该做一个区别于禽兽的人;对自己与他人的关系来说,是认识到他人与自己是同类,因而同自己一样也应该做一个区别于禽兽的人,并且自己应该和他人一起共同努力来创造和成就彼此的人生。在后一种意义上,人性自觉包含着对他人的爱,正是基于这种爱和由这种爱所产生的对他人的责任感,才会有应该和他人一起共同努力来创造和成就彼此人生的道德意识。——所谓"仁者爱人"③,正应该从这个意义上去理解。

---

① 《韩非子·难势》:"抱法处势则治,背法去势则乱。"又《奸劫弑臣》:"操法术之数,行重罚严诛,则可以致霸王之功。"又《定法》:"君无术则弊于上,臣无法则乱于下,此不可一无,皆帝王之具也。"又《外储说右下》:"无术以御之,身虽劳,犹不免乱;有术以御之,身处佚乐之地,又致帝王之功也。"

② 《礼记·中庸》引孔子语曰:"仁者,人也,亲亲为大。"这里以"人"释"仁",即意味着将"仁"界定为人之所以为人的本质,或者反过来说,就是将人的本质归结为仁。

③ 《论语·颜渊》:"樊迟问仁。子曰:'爱人。'"《孟子·离娄下》:"仁者爱人,有礼者敬人。爱人者人恒爱之,敬人者人恒敬之。"

对于儒家来说,将自己对他人的爱转化为成人成己的道德实践,这是"为仁"者的人生境界。而当这种成人成己的道德实践从日常生活领域转入到国家政治生活领域,成为治国者"化成天下"的"人文"①实践时,它就不只是"为仁"者的人生境界,也更是"为圣"者的治理境界了。也就是说,"为仁"之由人生境界转化为治理境界的条件是一种具体的实践条件,在现实生活中这种条件并不是每个人都具有的,但在理论上这两种境界之间是不存在不可逾越的屏障的,它们在本质上是相通的,"为仁""为圣"都是成人成己的道德实践,只是其道德实践中"成人"的外延有大小的区别罢了。"为圣"是将"成人"的外延扩展至全天下,使"成人"变成"成天下之人",然其实质还是在于"为仁",即为了使包含自己在内的天下之人都脱离动物界而以人的生活方式生活。所谓"化成天下",无非是"观乎人文"者(对人性有自觉的人)以"文化"(顺乎人性地"道之以德,齐之以礼")方式来达到"成天下之人",使天下人都脱离动物界而以"人文"(合乎人性地依礼行事的文明行为)方式生活而已。

要之,儒家的人生境界和治理境界本质上是同一境界,其差异只是由于具体实践条件不同所造成的现象性差异或形式上的区别。儒家的治理境界是特定实践条件下由"为仁"转化而来的"为圣"——"以礼义之文,化成天下"的"为仁"。由这种形式的"为仁"所达到的"成天下之人"——"天下归仁",既是"为仁"者体现其臻于"内圣"之境的人生境界,也是"为仁"者体现其臻于"外王"之境的治理境界。

(三)道家:天地境界

道家的人生观则大不同于儒家。儒家所谓"天生德于予"②的"天德"是集中体现在"爱人"之"仁"的实践之中,这是儒家的道德哲学见解,显示出其"德"的本质意义是在于"爱人"。道家的道德哲学却不是这样。老子云:"道生之,德畜之,物形之,势成之。是以万物莫不尊道而贵德。"③尊道贵德是宇宙万物的共同本性,而万物之所以有如此本性,是由于"道生之,德畜之"——天道产生了万物,天德保存了万物。万物的生存必须依赖于天道天德,没有或离开了天道

---

① 《易传·象传·贲》:"观乎人文,以化成天下。"
② 孔子语,载《论语·述而》。
③ 《老子·五十一章》。

天德,万物既不能产生,更无以存在。故万物的生存本身就是万物尊道贵德的证明。换言之,万物的尊道贵德即体现在其没有离开道德,因其没有离开道德,所以它们才生存于宇宙之间。这意味着,在老子看来,天德并不是像孔子所认为的那样是通过人的"为仁"来体现的,而是通过万物的"存生"来体现。故如果说儒家之"德"就是"为仁之德"的话,那么,道家之"德"不过是"存生之德"。因其如此,道家是把"重积德"理解为"根深固柢"的"长生久视之道"①的。老子的道德哲学是关于宇宙万物的生存原理,它所关注的不只是人的生存,宇宙间的一切存在物都在其视野之中,都是其关心的对象,并且明确认识到"人"是"域"(自然世界)中"四大"(道、天、地、人)之一②。显然,受这种道德哲学支配的行事方式,具有为宇宙万物做事的意义,从而就不难理解在《道德经》中,为什么不仅有"圣人之治,虚其心,实其腹,常使民无知无欲"③之类涉及"民"或"百姓"的治民之言,同时还有涉及而且更多是涉及"万物"的治物之言——诸如"圣人欲不欲,不贵难得之货;学不学,复众人之所过。以辅万物之自然而不敢为"④"侯王若能守之,万物将自化"⑤"侯王若能守之,万物将自宾"⑥"圣人常善救人,故无弃人;常善救物,故无弃物"⑦等。后一类提法,当然不能被理解为是作者在概念的使用上犯了将"万物"和"百姓"、"物"和"人"互相混用而不分的逻辑错误,而是反映了作者具有为宇宙万物做事的自觉意识。在这种意识中,"救人"与"救物","辅万物之自然"与"辅百姓之自然",都是"尊道贵德"者所当行的内圣之事;"百姓自化"与"万物自化",都是"尊道贵德"者所当求的外王之境。所以,将道家的人生境界和治理境界本质地归结为天地境界,这不仅未尝不可,而且完全恰当。

---

① 参见《老子·五十九章》。
② 参见《老子·二十五章》。
③ 《老子·三章》。
④ 《老子·六十四章》。
⑤ 《老子·三十七章》。
⑥ 《老子·三十二章》。
⑦ 《老子·二十七章》。

余论

先秦儒、道、法三种不同理想的国家治理境界,从国家理想层面显示出了此三家对于国家根本目的各有不同见解和相应的定位。

儒家和道家都是从道德方面去理解宇宙本性,根据宇宙的道德本性(德性)来确定国家根本目的和执政者所应追求和努力达到的国家治理目标。因其如此,执政者的治国活动遂被儒、道本质地规定为追求和实现同宇宙德性相合即儒之所谓"与天地合其德"[①]、道之所谓"从事于道者,同于道;德者,同于德"[②]的知行过程。但是,儒、道对宇宙德性的具体理解却互不相同,所以提倡不同的道德——儒家提倡"爱有差等"的"仁道之德",道家提倡"爱无偏私"的"公道之德"。由此显示出其道德观上的差异:儒家的道德观属于私德观,道家的道德观属于公德观。诚然,孟子也讲"亲亲而仁民,仁民而爱物"[③],但是"亲亲"与"仁民",虽然同属于"仁",却是仁爱有差;"爱人"与"爱物"看似同属于"爱",而其实"爱人"属于"仁","爱物"却不属于"仁",它们是截然有别的两种不同性质的爱,是不可混为一谈的。这意味着儒家并不像道家那样视"爱人"与"爱物"为一体而有博爱万物的公德情怀。及至理学时代,宋明新儒家乃吸取道家的公德观和佛教的众生平等观的伦理思想因素,将其融入儒家的仁爱道德观,由此形成"天人合一"的宇宙公德观——天理道德观,以及与之相应的"存天理,灭人欲"的公德修养论,这标志着儒道间原本相异的理想治理境界终于以"儒合于道"的方式融合到一起了!

法家则是从功利方面去理解宇宙本性——韩非将宇宙本性归结为"万物各异理,而道尽稽万物之理,故不得不化;不得不化,故无常操"[④]和"凡道之情,不制不形,柔弱随时,与理相应"[⑤]这种"必然之道"[⑥]的"与理相应"变化的必然性。这种变化的必然性,体现在宇宙之"道"是"应理"之"化",体现在与"道"合一的"圣人"则是"乘势"之"游"[⑦]。这也就是说,在韩非哲学中,"理"与"势"本质上

---

① 《易传·文言传·乾》。
② 《老子·二十三章》。
③ 《孟子·尽心上》。
④ 《韩非子·解老》。
⑤ 同上。
⑥ 《韩非子·显学》:"故有术之君,不随适然之善,而行必然之道。"
⑦ 《韩非子·难势》:"夫有云雾之势而能乘游之者,龙蛇之材美也。"

是同一个东西——对"道"而言是"理",对"人"而言是"势"。故韩非所谓"缘道理以从事"①,实质上就是"乘势"之"游",意为顺应不可抗拒的时势之理而行动。这里不存在儒、道那种应然的道德,只有必然的势理。故如果说儒、道所理解的宇宙本性是属于"德性"(道德本性)范畴的话,那么,韩非所理解的宇宙本性则是属于"理性"(势理本性)范畴。依应然德性行事,便是如汉儒董仲舒所说那样"正其谊不谋其利,明其道不计其功"②意义上的正义性道德行为;依必然理性行事,则是如韩非所说那样"得势位,则不推进而名成"③意义上的乘势利用性行为。

然则,借用时下流行的"公平"与"效率"术语来加以评判,就未尝不可以这样说:儒家特别是道家及宋明新儒家是本于"公平至上"的价值原则而追求公平至极的国家治理境界,法家则是本于"效率至上"的价值原则而追求效率至高的国家治理境界。

由此再回过头来看儒、道、法对其理想国的社会制度的不同设想,就可以清楚地看出:儒家"天下为家"的"小康"是以人际公平为价值诉求所设计出来的一种社会制度公平合"礼"的理想国;道家"天下为公"的"小国寡民"是以天人之际公平为价值诉求所设计出来的一种社会制度公平合"自然"的理想国;法家"天下为君"的"博国君尊"是以君主自我实现效率为价值诉求所设计出来的一种君主自我实现效率适合"势(理)"的理想国。

就中国传统国家治理思想的总体倾向而言,它是偏于追求天人之际公平的,这在宋明理学思想中表现得尤其明显。宋明理学的公平思想,使其在国家治理目标上不只是要达到"身修""家齐""国治""天下平",而且更要"为万世开太平"④。张载(1020—1077)"四句教"所提出的这个"万世太平"目标,实质上是基于"天人合一"⑤观念而将天人之际公平原则转换成了人类代际公平原则,也就是说,它反映出了儒家公平思想发展到宋明理学阶段,从原来只求一

① 《韩非子·解老》。
② 转引自《汉书·董仲舒传》。
③ 《韩非子·功名》。
④ 黄宗羲《宋元学案》卷十二《横渠学案》:"黄百家:先生少喜谈兵,本跅弛豪纵士也。初受裁于范文正,遂翻然知性命之求,又出入于佛老者累年。继切磋于二程子,得归吾道之正,其精思力践,毅然以圣人之诣为必至,三代之治为必可复。尝语云:'为天地立心,为生民立命,为往圣继绝学,为万世开太平。'自任之重如此。"
⑤ "天人合一"一语最早就是由张载在《正蒙·乾称》中提出来的。

般的人际公平转变为追求人类代际公平了。或者毋宁说,宋明理学对天人之际公平的追求是通过对人类代际公平的追求表现出来的,这也是宋明理学作为一种新儒学的公平思想与同样追求天人之际公平的道家思想的相异之处。在先秦儒家那里,按照人际公平原则设计出来的理想国的社会制度("礼")是包含着如荀子所说的"胜物"考虑的,这种考虑虽然并不意味着就是追求效率并依据效率原则来设计国家的组织结构和社会制度,却无疑也包含有通过构建人群组织来提高人类改变自然和支配自然的活动效能和效率的意思,但是到了宋明新儒家这里,他们要按人类代际公平原则从而以"能体天下之物"而"视天下无一物非我"的"大心"①来设计国家组织结构和社会制度,就完全不再去考虑"胜物"的效能与效率问题了,相反是要从"民吾同胞,物吾与也"②从而"爱必兼爱,成不独成"③的公平心方面来考虑怎样"尽人物之性"④的问题了。张载等宋明新儒家固然未能设计出足可以满足"尽人物之性"的要求的理想国家的组织结构和社会制度来,但是他们追求人类代际公平和要求"尽人物之性"的国家治理思想,却给现实地面临严重生态危机和肩负环保重大责任的我们这些后人提供了有益的启示。

另一方面,就中国传统国家治理思想所表现出来的思想倾向和思维方式来说,首先应该承认,中国传统国家治理思想的总体倾向是偏向于公德性而去追求兼爱万物的公德——这同样突出地表现在宋明理学思想中(参见上文)。其次,在长达两千一百余年的郡县制帝国社会中,无论是帝王抑或士民,在思维方式上则缺乏西方传统哲学中的那种公理性思维(理论思维)传统,充其量只是能做到清醒地按照如先秦法家所提倡的那种符合私理性要求的虚心静思(客观思维)来进行"体道"式直觉思维,真能达致"体道"极境者,则除却"圣人"而无人可及。求其次者,倘有个别能如韩非那样有强烈的自我实现需求者,则或许略能运用韩非所提倡的那种私理性来采取"顺势而为"的自为策略来修其身或治其国,以提高其自我实现的效率。

---

① 参见〔宋〕张载:《正蒙·大心》。
② 〔宋〕张载:《正蒙·乾称》。
③ 〔宋〕张载:《正蒙·诚明》。
④ 同上。

儒、道、法的"内圣外王之道"[①]

【**提要**】先秦儒、道、法三家的"内圣外王之道"可归并为两种路向：儒为"外学知识"，道、法为"内修心性"。儒道兼综的宋明理学在总体上是"内修""外学"兼顾，至阳明心学，其两种路向乃融为一体。

中国古代政论家、思想家所探讨的关于达到国家根本治理目标和最高治理境界[②]所应采取的正当合理的知行方式，最初被《庄子·天下》概括为"内圣外王之道"[③]。这种探讨起初是围绕着"为君之道"来开展的"治国"意义上的治国方式研究，但随着其研究的发展，学者们日益趋向于将所有人的思想和行为都纳入"内圣外王"范畴，于是关于"内圣外王之道"的研究，就由原本以"为君之道"为主题的国家治体研究，逐渐演变成以"为人之道"为主题的"治身"意义上的修身方式研究了。这样，从其发展结果再回溯以往地来看过去的治体思想，这些思想在观察者眼中便都具有了人生哲学意义，而不仅仅是具有政治哲学意义了。先秦儒、道、法三家各有其理想的治理目标和治理境界，对"内圣外王之道"也有相应的不同见解。

---

① 本文原载《江淮论坛》2017 年第 4 期。

② 详见周可真：《中国传统国家治理思想的三种基本类型》，《哲学动态》2015 年第 1 期。

③ 此语中"内圣"与"外王"对举分明，显系指"圣""王"为"内""外"一体关系，故此处"圣""王"二字各自的意义都互受对方限定："圣"非指一般圣贤，是特指具有大王身份的圣贤；"王"非指一般大王，是特指具有圣贤素质的大王。按笔者的理解，"内圣外王"是就理想的治国理民者（贤明君主）而言，"圣"是言其"内"（心识、认识），"王"是言其"外"（身行、实践）。所谓"内圣外王"，就是既有圣之知又有王之行的理想之君。所谓"内圣外王之道"，其本义应是指为君者何以成为理想之君的原理。《庄子·天下》认为，古代学术是研究且全面把握了"内圣外王之道"的完美纯正学术，故称其为"古之道术"，而后世的学者虽然也研究"内圣外王之道"，但由于他们"不幸不见天地之纯，古人之大体"，故他们对于"内圣外王之道"是"暗而不明，郁而不发"，他们的学说其实是"各为其所欲焉以自为方"的"方术"，他们自以为是而实际上不过是各执一管之见的"方术"把"古之道术"弄得支离破碎了，所以称述春秋以来的天下学术形势为"天下治方术者多矣"而"道术将为天下裂"。

儒家:"智仁合一"

孔子曰:"大哉,尧之为君也。巍巍乎! 唯天为大,唯尧则之。"①尧是孔子心中最伟大的理想君王,因"唯天为大,唯尧则之"也。这意味着,在孔子看来,"则天"是理想之君的本质特征。而"天"在孔子心目是这样的:"天何言哉? 四时行焉,百物生焉,天何言哉?"② 这话的意思是说:四时之所以行,百物之所以生,都是由于天的作用,但天不是以言而是以行的方式来发挥其作用。换言之,是天行决定了四时行、百物生。所谓"则天",就是效法天行。

天行者,天道也。孔子平素罕言天道,故子贡曰:"夫子之文章,可得而闻也。夫子之言性与天道,不可以得而闻也。"③ 但是,孔子之所以罕言"性与天道",只是强调"君子博学于文,约之以礼"④,"克己复礼为仁"⑤,"不知礼,无以立也"⑥,是因其认为"礼"是"则天"而"承天之道"的"圣人"制定出来用以"治人之情"和"正天下国家"的法度⑦,故"博学于文"的"学礼"和"学而时习之"⑧,正是君子"则天"的表现。故孔子"为国以礼"⑨的治国主张,是内在地包含要求治国者"学而知礼"和"行而循礼"的"内圣外王"之意的。进言之,孔子所阐明的"内圣外王之道",就是"学而知礼则智","循礼而行则仁"的"智仁合一"之道。

荀子曾评论孔子"仁知(智)且不蔽"⑩,他本人也是朝着"仁、知(智)且不蔽"的方向去努力的,然其受到法家思想很大很深的影响,提倡"隆礼""重法",故较诸孔子便略显得智有余而仁不足,但从其《劝学篇》"学恶乎始? 恶乎终? 其数则始于诵经,终乎习礼"⑪ 所表达的学习观看来,其"内圣外王之道"与孔子

① 《论语·泰伯》。
② 《论语·阳货》。
③ 《论语·公冶长》。
④ 《论语·雍也》。
⑤ 《论语·颜渊》。
⑥ 《论语·尧曰》。
⑦ 参见《礼记·礼运》。
⑧ 《论语·学而》。
⑨ 《论语·先进》。
⑩ 《荀子·解蔽》。
⑪ 《荀子·劝学》。

之道毕竟相去未远,其本质内容仍不外乎是"学礼""知礼""习(行)礼"而已。

儒家"亚圣"孟子继承和发展了孔子"则天"思想中所包含的"天人合一"观念,认为人性与天道是相通的,故"知性则知天"①,进而认为"知天"须从"知性"入手——这既不同于孔子"知礼而知天"的致知思路,更有别于强调"明于天人之分"②和声称"唯圣人为不求知天"③的荀子"学经而知礼"的致知思路。而孟子所谓"性",实是指人所固有而无待于学知的包括"恻隐之心""羞恶之心"等在内的"良知"④。故"知性"就是通过"尽心"或"求放心"⑤,使心中固有的"良知"得以"扩而充之"⑥。后来,属于思孟学派作品的《中庸》,将孟子"尽心、知性、知天"之说发展为"天命之谓性,率性之谓道",认为人性是天赋的,循性而行便是道。这样,就思孟学派来说,其"内圣外王之道",就不再是孔子那样以"学礼""知礼""行礼"为内容的"智仁合一",而是以"尽心""知性""率性"为内容的"性(良知)道(善行)合一"了。思孟学派这一"内圣外王之道",后来被明代大儒王守仁发展成以"致良知"为内容的"知行合一"之道。

道家:"明德合一"

较之于儒家,道家不但主张"绝仁弃义",更鉴于"民之难治,以其智多",反对"以智治国",认为"以智治国,国之贼;不以智治国,国之福"⑦,"绝圣弃智,民利百倍"⑧,主张"虚其心,实其腹,弱其志,强其骨,常使民无知无欲,使夫智者不

---

① 《孟子·尽心上》:"尽其心者,知其性也,知其性则知天矣。"
② 《荀子·天论》:"明于天人之分,则可谓至人矣。"
③ 《荀子·天论》。
④ 《孟子·告子上》:"恻隐之心,人皆有之;羞恶之心,人皆有之;恭敬之心,人皆有之;是非之心,人皆有之。恻隐之心,仁也;羞恶之心,义也;恭敬之心,是非之心,智也。仁、义、礼、智,非由外铄我也,我固有之也,弗思耳矣。"又《尽心上》:"人之所不学而能者,其良能也;所不虑而知者,其良知也。"
⑤ 《孟子·告子上》:"学问之道无他,求其放心而已矣。"
⑥ 《孟子·公孙丑上》:"凡有四端于我者,知皆扩而充之矣,若火之始然,泉之始达。苟能充之,足以保四海;苟不充之,不足以事父母。"
⑦ 《老子·六十五章》。
⑧ 《老子·十九章》。

敢为也"①。

道家"绝仁""弃智"的主张是明显同儒家思想对立的,而深究其对立之根源,是在于二家对于"礼"有截然相反的看法(参见前文)。故据实来说,道家所反对的"仁"和"智",其实是与"礼"有内在联系和"礼"捆绑在一起的"仁"和"智"。

就"仁"而言,孔子谓"仁者爱人"②,但"克己复礼"的"仁者"之"爱人",是讲究"亲亲之杀,尊贤之等"③的。儒家这套"爱有差等"的讲究,被主张"爱无差等"的墨家④指摘为"言亲疏尊卑之异也"⑤。和墨家一样,道家也反对儒家"言亲疏尊卑之异"的这套讲究,只是同墨家提倡"爱人如爱己"式的"兼爱"又有所区别,道家并不讲什么"爱己",尽管《道德经》也未如《庄子·逍遥游》那样明言"至人无己"。仅就老子而言,他对"爱"的讲究,只是要求"公平"而已。在老子看来,"爱有差等"是一种不公平的爱。

《老子》中虽未出现"公平"一词,但其中"无亲""不仁""常善"等相互关联的语词所包含的意义是同"公平"(毫无偏私)的意思相一致的。所谓"常善",就是"无亲"(不别亲疏,一视同仁)、"不仁"(爱无等差,泛爱万物)的大善。因此,道家并非是不讲"爱",只是反对爱有偏私,提倡一种公平的爱,即主张一视同仁、毫无偏私地爱一切人,如救人则应救任一待救之人而无所遗弃,不该别亲疏、分贵贱地有所选择以致有所遗弃。

就"智"而言,儒家讲"是是非非谓之知(智)"⑥,又以"礼"为"明是非"的标准⑦,也就是以"礼"作为准绳来衡量一个人的视、听、言、动,据以判别其智愚或贤与不肖。但是在道家看来,儒家所提倡的"智"或"贤",其实是"不知常"的"妄",一种不合"常道"的"非明之智",而不是合于"常道"的"知常"之

---

① 《老子·三章》。
② 《论语·颜渊》:"樊迟问仁。孔曰:'爱人。'"
③ 《礼记·中庸》。
④ 《孟子·滕文公上》载有墨者夷之之论,以为儒者所谓"古之人若保赤子"之言,应当也只能被理解为"爱无差等,施由亲始"。徐子便将夷子的见解告诉了孟子,孟子表示不以为然,称夷子的解释是"信以为人之亲其兄之子为若亲其邻之赤子乎?"
⑤ 《墨子·非儒下》。
⑥ 《荀子·修身》。
⑦ 《礼记·曲礼上》:"夫礼者,所以定亲疏,决嫌疑,别同异,明是非也。"

"明"①——正是对"常道"的崇奉,才使他主张"弃智"——摒弃不合"常道"的"非明之智"。

然则,如何达到"知常"之"明"？曰:"涤除玄览(鉴),能无疵乎?"②这里,老子将人心比作一面玄妙的镜子,认为这面镜子必须被打扫得干干净净而不留一点污点,才适合于"观道"之用。也就是说,要达到"知常",必须自我创造一种合宜的心境条件,否则无以"知常"。具体而言,这"玄(鉴)无疵"的心境条件,就是"常无欲"——"常无欲,以观其妙"③。

"常无欲,以观其妙",作为"体道"之方或"知常"之法,是意味着"常无欲"的"观道"者之心境与"法自然"的"常道"的"自然"之境相合,达到了"塞其兑,闭其门,挫其锐,解其纷,和其光,同其尘"的"玄同"④之境。臻于此境的"观道"者,则有"知常"之"明"矣。而"知常"之旨在于"守道"——"既得其母,以知其子;既知其子,复守其母,没身不殆"⑤。如果说"知常"之"明"是意味着无有私欲之蔽的话,那么,"守道"就是意味着"常德不离"⑥而无"妄作"之为,亦即意味着"见素抱朴"⑦而"处无为之事"⑧。

要之,与儒家"智仁合一"的"内圣外王之道"迥异,道家的"内圣外王之道"则是"常无欲则常明","常无为则常德"的"明德合一"之道。

法家:"德功合一"

正如韩非虽然讲"上古竞于道德,中世逐于智谋,当今争于气力"⑨,但并非是不讲"道德",他也不是不讲"智谋"。或许有人会说,《韩非子·扬权》中不是

---

① 《老子·一章》:"道可道,非常道。"又《十六章》:"知常曰明。不知常,妄作,凶。"
② 《老子·十章》。
③ 《老子·一章》。"常无欲"是以否定判断形式对"观道"("观其妙")所必需的心境条件所作的一种描述,其以肯定判断形式来进行的描述则是"虚极静笃"。所谓"致虚极,守静笃"(《老子·十六章》),即是"涤除玄览(鉴)"而达致"玄览(鉴)无疵"的过程。
④ 《老子·五十六章》。
⑤ 《老子·五十二章》。
⑥ 《老子·二十八章》。
⑦ 《老子·十九章》。
⑧ 《老子·二章》。
⑨ 《韩非子·五蠹》。

提到"圣人之道,去智与巧。智巧不去,难以为常。民人用之,其身多殃;主上用之,其国危亡"①,这话难道不是表明了韩非有如老子般的反对"以智治国"的反智态度么?!但是,只要通观《扬权》全篇,即可明白这段话的真意不过是反对"用己"(意指凭自己的主观臆断来处理事务)而已。为"圣人之道"所不容的"智"与"巧",都是属于主观臆断范畴的智力活动。韩非是坚决反对主观臆断的,主张依据由虚心静思的考察和研究所得的事物原理来判断情况,决定事为。

总之,对于"道德"和"智谋",韩非都有他自己的一套特殊看法,他是根据自己的看法来指摘和拒斥一切他认为不合"道理"的"道德"与"智谋"的,反过来说,他自己则是推崇合于"道理"的"道德"与"智谋"。由此可以说,除了"道理",韩非别无所尚。

崇尚"道理"是韩非思想的根本特点,这既反映了他"归本于黄老"(司马迁语)的思想素质,又反映了其超越"黄老"的思想特质。

韩非的"道理"观,较为集中地反映在《韩非子·解老》中,其基本观点是认为,"道"是"万物之所以成"的宇宙终极原因,"理"是"成物之文"而使万物彼此互有界限、互相区别的事物特质,这种众物各异的特质是现实世界多样性的根据,也是人类可以通过自己的感觉经验来认识世界以掌握宇宙极因之"道"的根据。"道"作为宇宙的终极原因,"尽稽万物之理",是万理的共同根据,它本身虽无形象而不能直接为人的感觉经验所把握,但是人们可以通过对事物现象("物之文")的感性认识达到对事物特质("理")的理性认知,由此达到对"与理相应"的"道"的把握。

在韩非看来,一个能够"缘道理以从事"的君主,才是堪称"圣人"的理想君主,故曰"圣人执一以静"②。何谓"一"?"道无双,故曰一。"③"执一"即意味着以"道"为至尊。"道"的至尊性就是体现在它在宇宙间"独一无双",圣明君主正是效法"道"的这种至尊品格来树立自己在国家中的至尊地位的,故曰:"明君贵独道之容。"④从《韩非子·扬权》关于韩非理想中大一统帝国的总体格局与治

---

① 《韩非子·扬权》。
② 同上。
③ 同上。
④ 同上。

理面貌的描述①来看,"圣人"(理想君主)之所以能够成为这个理想帝国的核心,有两个关键因素:其一,"圣人执要",其二,"虚而待之"。按照"国者,君之车也;势者,君之马也"②的逻辑,君主能否"执要",这是由"势"决定的,与其个人的道德素质与智谋水平无关。然其能否"虚而待之",却是取决于他个人的主观因素。这个主观因素便是他的德智状况。换言之,"虚而待之"是包含道德与智谋两个方面的内容的。

关于"虚",《扬权》中提道:"虚静无为,道之情也。"又云:"喜之,则多事;恶之,则生怨。故去喜去恶,虚心以为道舍。""因天之道,反形之理,督参鞠之,终则有始。虚以静后,未尝用己。"另外,《解老》中结合"德"来论"虚",而论之颇详,其要点有:(1)"虚者,谓其意无所制也。……虚者之无为,不以无为为有常。不以无为为有常,则虚。虚,则德盛。德盛之谓上德。"(2)"德者,内也;得者,外也。'上德不德',言其神不淫于外也。""今治身而外物不能乱其精神,故曰:'修之身,其德乃真。'真者,慎之固也。"(3)"积德而后神静","圣人之用神也静……思虑静,故德不去"。

将以上材料联系起来做综合分析,可获致如下几点认识:

第一,"虚"所涉及的是治身问题,它是属于修身论范畴的概念。

第二,"虚"与"道"有关,修身者所以要在致"虚"上做功夫,是因为"虚"是"道之情",故修"虚"乃是"因天之道"的行为,目的是为了使此心往合于"道"。

第三,修"虚"是一个"积德"过程,其目标是达到"上德",即"神不淫于外"或"外物不能乱其精神"的"神静"之境。

第四,"神静"有两重含义:(1)"去喜去恶"之后所达到的"虚心";(2)"虚心"者"用神也静"或"思虑静"。

第五,因"虚心以为道舍",故达致"虚心",即意味着为"道"所建"心舍"告成,而"道"可入住其中矣。

第六,要使"道"入住"心舍",达到"虚心得道",须靠"用神也静"的"静思"。"静思"的对象是"形之理"(即物之理)。"静思"的过程是"反形之理,督

---

① 《韩非子·扬权》:"事在四方,要在中央。圣人执要,四方来效。虚而待之,彼自以之。"

② 《韩非子·外储说右上》。

参稽之,终则有始",即返回到事物本身,就事物的道理作来来回回、反反复复的考察、比较和穷根究源的思索。

韩非认为,当"静思"至"思虑熟"时,就能达到对事物道理的认识——"思虑熟,则得事理"①"得事理,则必成功"②"缘道理以从事者,无不有成"③。

然则,"圣人"之"虚而待之",从理论上来说,是包括"知""行"两个方面的:"知"是"虚静以知道","行"是"缘理以行道"。依韩非"虚,则德盛。德盛之谓上德""思虑静,故德不去"和"缘道理以从事者,无不有成"的思想理路,其"内圣外王之道"可以被概括为"心虚思静则德盛""事缘道理则功成"的"德功合一"之道。

余论

按冯友兰先生对"内圣外王"的理解——"所谓内圣外王,只是说,有最高底精神成就底人,可以为王,而且最宜于为王"④来看,儒、道、法三家对于"最高底精神成就"显然有不同的见解和追求:

儒家所追求的是最高知识成就。在儒家看来,精神成就应体现在知识的获得上,知识越多,精神成就越高,而知识是通过学习得来的,"知礼"之"智"是学习的结果。道、法二家所追求的是最高心理成就。道家的"无欲"之"明",法家的"虚静"之"德",无不是属于心理范畴的东西,它们都是心灵涵养的产物。

由是观之,儒、道、法三家"内圣外王之道"实可归类为两种路向:儒家主要是"外学知识"路向,道、法则是"内修心性"路向。儒家鼻祖及荀卿之儒都是属于前一种路向,唯思孟之儒兼有两种路向,但主要是倾向于"学问之道无他,求其放心而已矣"⑤的"内修心性"之路。儒家"四书"中,主张"先致其知"的《大学》大抵是属于《论语》所代表的"外学知识"路向,提倡"尊德性而道问学"的《中庸》则大抵是属于《孟子》所代表的"内修心性"路向。

---

① 《韩非子·解老》。
② 同上。
③ 同上。
④ 冯友兰:《贞元六书》,华东师范大学出版社 1996 年版,第 708 页。
⑤ 《孟子·告子上》。

秦汉以后，儒、释、道并兴，至魏晋形成儒道兼综之玄学，其中以王弼（226—249）为代表的正始玄学，强调"圣人之情，应物而无累于物"①，如果这可以被理解为正始玄学"内圣外王之道"的标志性话语的话，则"应物"是偏向于儒家"外学"之路，"无累于物"是偏向于道家"内修"之路；所谓"应物而无累于物"，即意味着"外学""内修"兼采并用。佛教则不讲"内圣外王之道"，而是讲"悟道成佛"的道理与方法，其中戒、定、慧"三学"之"定学"，与道家一路的"内修心性"的"虚静"之法有相契合之处。东晋南北朝时，"慧学"（般若学）盛行于南方，北方则盛行"定学"（禅定学），至北齐慧思始将"禅""观"融和并重，其弟子智颛（538—597，天台宗祖师）乃续传慧思思想而创定慧双修之学，认为非必由禅定功夫方能达致智慧境界，亦可定慧双修而由慧入定，其要在强调修禅定与修般若之互动与相互促进，实际上是在佛学领域开示了一条"外学知识"与"内修心性"有机结合的"悟道成佛"之路。

道教也不讲"内圣外王之道"，只讲"修道成仙"的道理和方法。早期道教理论性较差，在修道方法上，太平道主张"守一"，这是以静求得"精""气""神"统一以"得道成仙"的方法，与道家"虚静"法相一致，特其原理与目的不同耳。五斗米道则主张"奉道诚，积善成功"，其方法与太平道迥异。汉魏以降，以葛洪（284—364）为代表的丹鼎派崛起，从此道教修炼长期偏重外丹之术，尽管"守一"之法仍然续传。至唐初道士、杰出道教理论家成玄英（608—？），乃将"守一"之法理论化，强调"去躁归静"对修道长生的决定意义："静是长生之本，躁是死灭之原"；"静则无为，躁则有欲。有欲生死，无为长存"。② 同时代道教学者王玄览（626—697）则吸取庄子"坐忘"思想，特别强调坐忘养神之法。以张伯端（987—1082）著《悟真篇》为主要标志，长期偏重外丹之术的道教开始转入偏重内丹修炼的发展时期。张伯端的内丹学以糅合道学与佛教禅学为主要特征，特别强调明心见性才能体得无上至真之妙道。其后学南宋道士、内丹派南宗创始人白玉蟾（1194—？）尤重禅道融合，其丹法分炼形、炼气、炼神三关，其修炼以

---

① 何劭《王弼传》："何晏以为圣人无喜怒哀乐，其论甚精，钟会等述之。弼与不同，以为圣人茂于人者神明也，同于人者五情也。神明茂，故能体冲和以通无；五情同，故不能无哀乐以应物。然则，圣人之情，应物而无累于物者也。今以其无累，便谓不复应物，失之多矣。"（引自楼宇烈：《王弼集校释·附录一》，中华书局1980年版，第640页）

② 〔唐〕成玄英：《南华真经疏·养生主》。

凝神聚气为入手。其后唐末五代道士、内丹派南宗传人谭峭（860 或 873—968 或 976）更以"忘"为要诀：初关炼形，要在忘形养气；中关炼气，要在忘气养神；上关炼神，要在忘神养虚。要之，道教的修道之学大抵都从先秦道家吸取"虚静"之法。

至古代儒学发展之最高阶段——宋明理学，奉"四书"为主要经典，于是有程（颐、颢）朱（熹）一派主承《论语》《大学》"外学知识"之道而特重"道问学"，又有陆（九渊）王（守仁）一派主承《孟子》《中庸》"内修心性"之道而特重"尊德性"，但总体上两派都是"内修""外学"兼顾，并没有完全偏废另一路向的修行，只是到了阳明"龙场顿悟"之后，其所立以"致良知"为内容的"知行合一"之说，乃有模糊以至于消除"道问学"与"尊德性"之界限而使二者融成一片的明显倾向。至是，先秦以来"内圣外王之道"之"外学知识"和"内修心性"两种路向实现了其融为一体的统一。

历史哲学与思辨哲学之间：
老子哲学与亚里士多德哲学之比较①

【提要】对老子、亚里士多德哲学本体论的比较，旨在指出老、亚之学的同异之处。其相同之处主要在于，它们同属于"求体""求故""求理"之学。其不同之处主要在于，老子和亚氏的思维方式不同：亚氏是形式逻辑思维，由此构建的形而上学是立基于推理性因果观念和只求智慧不求实用的理论学术观念的思辨哲学；老子是历史逻辑思维，由此构建的"为道"之学是立基于历史性因果观念和追求经世致用的实用学术观念的历史哲学。

一、"求体""求故""求理"的亚氏哲学

哲学概念具有相当大的不确定性，就是"哲学"一词的发源地古希腊，其哲学发展不同时期也有不同的哲学概念。例如，亚里士多德的哲学概念有广义和狭义之分：广义哲学即理论学术，包括数学、物理学和神学；狭义哲学即理论学术中的神学（又称"第一哲学"或"第一学术"）②，后来被称为"形而上学"（Metaphysics）。古希腊晚期斯多葛派则认为，哲学由物理学、伦理学和逻辑学三部分组成。③

中世纪经院哲学家托马斯·阿奎那则将物理学、数学和神学统称为"哲学"（又称"思辨科学"），其哲学概念看似同亚里士多德的广义哲学无甚区别，而其

---

① 本文原载《国外社会科学前沿》2023 年第 12 期。
② 参见〔古希腊〕亚里士多德：《形而上学》，吴寿彭译，商务印书馆 1959 年版，第 5—6 页、第 33 页、第 119—120 页。
③ 参见《哲学原理发展概述》编写组：《哲学原理发展概述》（上），福建人民出版社 1981 年版，第 5 页。

实被亚氏与阿奎那同称为"第一哲学"的神学并非是同一门学问。亚氏所谓神学是指"普遍地研究实是之所以为实是"①的学问,这与阿奎那所说的那种以"上帝"作为主要研究对象的神学②,是性质不同的两门学问。

近代以后,西方哲学界更无统一的哲学概念③,以至于文德尔班在撰著《哲学史教程》(1892)时觉得"从历史的比较中要想获得哲学的普遍概念似乎是不现实的"④,而当代英国分析哲学家达米特更认为"哲学没有一致的方法论"⑤,自然在他看来也无所谓"一致的"(普适性)哲学概念。

然而,要是不想陷入哲学概念问题上的相对主义和虚无主义,尊重传统或习惯所赋予哲学的涵义还是必要的,否则,哲学共同体就难以维持下去了。有鉴于此,尽管文德尔班有上述看法,他在《哲学史教程》中还是给出了一个哲学定义:"所谓哲学,按照现在习惯的理解,是对宇宙观和人生观一般问题的科学论述。"⑥以此对照罗素在《西方哲学史》中"我们所说的'哲学的'人生观与世界观乃是两种因素的产物……"⑦的说法,分明可见,这两位在西方颇具影响力的权威哲学家,其实是尊重了同一个"习惯的理解"——把哲学理解为"人生观与世界观"。曾经长期流行并且至今仍然流行于我国哲学教科书中的哲学定义(通常被表述为"哲学是理论化、系统化的世界观"),大体上也是承袭了上述"习惯的理解"。

以世界观为本质内涵的传统哲学概念,究其源头,是出自亚里士多德关于"第一哲学"的一段论述:

> 它研究"实是之所以为实是",以及"实是由于本性所应有的秉赋"。这与任何所谓专门学术不同。那些专门学术没有一门普遍地研

---

① 〔古希腊〕亚里士多德:《形而上学》,吴寿彭译,商务印书馆1959年版,第56页。
② 参见北京大学哲学系外国哲学史教研室编译:《西方哲学原著选读》上卷,商务印书馆1981年版,第266页。
③ 据笔者的初步考察,近代以来关于哲学的研究对象至少有八种观点。详见周可真:《中国哲学、西方哲学、马克思主义哲学在哲学观上的会通——对当代中国哲学创新的元哲学及方法论思考》,《中国社会科学》(英文版)2009年第3期。
④ 〔德〕文德尔班:《哲学史教程》,商务印书馆1987年版,第11页。
⑤ 〔英〕迈克尔·达米特:《分析哲学的起源》,王路译,上海译文出版社2005年版,第5页。
⑥ 〔德〕文德尔班:《哲学史教程》,商务印书馆1987年版,第1页。
⑦ 〔英〕伯特兰·罗素:《西方哲学史》,何兆武、李约瑟译,商务印书馆1963年版,第11—12页。

究实是之所以为实是。它们把实是切下一段来，研究这一段的质性。例如数学就是这样做。①

这段论述表明，哲学(形而上学)有两个基本特点：(1)研究对象是"实是"整体或整个"实是"；(2)研究内容有两个要点：一是研究"实是"的所以然之故，一是研究"实是"的所当然之理。就其本质而言，这是一门探究客体存在的"所自然之体""所以然之故"和"所当然之理"的学术。对此，笔者曾有论文予以具体阐释，并据此将其哲学归结为"求体""求故""求理"之学，认为它所追求的知识是关于客体存在的属性或现象之外的知识，亦即关于客体存在的现象界背后的本体界的知识，其特点是"整体之知""必然之知"和"当然之知"。②当然，这首先是亚里士多德哲学的特点，但由此也反映出古希腊哲学的本质特征。

二、"究天人之际，通古今之变"的老子哲学

中国传统学术发展到春秋时代，开始关注"天道"与"人道"的关系③，由此逐渐地形成了一门后来被司马迁(约前145—约前90)称为"究天人之际，通古今之变"④的学问。但是长期以来，研究中国传统哲学者往往只是截取司马迁之语前一句"究天人之际"，视之为对中国传统哲学之本质特征的高度概括；而后一句"通古今之变"则往往被解读为系指司马迁本人所从事的那种历史学术——中国传统史学。如此理解和解读固然不能说是错误的，但却是不到位的，存在一定片面性，由此难以认清中国传统哲学与史学之间的本质联系，从而很难把握到在这种联系中这两门中国传统学术各自的真实本性。

---

① 〔古希腊〕亚里士多德：《形而上学》，吴寿彭译，商务印书馆1959年版，第56页。

② 详见周可真：《体古今人性之常 通古今人性之变——论中国哲学史研究的意义和目的》，《湖北大学学报(哲学社会科学版)》2013年第6期。

③ 许抗生先生曾指出："历史上首先明确地提出'天人'(或称'天道'与'人道')这一对哲学范畴的是春秋末年郑国的子产……(子产)说：'天道远，人道迩，非所及也，何以知之？灶焉知天道？'(《左传》昭公十八年)子产不相信裨灶的说法，认为天道离开太远，'非所及也'，怎么能知道有天灾呢？而人道是人自己办的事，当然是最近的，是人自己可以把握的。"(《中国哲学史研究》编辑部编：《中国哲学史主要范畴概念简释》，浙江人民出版社1988年版，第17—18页)

④ 司马迁《报任安书》有"究天人之际，通古今之变，成一家之言"之说。《报任安书》，又名《报任少卿书》，见于班固《汉书·司马迁传》及萧统《昭明文选》卷四十一。

　　仔细推敲"究天人之际"和"通古今之变"这两句话,其中"究"是穷尽研究之意,"通"是通明了知之意。故"究……""通……"之间的逻辑关系在于:必须"究……"才能"通……",或者说只有"究……"才能"通……"。这种逻辑关系蕴含着"究天人之际"与"通古今之变"具有这样一种内在关联:为了"通古今之变",必须"究天人之际",或者说,"究天人之际"是为了"通古今之变"。在这种联系中,"究天人之际"是"通古今之变"的路径与方法,"通古今之变"是"究天人之际"的方向与目的。据此可以认为,"究天人之际,通古今之变"反映了司马迁作为一位史学家具有这样一种史学观念:"通古今之变"的史学必须以"究天人之际"的哲学作为自己的前提和基础。这种史学观念也是一种哲学观念:"究天人之际"的哲学归根到底是为"通古今之变"的史学服务的,是为了"通古今之变",才要"究天人之际"。

　　按照这种哲学观念,"究天人之际"者应当自觉地把自己的活动同"通古今之变"的目的联系起来,以此目的作为自己活动的向导与目标。在这种自觉的学术意识中,"天人之际"被本质地理解为"古今之变"的历史主体关系,于是"究天人之际"就被本质地归结为"通古今天人之变,知古今天人之常"的历史认知过程。因这里的"天人"代表着认知主体所面对的客体世界,所以"究天人之际"作为一种历史认知过程,也就是在把世界理解为一个历史过程的基础上去认识世界,把握世界历史过程的规律。这也就是说,司马迁的哲学观念内在地包含着把世界理解为一个历史过程的辩证世界观。在这种世界观指导下去研究历史,就不单单是历史观范畴的史学研究,同时也是宇宙观范畴的哲学研究,因为在这种世界观中,历史观和宇宙观是完全一致的。

　　司马迁何尝只是一位史学家呢!他首先是而且本质上是一位哲学家,《史记》不过是他作为一个把世界理解为一个历史过程的辩证哲学家的历史研究成果,一个以历史话语形式来表达的哲学文本。明清之际大儒顾炎武(1613—1682)早就发现《史记》不只是一部史书,同时也是表达作者司马迁独特思想的一部论著,顾氏指出:"古人作史,有不待论断而于序事之中即见其指者,惟太史公能之。《平准书》末载卜式语,《王翦传》末载客语,《荆轲传》末载鲁句践语,《晁错传》末载邓公与景帝语,《武安侯田蚡传》末载武帝语,皆史家于序事中寓论断法也。后人知此法者鲜矣,惟班孟坚间一有之,如《霍光传》载任宣与霍禹语,见光多作威福;《黄霸传》载张敞奏,见祥瑞多不以实,通传皆褒,独此寓贬,可谓得太史公之法者矣。"①《史记》之区别于后来的"二十三史"和高于"二十三史"之处,正在于《史记》作者是一位伟大的辩证哲学家,而"二十三史"作为官修正史,其作者几乎全是官方所指定的政客兼学者或学者兼政客,缺乏司马迁那样"究天人之际,通古今之变"的思想水平和理论高度。

司马迁的思想水平和理论高度,从其父亲司马谈(约前165—前110)著《论六家要旨》,便可见其来历传承。和早先的《庄子·天下篇》《韩非子·显学篇》一样,《论六家要旨》是只有集大成式的学术大家和哲学家才能写得出来的学术史论著,其学术眼界和思想品位完全不亚于《天下》和《显学》。司马迁能接任其父亲"太史令"的职位,并最终写出《史记》,不但有其家学传承作为基础,而且有超越其父的学术见识和思想水平作为根据。

司马父子是生活在道家思想盛行时代,其先后出任"太史令"(史官),与"盖出于史官"②的道家有特殊的学术渊源关系。从《论六家要旨》可以明显看出,司马谈对"阴阳、儒、墨、名、法、道德"六家各有评论,而独对道家评价最高。《史记·老庄申韩列传》最后引"太史公"之言,以"老子深远矣"③作结,表明了司马迁对道家老子亦是推崇备至。以其思想实质来说,"究天人之际,通古今之变"这番言论,与其说是司马迁的原创之说,毋宁说是他祖述周代"守藏史"(史官)老子之意,如此似更贴切。

从《道德经》可以看出,与不重视也很少谈论"性与天道"的孔子不同,老子对于"天道""人道"及"古""今"关系有非常自觉的关注与讨论,而且其讨论异常深入并有一定系统,堪称中国学术史上深入系统地"究天人之际,通古今之变"的第一人,因而也可被视为中国传统哲学的奠基人和创立者。

作为史官或史官出身的哲学家老子,固然未必有如司马迁那样自觉而清晰的"究天人之际,通古今之变"的学术意识,但是下文所引述的"老学纲领"(老子学术理论的纲领)表明,其"究天人之际,通古今之变"是基于这样一种历史观:回溯和考察历史,不该目光短浅地只是关注人类自身"自古及今"的历史,

---

① 〔明〕顾炎武:《日知录》卷二十六《史记于序事中寓论断》。
② 《汉书》卷三十《艺文志》:"道家者流,盖出于史官,历记成败存亡祸福古今之道,然后知秉要执本,清虚以自守,卑弱以自持,此君人南面之术也。"
③ 〔汉〕司马迁:《史记·韩非列传》。

而是应当放眼包括天地人在内的整个自然界,将时间眼光延展至"古始"①,考察自"古始"以来的宇宙演化史。这是一种将整个自然界纳入历史视野的大历史观——宇宙史观,老子是在这样的大历史观指导下来探究起于"古始"的宇宙演化历史。

这里暂且撇开老子关于宇宙演化史的具体思想内容,只考察下述"老学纲领"所反映出来的其探究宇宙演化史的思维方式。

> 天下有始,以为天下母。既得其母,以知其子;既知其子,复守其母。②
> 执古之道,以御今之有。能知古始,是谓道纪。③

老子对宇宙演化史的探究,是基于"天下有始,以为天下母"的逻辑推论:假定宇宙("天下")在时间上有一个开端的话,那么,"古之道"(古始宇宙)就可以说是"天下母"(派生天地万物的总根源)了。老子探究宇宙演化史的目的就是为了"知古始",即弄清楚"天下母"的本性是如何,以便向"御今之有"的治国理民者提供关于"古之道"的知识,使他们也能"知古始",从而掌握"执古之道,以御今之有"的"道纪"(运用"古之道"来治理"今之有"的治国纲领)。本于这一学术宗旨,老子提出了以"母""子"为基本概念的历史知行论。

在老子宇宙论中,"母""子"概念既表示从前者推导出后者的演绎逻辑关系,又表示从"道"演化出天地万物的宇宙历史关系,这两种意义的叠合,使这对概念获得了一种特殊身份,成为既属于演绎逻辑范畴又属于宇宙历史范畴的复合概念。这意味着老子的演绎逻辑是一种宇宙历史逻辑,他的历史逻辑是一种宇宙演绎逻辑。老子的历史知行论正是遵循了这种逻辑:其历史认识论是遵循"既得其母,以知其子;既知其子,复守其母"的演绎性认知逻辑——由"得母"(知道)演绎出"知子"(知天下),再由"守母"(行道)来验证"知子"(知天下),以证明是否真"得母"(知道);其历史实践论则是遵循"执古之道,以御今之有"的演绎行为逻辑——由"执古之道"的认识(得道之知)演绎出"御今之有"的

---

① "古始"是指往昔之时的起点,也就是时间原点。
② 《老子·五十二章》。
③ 《老子·十四章》。

实践(守道之行)。[①]

由老子的宇宙论假设及其推论和他的历史认识论所遵循的演绎认知逻辑，可以看出，老子哲学与古希腊亚里士多德哲学是互有同异的"求体""求故""求理"之学。下文将通过相关内容的比较研究来揭明其同异之大端。

三、老、亚哲学本体论之同异辨

(一)老子之"道"与亚里士多德之"极因"都属于终极实在(第一性的真实存在)

在《形而上学》中，亚里士多德曾这样描述哲学所应追求的"真理"：

> 哲学被称为真理的知识自属确当。因为理论知识的目的在于真理……。现在我们论一真理必问其故，……这样，凡能使其它事物产生真实后果者，其自身必最为真实。永恒事物的原理常最真实原理(它们不仅是有时真实)，它们无所赖于别的事物以成其实是，反之，它们却是别一事物所由成为实是的原因。……世上必有第一原理，……如果间体的系列是无尽的或各类是无尽的，一直下去到任何一个间体为止仍还都是间体；如果没有那个"第一"这就没有本因。……同时，第一原因既是永恒的，就不该被毁灭；因为创变过程向上行时不是无尽的(必然得有一个最初原因)，后继的事物须由这第一原因的毁灭而次第生成，那么这第一原因将不是永恒的。又，极因是一个"终点"，这终点不为其它什么事物，而其它一切事物却就是为了这个目的；有了这末项，过程就不至于无尽地进行；要是没有这末项，这将没有极因，……[②]

这就是说，哲学应该是一门追求真理的学问，而真理之所以为真理，是因为它是最真实的东西，而最真实的东西不依赖于任何别的事物，别的事物却都是由于它的真实存在才成为真实存在的，而世界上必有一个使其他一切事物成为

① 周可真：《论老子的时间哲学》，《江苏社会科学》2019年第5期。
② 〔古希腊〕亚里士多德：《形而上学》，吴寿彭译，商务印书馆1959年版，第33—35页。

真实存在的极因(第一原因),这个极因是永不毁灭的恒常实在,是第一性的至真实在。

老子所讲的"道"("古之道")与亚里士多德所讲的"极因"明显具有一致性,即它亦属于终极实在,因为在"天下有始,以为天下母"的宇宙论假设下,其"道"被明确设定为"先天地生"而"可以为天下母"[①]者,进而谓"道生一,一生二,二生三,三生万物"[②],并指出"道之为物,惟恍惟惚。惚兮恍兮,其中有象;恍兮惚兮,其中有物。窈兮冥兮,其中有精,其精甚真,其中有信"[③]——这里"其中有信"之"信"与"其精甚真"的"真"字义相近:"真"是真实之意,"信"是信实之意,即"真"与"信"之共有意义为"实",但"真"之为"实"是指自然形成的事实而非人为造成的事实,"信"之为"实"则是指可以得到验证的事实,亦即可以重复出现在人的经验之中而为人的感觉所感知的事实。王弼(226—249)将"其中有信"的"信"字释义为"信验"[④],这正是从可以得到经验的验证方面来理解"信"的含义,应该说是大致符合老子所谓"其中有信"之"信"的原意的,因老子这话是对"道"的描述之辞,意思是说:尽管"道"没有形象也没有声音,不能被人的感觉所感知,但是"道"的真实性是可以得到经验验证的。在老子看来,由"道"所派生出来的天地万物都是凭人的感觉就能感知到的,它们作为可以被人的感觉所感知的经验事实正可以用来验证"道"的真实性,换言之,由天地万物及其运动、变化所构成的整个感性世界都是"道"的真实存在的体现和证明。

(二)老子的"求体(道)"方法与亚里士多德的本体论思维方法不同

培根(Francis Bacon,1561—1626)在《新工具》中曾评论说,亚里士多德"把一切事物都诉诸艰苦的思维,诉诸心灵的不断动作和运用"[⑤]。不仅如此,亚里士多德对于被他实际运用于哲学的推理方法曾进行过深入系统的反思性研究,由此创立了被后世称为"logic"的学问——逻辑学。但是,亚氏在对推理形

---

① 《老子·二十五章》。
② 《老子·四十二章》。
③ 《老子·二十一章》。
④ 〔魏〕王弼:《老子注·二十一章》:"信,信验也。"
⑤ 〔英〕培根:《新工具·序言》,许宝骙译,商务印书馆 1997 年版,第 2 页。

式进行研究时所关注的是前提和结论之间的必然性联系，正是根据其必然性推理的要求，他设计了演绎推理的三段论模式，这也是亚氏逻辑学的主要贡献。不过，这并不意味着亚氏不关心与演绎相联系的归纳，事实上他对于归纳及其与演绎的关系都有所关注和研究。他指出："一切的确信，都是通过三段论或归纳获得的。"① "证明从普遍出发，归纳从特殊开始，但除非通过归纳，否则要认识普遍是不可能的。"② "我们必须通过归纳获得最初前提的知识，因为这也是我们通过感官知觉获得普遍概念的方法。"③ 这表明亚氏已清楚地认识到了三段论演绎推理的大前提是来源于归纳推理，所以他称三段论为"归纳形成的三段"④。亚氏用于把握宇宙本体的思维方法是归纳法，但这不同于培根在《新工具》中所提出的那种由"观察和实验—列'三表'—归纳"三个环节所构成的实证归纳法，而是用于理论证明的一种方法，他说："归纳推理对于我们则更具有说服力。"⑤ 换言之，他所用的归纳法是一种说理方法，他说："它们（知识）也可以由归纳来证明，这就是思维由感官知觉或对个体事物的知觉，上升到总的概念或关于一般的知识的过程。"⑥ 亚氏正是运用这种说理性归纳法来把握宇宙本体，其特点是"从感官和特殊的东西飞越到最普遍的原理"⑦，即"对于经验和特殊的东西只是瞥眼而过"，"开始时一下子就建立起某些抽象的、无用的、普遍的东西"⑧，而且这些原理一经建立起来，"其真理性即被视为已定而不可动摇，而由这些原则进而去判断，进而去发现一些中级的公理"⑨。

　　"老学纲领"表明，老子也有一定的逻辑思想，其区别于亚氏逻辑思想之处，突出地表现在：在老子看来，由"得母"（知道）演绎得来的"知子"（知天下）尚

---

① 见〔古希腊〕亚里士多德：《工具论·分析前篇》，转引自李廉：《亚里士多德的归纳逻辑》，《学海》1996 年第 3 期。
② 〔英〕罗素：《我的哲学的发展》，温锡增译，商务印书馆 1982 年版，第 184 页。
③ 〔美〕梯利著、伍德增补：《西方哲学史》，葛力译，商务印书馆 1995 年版，第 84 页。
④ 见〔古希腊〕亚里士多德：《工具论·分析前篇》，转引自李廉：《亚里士多德的归纳逻辑》，《学海》1996 年第 3 期。
⑤ 均见〔古希腊〕亚里士多德：《工具论·分析前篇》，转引自李廉：《亚里士多德的归纳逻辑》，《学海》1996 年第 3 期。
⑥ 〔美〕梯利著、伍德增补：《西方哲学史》，葛力译，商务印书馆 1995 年版，第 84 页。
⑦ 〔英〕培根：《新工具》，许宝骙译，商务印书馆 1997 年版，第 12 页。
⑧ 同上，第 12—13 页。
⑨ 同上，第 12 页。

须接受经验证明，即由"守母"（行道）来验证"知子"（知天下），以证明是否真"得母"（知道）。而亚里士多德只是关心演绎推理程序是否正确，并因之致力于研究程序正确的演绎推理规则，认为只要按这些规则来进行推理，那么，只要大前提真确，其结论就必然真确，至于怎样验证大前提及其结论的真确性，则不是亚氏所在意的问题。

另一方面，"老学纲领"还表明，与亚氏运用说理性归纳法来把握宇宙本体不同，老子是运用类推方法来把握宇宙本体的。所谓"天下有始，以为天下母"，即是老子运用类比方法所进行的逻辑推论，这个推论包含着一个隐喻：将宇宙（"天下"）比喻成一位女性，并根据女性从少女（"始"）到妇人（"母"）的一般成长经历，来推断这位女性的成长经历应该也是由少女长成为妇人的。[①] 这隐喻是基于老子对现实社会生活中女性由少女长成为妇人的一般成长经历的经验观察所得到的知识，老子是用类比方法将这一经验知识运用到宇宙论领域，由此做出"天下有始，以为天下母"的逻辑推论，如此一下子便"飞越"到了"道"（又称"古之道""常道"，约略相当于亚里士多德所谓"极因"、培根所谓"最普遍的原理"），提出了"无名天地之始，有名万物之母"[②]的宇宙演化论命题。在该命题中，老子以"始""母"来标识宇宙演化所经历的两个基本阶段："始"的阶段——"有物混成，先天地生，寂兮寥兮，独立不改，周行而不殆，可以为天下母。吾不知其名，字之曰道，强为之名曰大"[③]；"母"的阶段——"道"由"吾不知其名"的原始混沌体演化成了"可道""可名"[④]的天地万物。这里有必要强调指出：在老子宇宙论中，"始""母"与"母""子"是两组不同概念，"始""母"是表示自然界在演化过程中先后呈现的两种存在形态（"始"表示混沌未分的"无名"性存在，即"道"；"母"表示已然分化了的"有名"性存在，即天地万物），因其如此，"始""母"还表示"道"与天地万物在自然界演化过程中的时间次序关系（"始"表示"道"之"先天地生"；"母"表示天地万物后于"道"而出于"玄牝之门"[⑤]），其中后一意义是蕴含于前一意义之中的。

---

① 详见拙文：《论老子的时间哲学》，《江苏社会科学》2019 年第 5 期。

② 《老子·一章》。"无名天地之始"，帛书甲、乙本皆作"无名，万物之始也"（参见许抗生：《帛书老子注译与研究》，浙江人民出版社 1985 年同上，第 74 页）。

③ 《老子·二十五章》。

④ 《老子·一章》："道可道，非常道；名可名，非常名。"

⑤ 《老子·一章》。这里老子将"道"比喻为生出天地万物的宇宙阴门，犹如女性产子生崽的牝门。

（三）老子对宇宙本体（终极实在）的看法不同于亚里士多德

亚里士多德将广义哲学（理论学术）的研究主题归结为"本体"，并具体分析了"本体"的三种意义和相应地区分了"本体"的三个类别，其中两类属于"可感觉本体"（或称"自然实物本体"①，包括"永恒"者和"可灭坏"者），它们构成"物学主题"②；第三类为"不动变本体"③，因其"创作第一级单纯永恒运动，而自己绝不运动，也不附带地运动"，故又称"第一原理"或"基本实是"④，这类本体构成"第一哲学"的研究主题⑤。

老子则不同于亚里士多德将"第一哲学"所研究的本体（终极实在）归结为"不动变本体"——"不动的推动者"（unmoved mover），而是认为"道"既然"先天地生"，为"天地之始"，它就是"独立而不改"，即空间上独一无二，其"周行而不殆"完全是由于其自身缘故，没有任何外力驱使，永远都是它自己推动着自己周流不息地运行。依老子之见，"可以为天下母"的东西应当且必须是"莫之命而常自然"⑥（无需外力驱使而永远自我决定自身的存在状态）的。所谓"人法地，地法天，天法道，道法自然"，正是指"道"是宇宙间唯一能够自我决定自身存在状态的终极力量，所以也唯有"道"不受外在法则支配，完全是按自己的法则自由地运行，也就是说，"道"不仅"常自然"（意味着绝对自主），而且"法自然"（意味着绝对自由）；而天、地、人皆无绝对自主自由性，当且仅当"人法地，地法天，天法道"（天、地、人都按道的法则来运行）时，天、地、人才能获得自主自由。（人一旦自主自由，便成为"域中"与天、地、道并称"四大"的"王"了。）换言之，"道"是"域中四大"中天、地、人自主自由的终极来源。"道"的这种绝对自主自由地位，是由它作为"天地之始"的宇宙本体地位所决定；其本体（"天地之始"）与其绝对自主自由（"常自然""法自然"）是本质上同一的，如果说"天下有始"的话，那么"天地之始"必然是"常自然"的，而"常自然"者必然是"法自然"的。老子把作为"天地之始"的"道"理解和归结为"常自然""法自然"的绝对自主

---

① 参见〔古希腊〕亚里士多德：《形而上学》，吴寿彭译，商务印书馆1959年版，第244页。
② 参见同上，第237—238页。
③ 参见同上，第237页。
④ 参见同上，第249页。
⑤ 参见同上，第120页。
⑥ 《老子·五十一章》。

自由者,这就决定了他不是像亚里士多德那样认为终极存在(宇宙本体)自己不动而推动其他存在运动甚至也不附带地随其他存在运动而运动,而是肯定"道"为宇宙间一切运动变化的主体,其自己推动自己运动,不但"古始"是如此,而且永远是如此。

（四）老子也像亚里士多德一样追求关于原理与原因的智慧,然其因果观念不同于亚氏

古希腊"哲学"一词的本义为"爱智慧",亚里士多德曾如此解释什么是智慧:"智慧就是有关某些原理与原因的知识。"① 并解释为什么要追求智慧:"明白了原理与原因,其它一切由此可得明白,若凭次级学术,这就不会搞明白的。"② 又说:"凡能得知每一事物所必至的终极者,这些学术必然优于那些次级学术;这终极目的,个别而论就是事物的'本善',一般而论就是全宇宙的'至善'。上述各项均当归于同一学术;这必是一门研究原理与原因的学术;所谓'善'亦即'终极',本为诸因之一。就从早期哲学家的历史来看,也可以明白,这类学术不是一门制造学术。"③ 这是把从古希腊哲学诞生之初到亚氏为止的一切哲学的共同特性概括为"一门研究原理与原因的学术"。按照这个广义的哲学概念,哲学有两个分支:一是"早期哲学"(古希腊哲学诞生之初的自然哲学),探求个别事物的特殊原理和特殊原因;一是亚氏自己致力于创建的形而上学,探求全宇宙的至理极因。

老子虽没有如亚里士多德这般有条理的系统论述,但也不乏自觉追求智慧的学术意识,这尤其突出地表现在其区分了"为道"与"为学"两个不同的知识部门:"为学"是以"日益"(不断积累经验知识)方式来进行,这是推崇"以智治国"④ 者所追求的学问;"为道"是以"日损,损之又损,以至于无为"⑤ (不断排除已有经验知识对心灵的干扰,以至于达到内心虚静)方式来进行,这是信奉"以

---

① 〔古希腊〕亚里士多德:《形而上学》,吴寿彭译,商务印书馆1959年版,第5页。
② 同上,第4—5页。
③ 同上,第4—5页。
④ 《老子·六十五章》:"民之难治,以其智多。故以智治国,国之贼;不以智治国,国之福。"
⑤ 《老子·四十八章》:"为学日益,为道日损,损之又损,以至于无为。"

道治国"（"执古之道，以御今之有"）者所追求的学问。老子主张"绝学"[①]，从事"为道"，以求"能知古始"。从其宇宙论中"母""子"概念被用于指称"道"演化出天地万物的宇宙历史关系这层意思来看，老子追求"知古始"的"为道"意识与亚里士多德自觉探求至理极因的形而上学意识有明显一致性。在老子"为道"之学中，"知古始"的意义在于探索天地万物的由来，弄清万事万物的所以之故和当然之理。所谓"既得其母，以知其子"即可理解为：只要把握了"道"（"母"），关于天、地、人（"子"）的原理和原因就都明白了。这差不多就是亚氏所说"明白了原理与原因，其它一切由此可得明白，若凭次级学术，这就不会搞明白的"的意思。

不过，从亚氏"四因"说来看，他所谓"不动变本体"应可理解为就是集动力因、目的因和形式因三者于一体的纯形式，显然，这样的终极存在与其他存在的关系只是逻辑上而非时间上的先后关系；老子之"道"与天地万物的关系，则既是时间上、同时也是逻辑上的先后关系，而且首先是时间上"道"在天地万物之前（"先天地生"），从而才是逻辑上"道"先于天地万物。相较之下，亚氏本体论哲学中的逻辑观念是排除时间因素的纯逻辑（形式逻辑）观念，相应地，其因果观念是形式逻辑因果观念，其因果联系是形式逻辑中充足理由与结论之间的演绎推理性因果联系；老子本体论哲学中的逻辑观念则是时间次序决定逻辑次序的历史逻辑观念，相应地，其因果观念是历史性因果观念，其因果联系是历史上时间足够在先以至于先至"古始"（时间原点）者与后来者之间的历史性（古今性）因果联系。

（五）老子对"为道"之学（哲学）的意义与作用的定位不同于亚里士多德对形而上学的意义与作用的定位

亚里士多德曾这样称述古希腊哲学家的学术活动：

> 古往今来人们开始哲理探索，都应起于对自然万物的惊异；他们先是惊异于种种迷惑的现象，……一个有所迷惑与惊异的人，每自愧愚蠢；他们探索哲理只是想脱出愚蠢，显然，他们为求知而从事学术，

[①]《老子·二十章》："绝学无忧。"楚简乙本作："绝学亡忧。"

并无任何实用的目的。①

亚里士多德认为,哲学应该是一门追求真理的理论学术,而不应是出于功利目的的实用之学。他指出:

> 哲学被称为真理的知识自属确当。因为理论知识的目的在于真理,实用知识的目的则在于功用。从事实用之学的人,总只在当前的问题以及与之相关的事物上寻思,务以致其实用,于事物的究竟他们不予置意。②

亚里士多德对他自己的哲学(形而上学)则做了如是定位:

> 不为任何其它利益而找寻智慧;只因人本自由,为自己的生存而生存,不为别人的生存而生存,所以我们认取哲学为唯一的自由学术而深加探索,这正是为学术自身而成立的唯一学术。③

老子则不然,"老学纲领"表明,"为道"之学之所以追求"知古始",是为了让人间统治者"执古之道,以御今之有",这与顾炎武"引古筹今,亦吾儒经世之用"④的史学思想是一致的,都是属于经世致用的实学观念。

通观《道德经》全书,其五千言实是作者向"侯王"所献之言,其核心观点是认为"道常无为而无不为。侯王若能守之,万物将自化"⑤。这里"常无为"是就"道"之功用而言。"道"的功用包括"生之"(化生万物)、"畜之"(养育万物)两个方面,它们被统称为"玄德",是因"道"的"生之""畜之"是在"常自然""法自然"(绝对自主自由)状态下进行的,所以表现为"生而不有,为而不恃,长而不

① 〔古希腊〕亚里士多德:《形而上学》,吴寿彭译,商务印书馆1959年版,第5页。
② 〔古希腊〕亚里士多德:《形而上学》,吴寿彭译,商务印书馆1959年版,第33页。
③ 同上,第5页。
④ 《亭林文集》卷四《与人书八》。
⑤ 《老子·三十七章》。

宰"①（生育万物而不据为己有，施恩泽于万物而不求其回报，滋养万物而不加宰制以自利）。故"常无为"的意义在于："无为"不是不为，而是有所为又有所不为。有所为者，"生""为""长"是也；有所不为，"不有""不恃""不宰"是也。"常"是表示永远是如此有所为、有所不为。所谓"道常无为而无不为"②，从其语境来看，"常无为"是指"道"之语，意谓"道"永远是"生而不有，为而不恃，长而不宰"；"无不为"是指"物"之语，意谓万物生长固然是蒙受"道"的"玄德"恩泽之故，但由于"道"对万物永远不施加任何强制性作用力，遂使万物得以在不受外强制作用力的情况下自主自由生长，也就是说，"无不为"应被理解为"无不自为"，意指万物在"道常无为"环境中自主自由生长。这意味着"道常无为"是万物自主自由的充要条件，也是万物自主自由生长的第一原理和终极原因。按照这一宇宙史逻辑，万物（包括天地人）原本都是自主自由的，自主自由是万物的本性，这种本性的获得是由于"道常无为"之故，换言之，是由于"道"在"常自然""法自然"地"生之"（化生万物）、"畜之"（养育万物）的自我演化过程中，以"常无为"之"玄德"赋予了天地万物，使天地万物获得了和"道"一样的德性，才使万物能像"道"一样自主自由。

然而，老子的宇宙史逻辑还有另一面相，即"道生一，一生二，二生三，三生万物"的宇宙演化还伴随着另一过程，那便是"失道而后德，失德而后仁，失仁而后义，失义而后礼"③的道德退化过程，当这一过程退化到"礼"时，宇宙历史终于迎来了"忠信之薄"而自然秩序大乱的时代——"夫礼者，忠信之薄而乱之首"④。正是在这种情况下，老子将重建自然秩序的希望寄托于"能知古始"的统治者，

---

① 《老子·十章》："生之畜之，生而不有，为而不恃，长而不宰，是谓玄德。"又《五十一章》："道生之，德畜之：长之、育之、亭之、毒之、养之、覆之。生而不有，为而不恃，长而不宰，是谓玄德。"可见，"玄德"不等于"德"，"德"仅有"畜之"之意，"玄德"则兼有"生之畜之"之意。据此可以认为，《老子》之"德"有广义与狭义两种：广义的"德"即"玄德"，涵盖"道生之，德畜之"两种意义；狭义的"德"即"德畜之"之"德"，仅含"畜之"之义。进而可以认为，《老子》之"道"也有两种意义：其一，"古之道"（指"古始"之"道"），是标识天地之始（宇宙本体）的概念，它兼有"生之畜之"两种功用；其二，"道生之"之"道"，属于"玄德"范畴，是标识"古之道"的"生之"功用的概念。所谓"万物莫不尊道而贵德"（《老子·五十一章》），从其语境来看，这里"道""德"是指"道生之"之"道"和"德畜之"之"德"，显然属于"玄德"范畴。
② 《老子·三十七章》。
③ 《老子·三十八章》。
④ 同上。

这才有"……侯王若能守之,万物将自化"之说,意谓现实世界的统治者倘能"执古之道,以御今之有",天下万物就能回归其自主自由的"自然"本性,人间百姓就能重新过上自主自由的生活,易言之,欲使天下百姓恢复自主自由,统治者就应当且必须如"道"那样"常无为"。在这个意义上,"常无为"是"御今之有"(统御万物、治理万物)的所当然之理,即治国理民的行为准则。

通过对老、亚哲学本体论的上述比较,可以看出,老、亚之学的同异之处主要在于它们同属于"求体""求故""求理"之学,然老、亚思维方式不同:亚氏是形式逻辑思维,由此构建的形而上学是立基于推理性因果观念和只求智慧不求实用的理论学术观念的思辨哲学;老子是历史逻辑思维,由此构建的"为道"之学是立基于历史性因果观念和追求经世致用的实用学术观念的历史哲学。

附 录

"道家"名义考①

【提要】历史上"道家"之名义颇不确定,很难加以严格界定。本文将"道家"理解为先秦老庄学派和汉时黄老学者及道教的统称,进而将道家划分为先秦道家、汉代道家和宗教道家三种历史形态。

"道家"之名,现常被用来指称先秦诸子百家中由老子开创的一派。然而,先秦典籍中尚无"道家"之名。其名初见于司马谈《论六家要旨》,是作为"道德家"的省称出现的:

> 《易大传》:"天下一致而百虑,同归而殊途。"夫阴阳、儒、墨、名、法、道德,此务为治者也,直所从言之异路,有省不省耳。②
>
> 道家使人精神专一,动合无形,赡足万物。其为术也,因阴阳之大顺,采儒、墨之善,撮名、法之要,与时迁移,应物变化,立俗施事,无所不宜,指约而易操,事少而功多。③

但是,正如任继愈(1916—2009)先生曾经指出的,这里的"道家"其实很难

---

① 本文原载拙著《顾炎武与中国文化》(黄山书社 2009 年版),因与本书内容关系密切,故附录于此。
② 〔汉〕司马迁:《史记(全十册)》,中华书局 1982 年版,第 3288—3289 页。
③ 同上,第 3289 页。

说是指先秦诸子的一个派别①，因为："如果他（引者按：指司马谈）所谓道家指的是老子，老子在儒墨之前，司马谈当然知道，阴阳家如邹衍、名家如公孙龙、法家如韩非更在战国后期。老子早已死去多年，如何能死而复生，'采儒墨之善，撮名法之要'呢？如果他所谓道家指的是庄子，庄子'剽剥儒墨'（见《史记·庄子列传》），对儒墨抱着敌视的态度，对辩论（名家所注重的）也采取反对的态度，如《齐物论》就是反对辩论的，对严刑峻法（法家）君臣之序一向反对，又怎能说他能'采儒墨之善，撮名法之要'呢？如果说有所谓既不包括老子，又不包括庄子的道家，那就是另有所指，那末就更奇怪了。把老庄思想除外，还有什么'道家'？"②任先生认为，司马谈所讲的"道家"是指汉初的道家。"司马谈是汉初的道家，他认为道家采取了儒、墨、阴阳、名、法众家之长，这也反映了汉初黄老之学占统治地位的思想情况。"③任先生的这个观点是合理可取的，司马谈所谓"道家"应该是指汉初的道家。

从《史记》卷一百七《魏其武安侯列传》"……（窦）太后好黄老之言，而魏其、武安、赵绾、王臧等务隆推儒术，贬道家言，是以窦太后滋不说魏其等"的记述来看，汉初的道家是以"好黄老之言"为基本特征的，其学实为黄老之学。然而，既然汉初的道家是祖述"黄老之言"的，那么黄帝、老子无疑就是其鼻祖了。只是黄帝是个传说中的人物，而老子是确有其人的，故汉初道家的真正鼻祖是老子。

然则，按其固有的含义，"道家"之名实可以作狭义和广义两种理解：狭义的

---

① 顾颉刚先生曾就先秦有无道家的问题发表评论说："'道家'这个名词，我们从汉人的书里看得惯了，以为是先于儒家而存在的，在战国时是儒墨道三家鼎足而立的。其实，这完全是错觉。春秋时何尝有道家！战国时何尝有旗帜分明的鼎峙的三家！《庄子天下篇》只说'百家之学'，只说'天下之治方术者'。《荀子非十二子篇》只说'饰邪说，文奸言'的'六说'和'十二子'。《吕氏春秋不二篇》只举十个'天下之豪士'。若言其成派的，则吕书《当染篇》云：'此二士（孔子、墨子）者，无爵位以显人，无赏禄以利人。举天下之显荣者，必称此二士也。皆死久矣，从属弥众，弟子弥丰，充满天下。王公大人从而显之，有爱子弟者随而学之，无时之绝。'……它为什么不加进老子而为三士……韩非已是战国末年的人了，但他举出'世之显学'还只有儒墨二家，再有一个道家到哪里去了？如果庄、列、关尹们都是老子学派之下的小组，其势力也甚大了，为什么还不得列于'显学'呢？即此可知先秦学派只有儒墨是最盛大的学派，此外是许多小派，而老聃、庄、列、关尹们便是这些小派的宗主，他们并没有统属的关系。"（顾颉刚：《从〈吕氏春秋〉推测〈老子〉之成书年代》，载《古史辨》第四册，罗根泽编著，上海古籍出版社1982年版，第489—490页）

② 任继愈：《中国哲学史论》，上海人民出版社1981年版，第431—435页。

③ 同上，第431—435页。

"道家"是指汉初信奉和阐扬"黄老之言"的一个学派——是为"道家"之本义；广义的"道家"是指先秦诸子中老子一派，以及汉初祖述"黄老之言"而"采儒、墨之善，撮名、法之要"的学派——是为"道家"之引申义。

西汉"道家"所好的"黄老之术"原是与政治紧密联系在一起的，是属于"治道"范畴。《史记》卷五十四《曹相国世家》曰："（曹）参之相齐，……闻胶西有盖公，善治黄老言，使人厚币请之。既见盖公，盖公为言治道贵清净而民自定，推此类具言之。参于是避正堂，舍盖公焉。其治要用黄老术，故相齐九年，齐国安集，大称贤相。"卷十二《孝武本纪》曰："……窦太后治黄老言，不好儒术。"卷一百二十一《儒林列传》："乃至孝景，不任儒者，而窦太后又好黄老之术，故诸博士具官待问，未有进者。"卷四十九《外戚世家》："窦太后好黄帝、老子言，帝及太子诸窦不得不读《黄帝》《老子》，尊其术。"

汉武帝时，"道家"所推崇的"黄老之术"仍与政治有密切关系。《汉书》卷五十《张冯汲郑传》云："（汲）黯学黄老言，治官民，好清静……治务在无为而已，引大体，不拘文法。"又卷三十《艺文志》称："道家者流，盖出于史官，历记成败存亡祸福古今之道，然后知秉要执本，清虚以自守，卑弱以自持，此君人南面之术也。合于尧之克攘，《易》之嗛嗛，一谦而四益，此其所长也。及放者为之，则欲绝去礼学，兼弃仁义，曰独任清虚可以为治。"

但是，随着汉武帝信神仙之说而"遣方士入海求蓬莱安期生之属……"[①]，"道家"思想也开始发生变化。《汉书》卷六十七《杨胡朱梅云传》："杨王孙者，孝武时人也。学黄老之术，家业千金，厚自奉养生，亡所不致。"这里"黄老之术"已与"养生"联系在一起了。与这种变化相应的是，到班彪（3—54）生活的两汉之际，"道家"已不只是治《黄帝》《道德经》，也开始兼治《庄子》了。《汉书》卷一百上《叙传》："（班）彪字叔皮，幼与兄嗣共游学……嗣虽修儒学，然贵老严（庄）之术。""老严（庄）之术"与"黄老之术"是有所区别的，如果说"黄老之术"本是一种"独任清虚"的"君人南面之术"的话，那么"老严（庄）之术"就不只是关乎"治天下"，也关乎"治身"了，因为按照《庄子》的观点，"道之真以治身，其绪余以为国家，其土苴以治天下。由此观之，帝王之功，圣人之余

---

① 〔汉〕司马迁：《史记》卷十二《孝武本纪》。

事也,非所以完身养生也"①,故若就《庄子》而言,其道显然是不宜被归于"君人南面之术"的,倒是可以也应当被理解为一种"完身养生之术"。对"完身养生之术"的重视,是当时"道家"思想发展的一个新动向,它表明其时"道家"的兴趣开始从"治天下"转向"治身",由谋求"帝王之功"转向从事于"完身养生之道"了。

随着"(王)莽篡位二年,兴神仙事"②,"黄老之术"遂与"神仙方术"合流而形成所谓"黄帝谷仙之术"③。《后汉书》卷八十三《矫慎传》所述"(矫)少好黄老,隐遁山谷,因穴为室,仰慕松、乔导引之术"的情形,正是当时人修行"黄帝谷仙之术"的一种具体形式。东汉以后,这种合"黄老之术"与"神仙方术"而为一的东西被通称为"黄老道"。《后汉书》卷七十六《王涣传》:"延熹中,桓帝事黄老道,悉毁诸房祀。"卷七十一《皇甫嵩传》:"张角自称'大贤良师',奉事黄老道。"至此,"道家"之名乃演变成道教的代名词了。《后汉书》卷二十三《窦融传》:"是时学者称东观为老氏臧室,道家蓬莱山。"这里所谓的"道家"显然是指道教而言。《魏书》卷一百一十四《释老志》:"道家之原,出于老子。"《旧唐书》卷十四《本纪第十四》:"神仙之说,出于道家,所宗《老子》五千文为本。"这两处所提到的"道家"也都是指的道教。

但是,到了北朝时,有人反对将道家和道教混为一谈,认为:"老、庄之书,大指欲同死生,轻去就。而为神仙者,服饵修炼以求轻举,炼草石为金银,其为术正相戾矣;是以刘歆《七略》叙道家为诸子,神仙为方技。其后复有符水、禁咒之术,至谦之遂合而为一;至今循之,其讹甚矣!"④这是主张将"道家"界定为先秦老庄学派。与之相反,唐宪宗时大臣李藩则提出:"神仙之说,出于道家,所宗《老子》五千文为本。《老子》指归,与经无异。后代好怪之流,假托老子神仙之说。故秦始皇遣方士载男女入海求仙,汉武帝嫁女与方士求不死药,二主受惑,卒无所得。……"⑤此乃认为神仙之说本与《道德经》无关,是后代"好怪之流"即"道家"硬把它们联系起来的,故曰"神仙之说,出于道家"。显然,这也就是把"道

① 《庄子·让王》。
② 《汉书》卷二十五下《郊祀志》。
③ 同上。
④ 《资治通鉴》卷一百一十九《宋纪一》。
⑤ 《旧唐书》卷十四《本纪第十四》。

家"界定为宣扬神仙之说者,而否定老子为其宗师。

　　综上所述,在历史上"道家"之名义是颇不确定的,很难给予其严格的界定。有鉴于此,笔者主张把"道家"之名广义地理解为是对先秦老庄学派和汉时黄老学者及道教的统称。由此可以把道家划分为先秦道家、汉代道家和宗教道家三种历史形态。

先秦道家(老聃学派)代表人物考①

【提要】先秦道家的代表人物,除老聃、庄周以外,主要有关尹、庚桑楚、文子、柏矩(他们都是老聃门人)、田子方、詹何、彭蒙、田骈、接子、环渊等。

所谓先秦道家,合而言之,是指老庄学派;分而言之,是指老聃学派和庄周学派。若依嵇康(224—263 或 223—262)《圣贤高士传赞》"庄周少学老子"②之说,庄子是老聃后学,理应属于老聃学派。从这意义上说,先秦道家就是老聃学派,二者具有同等意义。

老聃、关尹、列子

据《庄子·天下》所述"以本为精,以物为粗,以有积为不足,澹然独与神明居,古之道术有在于是者。关尹、老聃闻其风而悦之。建之以常无有,主之以太一,以濡弱谦下为表,以空虚不毁万物为实"③,关尹和老聃无疑属于同一学派。

关于关尹其人,郭沫若认为他其实就是环渊。郭氏称:"《老子》上下篇乃环渊所录老子之遗训,唯文经润色,多有失真之处……环渊即关尹、它嚣,因音变与字误而成为数人……环渊生于楚而游于齐,大率与孟子同时,盖老聃之再传或三传弟子。"④

然而,从上引《庄子》之文来看,似乎关尹是与老聃同时代的人,而《汉书·艺文志》的作者班固(32—92)对《关尹子》的注释更明言关尹"名喜,为关吏,

---

① 本文原载拙著《顾炎武与中国文化》(黄山书社 2009 年版),因与本书内容关系密切,故附录于此。
② 〔魏〕嵇康:《圣贤高士传赞》,载《魏晋全书》第二册,韩平格主编,吉林文史出版社 2006 年版,第413 页。
③ 《庄子·天下》。
④ 郭沫若:《老聃、关尹、环渊》,载《古史辨》第六册,罗根泽编著,上海古籍出版社 1982 年版,第642—643 页。

老子过关,喜去吏而从之",又怎能说关尹就是作为"老聃之再传或三传弟子"的环渊呢?郭氏之说绝不可信。

按班固"喜去吏而从老子"之说,关尹似为老子及门弟子。故《吕氏春秋·审己》高诱注:"关尹喜,师老子也。"郭庆藩《庄子集释·天下》:"〔释文〕……俞樾曰:《汉书·艺文志》道家有《关尹子》九篇,注云:名喜,为关吏。或以为尹喜为姓名,失之。……《吕览·不二篇》'关尹贵清'高注:关尹,关正也,名喜,作《道书》九篇……"

《庄子》记关尹之言曰:

> 在己无居,形物自著。其动若水,其静若镜,其应若响。芴乎若亡,寂乎若清。同焉者和,得焉者失。未尝先人而常随人。[①]

顾颉刚(1893—1980)先生尝论关尹与老聃思想之异同曰:

> ……他(引者按:指关尹)的主义是虚心应物,要外物的真相——在我心映现,而不把私欲去扰乱它,因为这个缘故,所以他不设成见,常随人而不先人。他和老聃的不同处,老聃要不伤身,他要不伤知;老聃是宽容万物,他是鉴照万物。所同的,只是"不先人而随人"而已。[②]

《汉书》卷三十《艺文志》著录《列子》八篇,被列入道家,班固自注:"名圄寇,先庄子,庄子称之。"

《庄子·让王》载:"子列子穷,容貌有饥色。客有言之于郑子阳者曰:'列御寇,盖有道之士也,居君之国而穷,君无乃为不好士乎?'郑子阳即令官遗之粟。子列子见使者,再拜而辞。使者去,子列子入,其妻望之而拊心曰:'妾闻为有道者之妻子,皆得佚乐,今有饥色。君过而遗先生食,先生不受,岂不命邪!'子列子笑谓之曰:'君非自知我也。以人之言而遗我粟,至其罪我也又且以人之言,此吾所以不受也。'其卒,民果作难而杀子阳。"

---

① 《庄子·天下》。
② 顾颉刚:《从〈吕氏春秋〉推测〈老子〉之成书年代》,载《古史辨》第四册,罗根泽编著,上海古籍出版社1982年版,第503—504页。

《史记》卷四十二《郑世家》载："（繻公）二十五年，郑君杀其相子阳。二十七年，子阳之党共弑繻公骀而立幽公弟乙为君，是为郑君。"郑繻公于公元前422—396年在位，繻公二十五年为公元前398年，列子之卒至晚不晚于是年。

《庄子·列御寇》载："列御寇之齐，中道而反，遇伯昏瞀人。伯昏瞀人曰：'奚方而反？'曰：'吾惊焉。'曰：'恶乎惊？'曰：'吾尝食于十浆，而五浆先馈。'伯昏瞀人曰：'若是，则汝何为惊已？'曰：'夫内诚不解，形谍成光，以外镇人心，使人轻乎贵老，而赍其所患。夫浆人特为食羹之货，无多余之赢，其为利也薄，其为权也轻，而犹若是，而况于万乘之主乎！身劳于国而知尽于事，彼将任我以事而效我以功，吾是以惊。'"

《庄子·达生》叙列子与关尹对话之事曰：

> 子列子问关尹曰："至人潜行不窒，蹈火不热，行乎万物之上而不慄。请问何以至于此？"关尹曰："是纯气之守也，非知巧果敢之列。居，予语女！凡有貌象声色者，皆物也，物与物何以相远？夫奚足以至乎先？是形色而已。则物之造乎不形而止乎无所化，夫得是而穷之者，物焉得而止焉！彼将处乎不淫之度，而藏乎无端之纪，游乎万物之所终始，壹其性，养其气，合其德，以通乎物之所造。夫若是者，其天守全，其神无郤，物奚自入焉！夫醉者之坠车，虽疾不死。骨节与人同而犯害与人异，其神全也，乘亦不知也，坠亦不知也，死生惊惧不入乎其胸中，是故遻物而不慑。彼得全于酒而犹若是，而况得全于天乎？圣人藏于天，故莫之能伤也。复仇者不折镆干，虽有忮心者不怨飘瓦，是以天下平均。故无攻战之乱，无杀戮之刑者，由此道也。不开人之天，而开天之天，开天者德生，开人者贼生。不厌其天，不忽于人，民几乎以其真！"

《吕氏春秋·审己》亦载有列子与关尹对话的事迹：

> 子列子常射中矣，请之于关尹子，关尹子曰："知子之所以中乎？"答曰："弗知也。"关尹子曰："未可。"退而习之三年，又请。关尹子曰："子知子之所以中乎？"子列子曰："知之矣。"关尹子曰："可矣，守而勿

失。非独射也,国之存,国之亡也,身之贤也,身之不肖也,亦皆有以。"

顾颉刚先生曰:"和关尹学说相近的,是列子。列子的书也不传,只有《不二》所云'列子贵虚'一语是最简要的评语。就这'虚'字看,实与关尹的'在己无居'及'空虚不毁万物'无异。但《不二》却把他们二人分为二家,自当不同。惜两家著述均不可见①,无从证明了。"②

庚桑楚、文子、柏矩

和关尹一样,庚桑楚、文子、柏矩也都是老聃的门人。

《庄子·庚桑楚》云:"老聃之役,有庚桑楚者,偏得老聃之道。"③郭庆藩集释:"姓庚桑,名楚,老君之弟子,盖隐者也。……而老君大圣,弟子极多,门人之中,庚桑楚最胜,故称偏得也。〖释文〗……《太史公书》作亢桑。……俞樾曰:《列子·仲尼篇》老聃之弟子有亢仓子者,张湛注音庚桑。贾逵《姓氏英览》云:吴郡有庚桑姓,称为七族。然则庚桑子吴人欤?"④《庄子》记述庚桑楚的事迹与言论道:

> ……(庚桑楚)以北居畏垒之山,其臣之画然知者去之,其妾之挈然仁者远之;拥肿之与居,鞅掌之为使。居三年,畏垒大穰。畏垒之民相与言曰:"庚桑子之始来,吾洒然异之。今吾日计之而不足,岁计之而有余。庶几其圣人乎!子胡不相与尸而祝之,社而稷之乎?"庚桑子闻之,南面而不释然。弟子异之。庚桑子曰:"弟子何异于予?夫春气发而百草生,正得秋而万宝成。夫春与秋,岂无得而然哉?天道已行矣!吾闻至人,尸居环堵之室,而百姓猖狂不知所如往。今以畏垒之细民而窃窃焉欲俎豆予于贤人之间,我其杓之人邪!吾是以不释于老聃之言。"弟子曰:"不然。……且夫尊贤授能,先善与利,自古尧舜以然,

---

① 《汉书·艺文志》录有《关尹子》九篇、《列子》八篇。
② 顾颉刚:《从〈吕氏春秋〉推测〈老子〉之成书年代》,载罗根泽编著《古史辨》第四册,上海古籍出版社 1982 年版,第 503—504 页。
③ 《庄子·庚桑楚》。
④ 〔清〕郭庆藩:《庄子集释》,中华书局 1961 年版,第 769 页。

而况畏垒之民乎！夫子亦听矣！"庚桑子曰："小子来！夫函车之兽，介而离山，则不免于网罟之患；吞舟之鱼，砀而失水，则蚁能苦之。故鸟兽不厌高，鱼鳖不厌深。夫全其形生之人，藏其身也，不厌深眇而已矣。且夫二子者，又何足以称扬哉！是其于辩也，将妄凿垣墙而殖蓬蒿也。简发而栉，数米而饮，窃窃乎又何足以济世哉！举贤而民相轧，任知则民相盗。之数物者，不足以厚民。民之于利甚勤，子有杀父，臣有杀君，正昼为盗，日中穴阫。吾语女，大乱之本，必生于尧舜之间，其末存乎千世之后。千世之后，其必有人与人相食者也！"……庚桑子曰："辞尽矣……今吾才小，不足以化子。子胡不南见老子！"①

《庄子·则阳》云："柏矩学于老聃。"郭庆藩集释："柏，姓；矩，名。怀道之士，老子门人也。"②《庄子·则阳》载柏矩游齐之事曰：

> （柏矩）至齐，见辜人焉，推而强之，解朝服而幕之，号天而哭之曰："子乎子乎！天下有大菑，子独先离之，曰莫为盗！莫为杀人！荣辱立，然后睹所病；货财聚，然后睹所争。今立人之所病，聚人之所争，穷困人之身使无休时，欲无至此，得乎！古之君人者，以得为在民，以失为在己；以正为在民，以枉为在己。故一形有失其形者，退而自责。今则不然。匿为物而过不识，大为难而罪不敢，重为任而罚不胜，远其途而诛不至。民知力竭，则以伪继之，日出多伪，士民安取不伪！夫力不足则伪，知不足则欺，财不足则盗。盗窃之行，于谁责而可乎？"

《汉书》卷三十《艺文志》著录《文子》九篇，班固自注："老子弟子，与孔子并时，而称周平王问，似依托者也。"③《文子·道德》亦载："平王问文子曰：吾闻子得道老聃。"据考，"文子，姓文，尊称子。佚其名字并国籍。楚平王时人。（引者按：前528—前516年，楚平王在位。）老子弟子。又尝问学于卜商子夏与墨子。

---

① 《庄子·庚桑楚》。

② 〔清〕郭庆藩：《庄子集释》，中华书局1961年版，第900页。

③ 转引自中国道教协会研究室编：《道教史资料》，上海古籍出版社1991年版，第6页。

刘向《别录》云：'墨子书有文子。文子，子夏之弟子，问于墨子。'"①"刘向《七略》有《文子》九篇，《汉书·艺文志》道家著录仍之。梁阮孝绪《七录》作十卷，《隋书·经籍志》《旧唐书·经籍志》和《新唐书·艺文志》均作十二卷，与今本相同。北魏李暹作《文子》注，唐代徐灵府注《文子》上进，诏封通玄真人，号曰《通玄真经》，《文选》李善注中也引《文子》，这说明自汉经隋至唐，确有《文子》这本书的存在。……自宋以来，人们误解班固之言，遂怀疑《文子》为后世依托，认为是一本伪书……唯孙星衍认为《汉书·艺文志》班固注言，'盖谓文子生不与周平王同时，而书中称之，乃托为问答，非谓其书由后人伪托。'他根据《文子》中称'平王'而无'周'字，认为是'班固误读此书'。提出为什么这个'平王'不是楚平王呢？并论证说：'文子师老子，亦或游乎楚，平王同时，无足怪者。'对于《文子》和《淮南子》是谁抄谁的，他认为'淮南王受诏著书，成于食时，多引文子，增损其词，谬误叠出，则知文子胜于淮南。'(《问字堂集·文子序》)今汉墓《文子》残简出，则伪托剽窃之说，不攻自破。据定县汉墓出土的竹简，《文子》是汉初已有的先秦古籍无疑……它先于《淮南子》。《文子》虽经后人篡改润益，但不是伪书，可以作为研究文子思想的主要资料。"②

田子方、詹何

《吕氏春秋·重言》曰："故圣人听于无声，视于无形，詹何、田子方、老耽(聃)是也。"③这应可理解为是把詹何、田子方④、老聃三人归入同一学派。然同书《当染》又云："子贡、子夏、曾子学于孔子，田子方学于子贡，段干木学于子夏，吴起学于曾子……"⑤则按师承关系，田子方为孔子之再传弟子，又当属于儒家。但是，正如同为孔子再传弟子的吴起之被后人列入兵家或法家，而未尝因其曾受业于曾子就被列入儒家，田子方被列入道家亦无有不当，这不仅是因为他在"听于

---

① 李定生、徐慧君：《文子要诠》，复旦大学出版社 1988 年版，第 11—12 页。

② 同上，第 1—11 页。

③ 《吕氏春秋·重言》。

④ 郭庆藩《庄子集释·田子方》："〔疏〕姓田，名无择，字子方，魏之贤人也，文侯师也。文侯是毕万七世孙，武侯之父也……"魏文侯执政于公元前 446—前 397 年，田无择为文侯之师，应年长于文侯，则无择当为春秋战国之际人。

⑤ 《吕氏春秋·当染》。

无声,视于无形"这一点上同于老聃,更因其崇尚"缘而葆真""清而容物"的思想也显然与老、庄相合。《庄子·田子方》载记道:

> 田子方侍坐于魏文侯,数称谿工。文侯曰:"谿工,子之师邪?"子方曰:"非也,无择之里人也;称道数当,故无择称之。"文侯曰:"然则子无师邪?"子方曰:"有。"曰:"子之师谁邪?"子方曰:"东郭顺子。"文侯曰:"然则夫子何故未尝称之?"子方曰:"其为人也真,人貌而天虚,缘而葆真,清而容物。物无道,正容以悟之,使人之意也消。无择何足以称之!"子方出,文侯傥然,终日不言,召前立臣而语之曰:"远矣,全德之君子!始吾以圣知之言仁义之行为至矣,吾闻子方之师,吾形解而不欲动,口钳而不欲言。吾所学者,直土梗耳,夫魏真为我累耳!"

詹何与魏牟为同时人,似年长于魏牟。《吕氏春秋·审为》载:"中山公子牟谓詹子曰:'身在江海之上,心居乎魏阙之下,奈何?'詹子曰:'重生。重生则轻利。'中山公子牟曰:'虽知之,犹不能自胜也。'詹子曰:'能自胜则纵之,神无恶乎?不能自胜而强不纵者,此之谓重伤。重伤之人无寿类矣。'"据此所述詹何"重生""轻利""自胜"之思想特点,将其列入道家无疑是合适的,因为正如顾颉刚先生所早已注意到的,"这三义都见于《老子》书。'贵以身为天下……爱以身为天下'(十三章),重生也;'名与身孰亲,身与货孰多?'(四十四章),轻利也;'自胜者强……强行者有志'(三十章),自胜也"①。《吕氏春秋·执一》载:"楚王问为国于詹子,詹子对曰:'何闻为身,不闻为国。'"詹子此处所述也是老子所谓"贵以身为天下……爱以身为天下"之意。

《汉书》卷三十《艺文志》录有《公子牟》四篇,班固自注:"(公子牟)魏之公子也,先庄子,庄子称之。"②庄子生活于梁惠王(即魏惠王,前370—前318在位)、齐宣王(前320—前302在位)时,魏牟较庄子为先,詹何或更年长于魏牟,则詹何生活的年代至晚得在魏武侯(前396—前371在位)、齐威王(前356——前321在位)时。

---

① 顾颉刚:《从〈吕氏春秋〉推测〈老子〉之成书年代》,载《古史辨》第四册,罗根泽编著,上海古籍出版社1982年版,第497—498页。
② 转引自中国道教协会研究室编:《道教史资料》,上海古籍出版社1991年版,第6页。

庄周、彭蒙、田骈、慎到、接子、环渊

《史记》卷七十四《孟子荀卿列传》载："慎到，赵人。田骈、接子，齐人。环渊，楚人。皆学黄老道德之术，因发明序其指意。故慎到著十二论，环渊著上下篇①。而田骈、接子皆有所论焉。"而据《庄子·天下》称"田骈……学于彭蒙"。然则彭蒙、田骈、慎到、接子、环渊五人约略同时②，他们皆属于老聃学派。唯独慎到，《汉书·艺文志》录其《慎子》四十二篇而被列入法家，盖慎到与"学本于黄老而主刑名"③的申不害和"喜刑名法术之学，而其归本于黄老"④的韩非相似，亦是属于介于道家和法家之间的中间派人物，其学术活动及其思想反映出战国末期法家与道家合流的情形。然慎到被归入道家似更合宜。

《庄子·天下》评论彭蒙、田骈、慎到的学说道：

> 公而不党，易而无私，决然无主，趣物而不两，不顾于虑，不谋于知，于物无择，与之俱往，古之道术有在于是者。彭蒙、田骈、慎到闻其风而悦之。齐万物以为首，曰："天能覆之而不能载之，地能载之而不能覆之，大道能包之而不能辩之。"知万物皆有所可，有所不可，故曰："选则不偏，教则不至，道则无遗者矣。"是故慎到弃知去己，而缘不得已，泠汰于物，以为道理，曰："知不知，将薄知而后邻伤之者也。"謑髁无任，而笑天下之尚贤也；纵脱无行，而非天下之大圣。椎拍輐断，与物宛转，舍是与非，苟可以免。不师知虑，不知前后，魏然而已矣。推而后行，曳而后往，若飘风之还，若落羽之旋，若磨石之隧，全而无非，动静无过，未尝有罪。是何故？夫无知之物，无建己之患，无用知之累，动静不离于

---

① 郭沫若认为，这里所谓"环渊著上下篇"，实指环渊所录《道德经》上下篇，而《汉书·艺文志》所谓《蜎子》（班固自注：名渊，老子弟子）十三篇则是环渊自己的作品。参见郭沫若：《老聃、关尹、环渊》，载《古史辨》第六册，罗根泽编著，上海古籍出版社 1982 年版。
② 另据《史记》卷四十六《田敬仲完世家》载："宣王喜文学游说之士，自如驺衍、淳于髡、田骈、接予、慎到、环渊之徒七十六人，皆赐列第，为上大夫，不治而议论。是以齐稷下学士复盛，且数百千人。"则田骈、慎到、接子、环渊等皆为田齐宣王执政时期（前 320—前 302 年）的稷下学士。
③ 《史记》卷六十三《老子韩非列传》。
④ 同上。

理,是以终身无誉。故曰:"至于若无知之物而已,无用贤圣,夫块不失道。"豪桀相与笑之曰:"慎到之道,非生人之行而至死人之理,适得怪焉。"田骈亦然,学于彭蒙,得不教焉。彭蒙之师曰:"古之道人,至于莫之是莫之非而已矣。其风窢然,恶可而言?"常反人,不见观,而不免于魭断。其所谓道非道,而所言之韪不免于非。彭蒙、田骈、慎到不知道。虽然,概乎皆尝有闻者也。

据是,傅斯年、容肇祖、顾颉刚等曾发表意见指出,《庄子》中《齐物论》实作于慎到之徒。顾颉刚先生指出:

关于慎到,傅斯年先生有一很重要的发见。他觉得《天下篇》中所云"弃知去己","舍是与非","块不失道"等义均与《庄子·齐物论》相合,而"齐万物以为首"一语简直把《齐物论》的篇名也揭了出来了。这是四年前他在谈话中所发表的。那时容肇祖先生亦举一证以成之。他说,"《史记·孟子荀卿列传》中说,'慎到,赵人……著十二论',《齐物》名'论',即是十二篇之一"。他们的见解都是极精确的。按吕书《不二》言"陈骈贵齐",陈骈即田骈,亦是《齐物论》作于他们那一派的证据。《齐物论》之所以放在《庄子》里,或者是汉人的误编,或者是经过庄子之徒的改窜。看篇末有庄周梦蝶的事,或以改窜为近情。……慎到的弃知,是要人知道自己的无知,不强不知以为知,故云"知不知"。……这强不知以为知,是慎到所最反对的,故《齐物论》云:"六合之外,圣人存而不论。六合之内,圣人论而不议。《春秋》经世,先王之志,圣人议而不辩。故分也者有不分也,辩也者有不辩也。……故知止其所不知,至矣。"又假王倪之言畅智识之不可恃,……他以为绝对正确的智识是得不到的,世间的是非都出于个人的喜怒而无客观的真实,所以他要"舍是与非"。……因为他感到世间没有真理,而世人却汲汲皇皇地寻求真理,使得愈会欺人的愈受民众的推尊,所以他要"笑尚贤","非大圣"。……《庄子》一书……究竟真出于庄周的有多少,是还待考证的。就说《内篇》中除了《齐物论》都是庄周的,则我们可以说,庄周的思想极与慎到相近,或者即是二家之书错合在一起的原因。慎到之学,弃知去己;庄周亦然。……但看《庄子·天下篇》,《荀子·解蔽篇》都把他们二人分开讲,似必有其不同之点在。①

　　钱穆(1895—1990)《接子考》曰:"《庄子·则阳篇》:'季真之莫为,接子之或使,二家之议,孰正于其情,孰偏于其理?'成元英疏:'季真,接子,齐人,俱游于稷下。'……接子又见《史记·田敬仲完世家》《孟子荀卿列传》,与淳于髡、田骈、慎到并称。《盐铁论》谓:'湣王之末,慎到、接子亡去,田骈如薛,孙卿适楚。'接子年世盖与慎到相先后,较孟轲淳于髡略晚,亦与惠施、季真同时;季、惠或先接子而亡也。"② 郭庆藩《庄子集释》:"〔释文〕……庆藩案:接子,《汉书·古今人表》作捷子。接捷字异而义同。……又案《史记·孟子荀卿列传·索隐》云:接子,古著书者之名号。"③ 陈鼓应注释:"接子可能就是《史记·田完世家》里边所说的接子,也是稷下的学者之一。接子主张'或使',就是认为总有个什么东西,使万物生出来的(冯芝生说)。近人陈荣捷说:'《史记》记载接子游稷下,《正义》说他是齐人。《盐铁论》记载稷下分散时"捷子亡去"。接子,捷子,同是一人。《汉书·艺文志》道家有《捷子》二篇,注说齐人。书已亡了。此外不详。钱穆以为他的年代大约是前350—275年。'(《战国道家》载中央研究院历史语言研究所《集刊》第四十四本第三分)"④

　　唐兰(1901—1979)先生云:"环渊,《汉书》作《蜎子》十三篇。枚乘《七发》作便蜎,李善注引《淮南子》作蜎蠉,《宋玉集》作玄渊,《七略》作蜎渊。"⑤ 班固《汉书·艺文志》自注又称,《蜎子》的作者楚人蜎渊亦是"老子弟子"⑥。而据《史记》卷四十六《田敬仲完世家》记载:"宣王喜文学游说之士,自如驺衍、淳于髡、田骈、接子、慎到、环渊之徒七十六人,皆赐列第,为上大夫,不治而议论。是以齐

① 顾颉刚:《从〈吕氏春秋〉推测〈老子〉之成书年代》,载罗根泽编著《古史辨》第四册,上海古籍出版社1982年版,第505—509页。

② 罗根泽编著:《古史辨》第四册,上海古籍出版社1982年版,第615页。

③ 〔清〕郭庆藩:《庄子集释》,中华书局1961年版,第691页。

④ 陈鼓应:《庄子今注今译》,中华书局1983年版,第698页。

⑤ 唐兰:《〈老子〉时代新考》注八,罗根泽编著《古史辨》第六册,上海古籍出版社1982年版,第631页。

⑥ 转引自中国道教协会研究室编:《道教史资料》,上海古籍出版社1991年版,第6页。

稷下学士复盛,且数百千人。"环渊为田齐宣王执政时期(前320—前302)的一位稷下学士,他和驺衍(约前305—前240)等均为战国末期人。故如果说蜎渊即环渊的话,那么他作为"老子弟子"就该是老子的数传弟子了。郭沫若(1892—1978)认为,《史记·孟子荀卿列传》中提到的环渊所著"上下篇",实是指《道德经》上下篇,乃环渊所录老子之遗训;而《汉书·艺文志》所著录的《蜎子》十三篇则是环渊自己的作品。[①]《道德经》是否为环渊所录,实难确考,郭氏其说只可阙疑;而《蜎子》十三篇为环渊所作则是无可争议之笃论,可惜其书久佚矣。

要之,先秦道家的代表人物,除老聃、庄周以外,主要有关尹、庚桑楚、文子、柏矩(他们都是老聃门人)、田子方、詹何、彭蒙、田骈、接子、环渊等。

---

① 郭沫若:《老聃、关尹、环渊》,罗根泽编著《古史辨》第六册,上海古籍出版社1982年版,第638—639页。

《老子》"道""德"字义①

【提要】通行本《老子》中以单字形式出现的"道"共有 76 次,其词性和含义不尽相同:(1)作动词用者为"行走"之意。(2)作名词用者除了"道路""道义""正道""方法""常道"(宇宙本体)等含义以外,还有三种含义:其一,常道(宇宙本体)在自我运动中所表现出来的"生之"(产生万物)之性;其二,由物质、时间、空间、运动、规律所构成的宇宙整体;其三,合乎常道的质朴之言。(3)作形容词用者有"跟道一样"和"合乎道"两种含义。"大道"共出现 4 次,其中见于第 18 章和第 34 章者与"常道"同义,系指自然之道(宇宙本体);见于第 53 章者,其字面意义为平坦大路,其暗喻意义为自然之道。"天道"共出现 2 次,见于第 47 章者是指日月星辰的运行及其规律,见于第 79 章者是指天地不带偏私之情而自然均衡地作用于万物。"天之道"共出现 4 次,其中第 9 章、第 73 章、第 81 章各 1 次,其含义相同,均指天或天地对万物的自然作用形式;见于第 77 章者是特指天行法则。"常道"仅一见于第 1 章,是指自然之道(宇宙本体)。《老子》中"德"字总共出现 44 次。其中,以单字形式出现的"德"有 27 次,它们除了"恩德""恩泽""(职业方面的)素养"等含义以外,还有三种含义:(1)常道在产生万物("生之")以后通过养育万物("畜之")所表现出来的自然之性。(2)无得无失的超越之得。(3)内心虚静状态下的寡言少语。"玄德"共出现 3 次,有两种基本含义:一是指"常道"对万物"生之""畜之"的"自然"作用形式——这个意义的"玄德"可理解为"道"与"德"的合称;一是指通过后天的修养所达到的人生境界和治理境界。"孔德"只出现 1 次,它是指有得于常道的行为,表现为以"虚极静笃"之心,使自己置身于现实生活的矛盾之外,绝不介入现实社会的纷争。"积德"仅出现 1 次,是被当作名词来使用的,用以指称"长生久视之道"(长寿的方法),其特点是抛弃保养身体("益生")的主观意欲,像无知

---

① 本文是收入本书中唯一没有发表过的论文,撰作于 2024 年 6 月。

无欲的婴儿那样纯粹自然的自我调节身体而不加任何故意的干预行为,由此实现身体内部阴阳二气的和合与平衡。"常德"共出现 3 次,其含义为"守弱常得强"。"上德"出现 2 次,它是指老子所提倡的道德,这种道德是因心体虚静而有得于常道所成,具有常得无丧、朴实公平之特点。"下德"仅出现 1 次,它是指徒有"德"之名却无"德"之实的虚伪不公平的道德。"广德"与"建德"各出现 1 次。"广德"是指有得于常道者所具有的博大胸怀。"建德"即"健德",是指勤而行道的无为之德。

一、"道"

(一)以单字形式出现的"道"

《老子》(通行本)83 章中"道"字共出现 76 次,其中以单字形式出现的"道",分别见于第 1、4、8、15、16、21、23、24、25、30、31、32、35、37、38、40、41、42、46、48、51、53、55、59、60、62、65、67、77 章,凡 29 章。其词性和含义不尽相同,兹详述如下:

第 1 章"道可道"中前后两个"道"字词性不一样,前者为名词,后者为动词。名词性的"道"应是《老子》写作时代学者们所通常谈论的"道",其含义是不确定的,须结合论"道"者说的当下语境,方能明了其所言之"道"的具体意义;动词性的"道"究竟是何意义,至今尚无定说,笔者曾将其释义为"行走",而将"可道"解为"人可行走的道"[①]。

第 16 章"知常容,容乃公,公乃王,王乃天,天乃道,道乃久,没身不殆"中"道"与"容"(包容的)、"公"(公平的)、"王"(天下百姓都愿意归附的)、"天"(齐天的)、"久"(长久的)并举,这些字均属于形容词,"道"字亦然,其含义是"跟道一样"。

第 23 章"道者同于道,德者同于德,失者同于失"中"道者"之"道"为名词,

---

① 参见周可真:《"体道"的必要性、原理及方法——〈老子〉道篇首章新解》,《江南大学学报(人文社会科学版)》2011 年第 6 期。

是指"言"（言说）的一种情况。因本章起首语为"希言自然"，故上面三句应是就"言"而论"道""德""失"三种情况："道"是如王弼注第 35 章"道之出口，淡乎其无味，视之不足见，听之不足闻，用之不足既"所说，其言"淡然无味"，既"不足以悦其目"，也"不足以娱其耳"，但却"用之不可穷极"[①]；"德"是如第 5 章所说"多言数穷，不如守中"[②]，内心虚静而寡言；"失"是心中躁动而多言。第 23 章末二句"信不足，焉有不信焉"表明，本章论"言"之旨在于教人把握言说的分寸，达到言而有信。

第 25 章对"道"的描述涉及物质、时间、空间、运动、规律五个方面的特性，此章基于这五方面的描述而"字之曰道"，表明了此"道"是标识物质、时间、空间、运动、规律互相统一不可分割的宇宙整体的概念。[③]

第 30 章"物壮则老，是谓不道，不道早已"中两个"道"字，也都是形容词，意思是"合乎道的"。"不道"即"不符合道"或"背离道"。

第 41 章"明道若昧，进道若退，夷道若纇[④]"中三个"道"字，均为名词，意指人所行走的道路。这三句话的意思是：光明的道路倒像是昏暗的，通畅的道路倒像是走不通的，平坦的道路倒像是崎岖的。

第 46 章"天下有道，却走马以粪；天下无道，戎马生于郊"中的"道"也是名词，意指道义。所谓"天下有道"，就是天下人普遍信守道义；"天下无道"就是天下人普遍不讲道义。

第 51 章"道生之，德畜之，物形之，势成之。是以万物莫不尊道而贵德。道之尊，德之贵，夫莫之命而常自然。故道生之，德畜之：长之、育之、亭之、毒之、养之、覆之"中四个"道"字，词性上均属名词，其含义独特，它与"德""物""势（器）"构成一组概念，被用来表示"常道"在自我演化过程中自我表现其"自然"之性的四种基本形式。此处"道"是指"常道"（宇宙本体）的"自然"之性使它从"无"向"有"转化的"生之"作用形式（按：详见下文）。

第 53 章"朝甚除，田甚芜，食甚虚，服文彩，带利剑，厌饮食，财货有余，是谓

---

① 参见〔魏〕王弼：《老子注·三十五章》。

② 《老子·五章》。据张松如（1910—1998）《老子校读》，这里与"多闻"相对的"守中"可解读为"保持内心的虚静"。参见许抗生：《帛书老子注译与研究》，浙江人民出版社 1985 年第 2 版，第 81 页注⑧。

③ 参见周可真、刘超：《论〈老子〉的整全之"道"》，《社会科学研究》2021 年第 5 期。

④ 纇："类"的通假字，意为不平，与"夷"反义。

盗夸,非道也哉"中"非道"之"道"亦是名词,意为"正道"(与"邪路"相对)。"非道"即"不是正道"。

第59章"有国之母,可以长久,是谓深根固柢,长生久视之道"中"道"属名词,意为"方法"。

其余20章中单独出现的"道"字皆属名词,被用以指称宇宙本体,与"常道"同义。这也是《老子》之"道"的主要意义。

需要说明的是,第67章"天下皆谓我道大",帛书乙本作"天下皆谓我大",并无"道"字,而帛书甲本及楚简各本均不见此句。通行本此句是站在"道"的立场上,以"道"的自述方式来表达,所以才有"我道"之说,其表述方式犹如以张三的身份进行自述而说"我张三"。

还需要指出的是,《韩非子·解老》有云:"道者,万物之所然也,万理之所稽也。理者,成物之文也;道者,万物之所以成也。故曰:道,理之者也。"按《解老》文体之通例,"故曰"后面"道,理之者也"应是引自《老子》,前面几句是对此句的诠辞,然而无论是楚简还是帛书,抑或通行本,均无"道,理之者也"之语。此句或为韩非所见《老子》文本中独有之语?

(二)"大道"

"大道"一词分别见于第18、34、53章。其中第18章"大道废,有仁义"、第34章"大道汜兮,其可左右。万物恃之而生而不辞,功成不名有。衣养万物而不为主,常无欲,可名于小。万物归焉而不为主,可名为大"两处"大道"与"常道"同义,指自然之道(宇宙本体)。"大道废,有仁义"是指(人类)离开自然之道,按人为所设定的礼制的要求来行仁义之道。

第53章"使我介然有知,行于大道,唯施是畏。大道甚夷,而民好径"中两处"大道",都是把作为宇宙本体的"常道"比喻为平坦大路。此段语意为:假使我认识了我与大道的关系,我将义无反顾地行走于大道上,生怕偏离大道而误入岐途。尽管大道很平坦,但民众都爱走(崎岖不平的)小路。也就是说,本章是采用隐喻手法来使用"大道"一词,其字面意义为平坦大路,其暗喻意义为自然之道("常道")。

（三）"天道"

"天道"一词分别见于第 47 章和第 79 章。第 47 章"不出户,知天下;不窥牖,见天道。其出弥远,其知弥少。是以圣人不行而知,不见而名,不为而成"中"天道"与"天下"相对,"天下"指天地间万事万物,"天道"指日月星辰的运行及其规律[①]。第 79 章"天道无亲,常与善人"中"天道无亲",犹言"天地不仁,以万物为刍狗"[②],其"天道"为"天地之道"之省称,是指天地不带偏私之情而自然均衡地作用于万物[③]。这种公平无私的自然作用形式对万物无不利,对人类亦无不利,故曰"常与善人"。

（四）"天之道"

第 9、73、77、81 章都提到了"天之道"。其中,第 9、73 章都是单提"天之道",第 77、81 章则分别与"人之道""圣人之道"对举而言"天之道"。

对照第 8 章"上善若水。水善利万物而不争,处众人之所恶,故几于道。居善地,心善渊,与善仁,言善信,正善治,事善能,动善时。夫唯不争,故无尤"之说,第 9 章"功遂身退,天之道"、第 73 章"天之道,不争而善胜,不言而善应,不召而自来"和第 81 章"天之道,利而不害。圣人之道,为而不争"中三处"天之道",都是指天或天地对万物的自然作用形式。这种形式的作用就像水对万物的作用,是无不利于万物的。

第 77 章中"天之道"与"人之道"互相对举,而谓"天之道,其犹张弓与,高者抑之,下者举之,有余者损之,不足者补之。天之道,损有余而补不足",可知此处"天之道"之"天"是"天圆地方"之"天"。《大戴礼记·曾子天圆》引述曾子之言曰:"如诚天圆而地方,则是四角之不掩也。"据此,曾子对自古以来"天圆地方"之传说是有所质疑的,认为如果真是天圆地方,天就盖不住地的四个角了。但是曾子并没有简单地否定这一传说,而是对"天圆地方"做出了新解:"天道曰

---

① 许慎《说文解字》:"牖,穿壁以木为交窗也。从片、户、甫。谭长以为甫上日也,非户也。牖,所以见日。"因"牖,所以见日",故《老子》谓"不行而知,不见而名,不为而成"的圣人是"不窥牖,见天道"。

② 《老子·五章》。

③ 参见周可真:《自然即公平:老子公平思想新论》,《江海学刊》2014 年第 6 期。

圆,地道曰方,方曰幽而圆曰明。"老子之所以想到用张弓来比喻"天之道",应是受"天圆地方"说的影响,因为张弓之喻的思想前提是视天如弓,而弓的形状像上弦月——这应该是老子对"天圆地方"说中"天圆"的理解,正是基于这样的理解,老子遂将"天之道"比作张弓,即将天行法则理解为如同张弓时为了让箭或弹丸能命中目标所必须掌握的使弓的位置拉得不高不低而恰当好处的平衡原理。这里"天之道"之"道"可释义为"法则"或"原理";与之相对的"人之道"之"道",则不宜解为"法则"或"原理",应解为"普遍做法"或"通常做法"。

(五)"常道"

"常道"一词仅一见于第1章"道可道,非常道"。笔者曾将"常道"解释为"自然之道",并指出:常道与天地万物的关系是自然本体与自然现象的关系,老子把这种关系比作"名""实"关系,意谓自然现象是象征自然本体的符号,自然本体是这种符号所标识的实在。这个以天地万物作为符号来标识其存在的宇宙本体,在其自我运动中经历了"无名"(尚未有天地万物来标识其存在)的"天地之始"和"有名"(以天地万物来标识其存在)的"万物之母"两个阶段。①

下文论"玄德"时将有论证和说明"道生之"的"道"与"常道"是两个不同概念:"常道"是指"域中四大"中"法自然"的"道";"道生之"的"道"是指"常道"自我展示其"自然"本性的历史过程中与"德""器""势"互相并列的一个环节,是"常道"通过"生之"(产生万物)所表现出来的它的"自然"之性。

二、"德"

《老子》中"德"字总共出现44次。这些"德"字主要是作名词使用,如"有德""无德"(第38章、第79章)、"万物莫不尊道而贵德"(第51章)、"含德之厚"(第55章)、"报怨以德"(第63章)、"不争之德"(第68章)等等;少量也有作动词使用的,如"不德"(第38章)、"德善""德信"(第49章)等。另外,由"德"与其他词素所构成的合成词,有"孔德"(第21章)、"上德"(第38章、第41章)、

---

① 参见周可真:《"体道"的必要性、原理及方法——〈老子〉道篇首章新解》,《江南大学学报(人文社会科学版)》2011年第6期。

"下德"(第 38 章)、"常德"(第 28 章)、"广德"(第 41 章)、"建德"(第 41 章)、"积德"(第 59 章)、"玄德"(第 10 章、第 51 章、65 章)。所有这些"德"字和包含"德"字的合成词的含义不尽相同,而《老子》通篇没有对"德"及与"德"相关的语词做出明确释义,故有必要一一梳理而详加考察与分析。

(一)以单字形式出现的"德"

《老子》中以单字形式出现的"德"字,共 8 章,分别见于第 23、49、51、54、55、60、63、68、79 章。其中第 23 章"德者同于德"句中两个"德"字,据王弼注文均读"得",对此楼宇烈考辩道:"'得''德'古通,《道藏集注》本'少则得'之'得'字正作'德'。又,易顺鼎、刘师培据王注均作'得',并以为《老子》经文'德者同于德',两'德'字均当作'得',与下文'失者同于失'对。"① 本章"从事于道者道者同于道,德者同于德,失者同于失"三句王弼注:"从事,谓举动从事于道者也。道以无形无为成济万物,故从事于道者以无为为君,不言为教,縣縣若存,而物得其真。与道同体,故曰'同于道'。得,少也。少则得,故曰得也。行得则与得同体,故曰'同于得'也。失,累多也。累多则失,故曰'失'也。行失则与失同体,故曰'同于失'也。"② 上文论"道"时已指出,本章起首语为"希言自然",则上面三句应是就"言"而论"道""德""失"三种情况:"道"是听起来淡然无味的朴实言语;"德"是内心虚静状态下的寡言少语;"失"是内心躁动状态下的话多语赘。

第 49 章"善者,吾善之;不善者,吾亦善之,德善。信者,吾信之;不信者,吾亦信之,德信"两段中两个"德"字,均读"得"③,但"德善""德信"又不同于一般的"得善""得信"。王弼曰:"德者,得也。常得而无丧,利而无害,故以德为名焉。"④ 这意味着"德"之为"得"与"得失"之"得"是有区别的,"得失"之"得"是与"失"互相依存的"得",其"得"必伴随着"失","德"则超越了"得""失"矛盾,既无所谓"得",也无所谓"失"。故第 38 章有"上德不德,是以有德"之说。这里"上德不德"犹《庄子·秋水》所言"至德不得",第二个"德"

---

① 楼宇烈:《王弼集校释》,中华书局 1980 年版,第 93 页。

② 〔魏〕王弼:《老子注·二十三章》。

③ 参见许抗生:《帛书老子注译与研究》,浙江人民出版社 1985 年版,第 21 页注②。

④ 〔魏〕王弼:《老子注·三十八章》。

字当作"得"解。① "不得"意味着超越了"得""失"而达到了无"得"无"失"之境,这样才是"有德"。

第51章中四个"德"字皆与"道"并举而言:"道生之,德畜之,物形之,势成之,是以万物莫不尊道而贵德。道之尊,德之贵,夫莫之命而常自然。故道生之,德畜之,长之、育之、亭之、毒之、养之、覆之。"其中"道生之,德畜之,物形之,势成之"一段,论述了包罗万物的宇宙形成过程,分别阐明了宇宙演化论的四个原理:

第一原理——"道生之"

《说文》释"生"曰:"生,进也。象草木生出土上。"② 因"生"字"象草木生出土上",故"生"含"出"之义。按"天下万物生于有,有生于无"③之说,"道生之"的"生"是意味着"自无出有"。"自无出有"有一个时间流逝过程,随着这个时间流逝过程,自然界的存在形态由"无"(无名性存在)转变为"有"(有名性存在)。这个从"无"到"有"的转变,其变化主体是"常道",其存在形态的转变是"常道"在"周行而不殆"④的运动过程中自我演化的结果。

第二原理——"德畜之"

关于"德畜之",其下文有更详细的描述:"德畜之:长之、育之、亭之、毒之、养之、覆之。"⑤其意思是说:当"常道"自我演化出"有"以后,是由于"德"的作用,"有"才得以成长发育、开花结果,并得到滋养和保护。

第三原理——"物形之"

"物形之"在帛书甲、乙本中均作"器形之"。无论是作"物"还是作"器",都表明"形之"的根据既非"道"亦非"德",而是"有"自身。如果把"天下万物生于有"⑥的"有"理解为就是对"形之"直接起作用的"有"的话,那么,"形之"的"之"就应该是指"万物"而言,"形之"就是"使(万物)有形"。然则"物形之"与"器形之"二说相较,当以"器形之"为胜,即"使(万物)有形"的根据是"器"而非"物"。这里的"器"既属于"有",则理应被理解为"有"的一种特殊形式,

---

① 参见许抗生:《帛书老子注译与研究》,浙江人民出版社1985年第2版,第5页注①。
② 〔汉〕许慎:《说文解字·生》。
③ 《老子·四十章》。
④ 《老子·二十五章》。
⑤ 同上。
⑥ 《老子·四十章》。

那么,这种特殊形式的"有"——"器"究竟有何特点呢?

据"埏埴以为器,当其无,有器之用"[①]之说,"器"原是指用水和黏土制作而成的陶器,它们都是中空而有一定容量的物品。陶器的实体部分和虚空部分是互相依赖而共同发挥作用的,但在实际使用中,人们总是用其虚空部分来盛放东西。据此而论,"器"之为"有"的特点在于:它是实有与虚空的统一体,但它必须依凭其虚空才能发挥其正常作用。由此可以将"器形之"释读为:当且仅当"有"作为实体与虚空的统一体存在,从而实体之间有一定虚空作为其区隔时,这些实体才能成为各有其"形"的万物。

据《庄子·天地篇》"物成生理,谓之形"和《则阳篇》"万物殊理"之说,"器形之"所生成的万物之"形"就是使万物彼此互相区别开来的"理",亦即万物各自所具有的特质。所谓"器形之",是表达了这么一个原理:自然界的多样性存在是以其中实体存在之间有一定虚空作为前提和根据的,倘使没有这些虚空作为实体存在之间的区隔,自然界就不可能出现异质多样的万物。

第四原理——"势成之"

自然界中异质多样的万物因各自不同的理而自然形成彼此不可以相迫的斥力[②],这种存在于万物之间使其彼此互相排斥的力量便是所谓"势"。"势成之"的意思就是:由于万物之间具有彼此不可以相迫的斥力,这才使它们各自的特质得以定形。

由上述四个原理所构成的老子的宇宙演化论,是以自然界中万物的多样性格局最终形成作为宇宙生成史——"常道"自我演化过程的一个方面[③]——的完成。

由于宇宙生成的全过程都是以"常道"为主体的自我演化运动,所以"生

---

① 《老子·十一章》。

② 《韩非子·解老》:"物有理,不可以相薄,故理之为物之制。"

③ "道"的自我演化过程还有另一个方面。据《老子·四十章》"反者,道之动"及《二十五章》"吾不知其名,字之曰道,强为之名曰大。大曰逝,逝曰远,远曰反"的论述,"道之动"(道的自我演化的运动)不只是从"无"到"有"的转化运动,而且随着这个由其原点"无"出发的运动过程的展开,"有"逐渐逝离"无",当其逝离"无"而达到"远"时,"道之动"就会由从"无"到"有"的转化运动反转为从"有"到"无"的转化运动。这是"道"之"周行"的特点。所谓"反",就是对"周行而不殆"的"道"从"无"到"有"和从"有"到"无"这两个方向截然相反的转化运动的概括。这两种转化运动的相互统一便是所谓"有无相生"(《老子·二章》)。

之""畜之""形之""成之"四个环节看起来似乎是分别在"道""德""器""势"四种不同因素的作用之下完成的,而其实这四种因素都是"常道"的"自然"之性的具体作用形式:

"道"是"自然"使"无"向"有"转化的"生之"作用形式;

"德"是"自然"使"有"不断成长以至于达到成熟并得到养护的"畜之"作用形式;

"器"是"自然"使由"无"转化而来的"有"成为彼此互有区隔而各具特质的实体存在的"形之"作用形式;

"势"是"自然"使各具特质的实体存在成为各有定理的万物的"成之"作用形式。

要之,由各有定理的万物所构成的自然界是"道""德""器""势"四种不同因素的综合作用所造成,这个宇宙生成的历史不过是"常道"自我展示其"自然"本性的历史。

从"常道"自我展示其"自然"之性的历史结局来看,自然界中万物多样性格局的形成才是"常道"的"自然"之性的充分展现,这意味着,"常道"的"自然"之性最终是落实和体现在万物的多样性上的。

促使万物多样性格局形成的四种动力因素——"道""德""器""势",都是来源于"常道",都是"常道"在自我运动、自我演化中赋予万物的"自然"之性——"道"是万物赖之以"生"的生生之性,"德"是万物赖之以"畜"的养生之性,"器"是万物赖之以"形"的形质之性,"势"是万物赖之以"成"的理势之性。所有这些"自然"之性,都是"常道"的本性在万物中不同形式的体现。也正是在这个意义上,"道""德""器""势"可以被看作并且也应当被理解为分别标识万物的自生性、自养性、自理性、自成性的概念。相应地,被老子当作"常道"本性的"自然",则应该被理解为老子基于对宇宙间万物的自生、自养、自理、自成等自然特性的经验观察和心灵感悟,从这些自然特性中抽象概括出来的关于万物的共性的概念;进而将这种共性纳入"常道"范畴,成为"常道"的本性,并将万物之"自然"归因于"常道"之"自然",从而使"自然"成为标识宇宙本性而用以解释宇宙终极原因的概念。

由上述可见,《老子》中"道生之"的"道"与"常道"是两个意义有所区别的概念:"常道"是指"域中四大"中"法自然"的"道";"道生之"的"道"是指

"常道"的"自然"之性对万物所起的"生之"作用形式,是"常道"自我展示其"自然"本性的历史过程中与"德""器""势"相并列的一个环节。

在老子的宇宙演化论中,"道""德"所体现的都是"常道"的"自然"之性,这种本性是在"常道"的自我运动、自我演化中由"常道"的本性转变为万物的本性的。从"常道"作为宇宙演化的主体来说,这种转变意味着"常道"的存在形态由"混而为一"①的唯一性存在转变为互相异质殊理的多样性存在。而当"自然"由"常道"之性转变成万物之性时,"自然"便获得了如此意义:"自然"就是万物互相异质殊理的多样性。由此来理解老子所谓"道法自然"、所谓"尊道而贵德"的伦理意义,其实质在于尊重和维护万物的多样性。

第54章是论"修德"问题的,其开宗明义道:"善建者不拔,善抱者不脱,子孙以祭祀不辍。"意思是说:一个坚持道德修养、时时处处讲道德的人,将为子孙后代所永远敬仰。接着论述"修德"的意义:"修之于身,其德乃真;修之于家,其德乃余;修之于乡,其德乃长;修之于国,其德乃丰;修之于天下,其德乃普。"意思是说:道德修养对于个人来说,能使他真有道德;对于一个家庭来说,能使其家充满道德;对于一个乡来说,能使其乡常有道德;对于一个国家(诸侯国)来说,能使其国盛行道德;对于天下(直属于周王的王畿及所有诸侯国)来说,能使天下之人皆有道德。本章所出现的五个"德"字,都是指老子所提倡的道德。第55章所谓"含德之厚,比于赤子",是说道德涵养深厚的人,就好像是刚刚出生的婴儿。这里的"德"字也是指老子所提倡的道德。第79章中两个"德"字同样是指老子所提倡的道德,他所谓"有德司契,无德司彻",乃是用古时官僚机构中掌管契据的长官依凭契据办事的风格来描述有德之人的敦实,而用掌管税收的长官向人征收赋税时的苛严态度来描述无德之人的刻薄。也就是说,第54、55、79章所说的"德"都是泛指老子所提倡的道德。

第60章"治大国若烹小鲜。以道莅天下,其鬼不神。非其鬼不神,其神不伤人。非其神不伤人,圣人亦不伤人。夫两不相伤,故德交归焉",是讲倘若能遵循自然之道来治理国家,为无为之事,行不言之教,则连鬼神都不会伤害国人,更不用说圣人(以道治国者)会伤害国人了。如此,国人乃能共享鬼神和圣人的恩泽(这种恩泽归根到底是自然之道的恩泽)。这里"德"是"恩泽"之意。

———————

① 《老子·十四章》。

第 63 章 "报怨以德" 是说以恩德来回报仇恨。其 "德" 乃 "恩德" 之意。

第 68 章 "不争之德" 的 "德" 是 "(职业方面的)素养" 之意,这里特指军事素养,被老子总括为 "不争",具体而言,即 "善为士者不武,善战者不怒,善胜敌者不与,善用人者为之下" (优秀的军人不逞其勇武,优秀的指挥员沉着冷静,常胜将军不赞美自己的胜利,善于用人的统帅待人谦下)。

(二)"玄德"

《老子》中共有 3 次出现 "玄德",分别见于第 10、51、65 章,其意义不尽相同:第 10 章与人生修养相关,是人生修养论意义上的 "玄德";第 51 章与 "常道" 的自我演化相关,是宇宙演化论意义上的 "玄德";第 65 章与治国相关,是国家治理论意义上的 "玄德"。

在老子历史哲学的思想体系中,宇宙演化论意义上的 "玄德" 属于历史本体论范畴,人生修养论意义上的 "玄德" 和国家治理论意义上的 "玄德" 则属于历史知行论范畴——后者较前者意义更加具体,应属历史实践论范畴。后两种意义的 "玄德" 均与历史本体论范畴的 "玄德" 有内在关联,实为后者的具体化。

先讨论历史本体论范畴的 "玄德"。

老子在论述其宇宙演化论四大原理时,尤其重视 "道生之""德畜之",而强调 "万物莫不尊道而贵德",并说 "道之尊,德之贵,夫莫之命而常自然"[1]。第 51 章又说:"故道生之,德畜之:长之、育之、亭之、毒之、养之、覆之。生而不有,为而不恃,长而不宰,是谓玄德。" 这里 "生而不有,为而不恃,长而不宰",是就 "道生之,德畜之" 而言,表明了 "常道" 在以 "生之" 之 "道" 和 "畜之" 之 "德" 来展示自己的 "自然" 本性的过程中,是以 "常无为" 的方式来 "生之""畜之" 的,所以生育万物却不据为己有,泽被万物却不自以为有功而谋求其回报,滋养万物却不加宰制以自利。老子将 "常道" 对万物 "生之""畜之" 的 "自然" 作用形式称为 "玄德",这意味着 "玄德" 应该被理解为 "道" 与 "德" 合称意义上的 "道德" ——后世以合成词形式出现的 "道德" 一词的前身。

再来讨论历史知行论范畴的 "玄德"。

第 10 章是讲人生修养须达到怎样程度才能具备像 "常道" 之 "玄德" 一样

---

[1]《老子·五十一章》。

的德行。（1）"载营魄抱一,能无离乎?"——养生须达到形神不离的身心合一之境。（2）"专气致柔,能婴儿乎?"——养气须达到像婴儿一样的阴阳和合之境。（3）"涤除玄览,能无疵乎?"——养心须达到精神纯一不杂的真朴之境。（4）"爱民治国,能无知乎?"——爱民治国须达到"以百姓心为心"的"无常心"[①]之境。（5）"天门开阖,能无雌乎?"[②]——耳目口鼻的开合须达到像雌性动物一样的安静之境。（6）"明白四达,能无为乎?"——知识修养须达到"得母"（知道）与"守母"（行道）[③]相统一的无为之境。人生在世,如能按上述要求来进行修养,则必能达到与"常道"之"玄德"相一致的人生至境,具有像"（道）生之""（德）畜之"一样的"玄德"。

第65章则是专就国家治理而论"玄德"。所谓"常知稽式,是谓玄德"[④],即指治理天下的"侯王"而言,意为（侯王）知道并常守治国的法则,这就叫有了"玄德"。这个被称作"稽式"的治国法则,包括两方面:"以智治国,国之贼"和"不以智治国,国之福"。根据第3章的论述（"不尚贤,使民不争;不贵难得之货,使民不为盗;不见可欲,使民心不乱。是以圣人之治,虚其心,实其腹,弱其志,强其骨,常使民无知无欲,使夫智者不敢为也。为无为,则无不治"）,所谓"以智治国",就是推行"尚贤"之政。因"尚贤"必定使"智者敢为",从而导致"民争",以致给国家带来灾祸,故曰"以智治国,国之贼"。所谓"不以智治国",就是"不尚贤",而是"虚其心,实其腹,弱其志,强其骨,常使民无知无欲,使夫智者不敢为也",从而"使民不争";再加以"不贵难得之货,使民不为盗;不见可欲,使民心不乱",这就叫"为无为"。而"为无为,则无不治",所以说"不以智治国,国之福"。懂得"以智治国,国之贼""不以智治国,国之福"的道理,依据这个道理"为无为",这就称得上是"善为道"了。所谓"古之善为道者,非以明民,将以愚之",就是要求"侯王"能"执古之道,以御今之有"[⑤],实行"为无为"的"圣人之治"。要之,第65章所谓"玄德"是指国家治理中"为无为"的圣人德行。所谓"玄德深矣,远矣,与物反矣,然后乃至大顺",就是说"侯王"若能像"古之善为道者"

---

① 《老子·四十九章》:"圣人无常心,以百姓心为心。"
② "能无雌乎",帛书乙本作"能为雌乎"。参见许抗生:《帛书老子注译与研究》,浙江人民出版社1985年版,第87页注⑥。
③ 《老子·五十二章》:"既得其母,以知其子;既知其子,复守其母。"
④ 《老子·六十五章》。
⑤ 《老子·十四章》。

那样"非以明民,将以愚之",则将与万物同归于"无知无欲"的虚静状态,这样就与"常道"的"自然"本性相一致了。

综上所述,历史本体论范畴的"玄德"是指"常道"对万物"生之""畜之"的"自然"作用形式。历史知行论范畴的"玄德"是指通过后天的修养所达到的人生境界和治理境界。后一种意义的"玄德"虽非"常道"之"玄德"本身,但却与"常道"之"玄德"相一致,实是"为道"者的修养臻于与"常道"合一之境的行为表现,故可理解为"常道"之"玄德"在人事中的表现形式。

(三)"孔德"

"孔德"一词仅见于第 21 章:"孔德之容,惟道是从。""孔"是"大"的意思。"孔德"犹言"大德",是指境界最高的道德。"容"是"容貌"之意,这里是指最高道德的行为表现。"道"即"常道","惟道是从"是指境界最高的道德是体现在遵从"常道"行事。本章如此描述"常道":

> 道之为物,惟恍惟惚。惚兮恍兮,其中有象;恍兮惚兮,其中有物。
> 窈兮冥兮,其中有精,其精甚真,其中有信。

这里"有象""有物""有精""有信"等语,皆是用来说明"道之为物"具有"有"的特性——是为"道"与"天下万物"的共性所在;惟"道之为物"乃是"恍惚"或"惚恍"之"有",它"视之不见,名曰夷;听之不闻,名曰希;搏之不得,名曰微。此三者不可致诘,故混而为一。其上不皦,其下不昧。绳绳不可名,复归于无物。是谓无状之状,无物之象,是谓惚恍"[①]——这是"道"作为"有"区别于"天下万物"之"有"的特性所在。所谓"夷""希""微""不皦""不昧""无物""无状"等等,都在于说明"道"不似"天下万物"具有特定的感性形式而可为人所感知,它是没有任何规定性的,故"不可致诘"——不可追问其究竟为何、如何,只得"混而为一"——对它不予分辨而视其为无可分辨之原始统一体——它本就是"先天地生"的"混成"(以混沌状态存在)之物。要之,"常道"的本质特征在于它是超乎"天下万物"之上的无定形之物。

---

① 《老子·十四章》。

若借用黑格尔(1770—1831)的哲学术语,"常道"作为无定形之物也可谓"存在"。"存在"不同于"定在",其区别在于:"存在"是因其"存"而"在",其"在"除了受"存"的限制,不受任何别的限制,故老子称"道"是"独立而不改"①的。这不仅意味着"常道"超越一切矛盾,更意味着"常道"由于其本性之不受任何外来限制而具有无限的可变性,所谓"大道氾兮,其可左右"②是也。其可变的无限性不仅使它在一旦遇到矛盾时可以完全不受矛盾任何一方的限制而超然独立于矛盾各方之外,所谓"万物并作,吾以观复"③是也;而且使它在矛盾面前有无穷的回旋余地,这种无穷的回旋余地从其消极的方面来说,就是可以摆脱任何矛盾及由此带来的困扰而自静自安④;从其积极的方面来说,则可以柔弱似水般的灵活应对和处理各种矛盾,如此则无往而不胜也⑤。反之,"定在"则以其"在"之"定"(意味着受外在的限定、制约)而不能不具有相对性和条件性,也就是说,它必然处在一定的矛盾关系之中而无法超然独立于矛盾之外;它只能作为矛盾关系中的一个方面而存在,并以此不能不和自己的对立面发生摩擦乃至于冲突。

据上分析,"孔德"的行为表现是像超然独立于"天下万物"之上的"常道"一样,以"虚极静笃"之心,使自己置身于现实生活中的种种矛盾之外,绝不介入现实社会的各种纷争。

(四)"积德"

"积德"一词仅见于第 59 章:

---

① 这《老子·二十五章》。这里所谓"不改"是说没有什么东西可以改变"道"的独立性。

② 《老子·三十四章》。"氾"又写作"汜""泛",浮貌。联系下文"可左右"(意即可左可右),可知"氾"的含义为浮动不定,具有可左可右的灵活多变性。

③ 《老子·十六章》。按:此句前半句中"作"字当作"争"解;后半句中"复"字与"归"同义,意指争斗之结局。整句意思是:众人皆以其深陷于矛盾纷争之中而整日忙于彼此互相争斗,独"吾"(即得道者)超然于局外而作为旁观者静观其争斗的结局。

④ 老子后学庄子便是从消极方面来理解"道"的意义的,其"体道"之旨在于摆脱现实矛盾的困扰而获致心灵的安宁,达到所谓"不谴是非,以与世俗处"(《庄子·天下》)的"逍遥游"境界。

⑤ 老子主要是从积极方面来理解"道"的意义的,其"从事于道"是为了追求"同于道"的境界(参见《老子·二十三章》)以达到"天下莫能臣"(《老子·三十二章》)"无为而无不为"(《老子·三十七章》)。

治人事天,莫若啬①。夫唯啬,是谓早服②;早服谓之重积德③;重积德,则无不克;无不克,则莫知其极④;莫知其极,可以有国;有国之母,可以长久。是谓深根固柢,长生久视之道。

这里"重积德"是一个动宾结构("重"+"积德")的短语,故此处"积德"是一个由两个词素所组成的合成词性质的名词。

本章所讲的是修己治人的问题。"治人"靠"事天"。在《老子》语境里,"事天"是按"天道"行事,而"天道"的内容即"自然"——因"天法道,道法自然"⑤也。故"事天"乃意味着"从事于道"而"法自然"。对治人者的治理行为而言,"法自然"的行为就是无为而治;然其所以能做到无为而治,又与其个人的修养有关,是因其"从事于道"而有"德"(得于"常道"),这个"德"是他"从事于道"的修养结果,从这方面来说,"事天"又意味着治人者"从事于道"而进行"积德"的修养。然则,"重积德"的直接意义应是指"治人"者"从事于道"的个人修养而言,它是表示"治人"者欲使其国能够"长久"(长治久安),就必须首先重视自身的"积德"修养,这种修养既是其国可以长治久安的根本("国之母"),也是其个人"深根固柢,长生久视之道"。因此,老子所谓的"重积德"是具有追求"长生久视"的生命哲学意义的。

在老子的生命哲学中,"德"有其特殊含义。第55章云:

含德之厚,比于赤子。蜂虿虺蛇不螫⑥,猛兽不据⑦,攫鸟不搏⑧。骨

---

① 啬:通"穑",本义为收谷。《诗经·魏风·伐檀》有"不稼不啬"之句。故"啬"固有收敛之意,这里指深藏不露,与"其政闷闷,其民淳淳"(《老子·五十八章》)意思相合,都是指行无为之政。

② 服:与上文"治人事天"相应,为服从、顺应之意,系指顺应天道。早服:"早"是先、前的意思,这里指治人事天,应当把顺应天道放在其他一切事情之前,亦即把顺应天道作为治人事天的首要事情。而唯有深藏不露,实行无为,这才可以说是把顺应天道当作治人事天的头等大事。

③ 把顺应天道放在第一位,这就叫做"重积德"。

④ 极:极限,这里指力量的极限。莫知其极:指重积德,则有无往而不胜的无穷之力量。

⑤《老子·二十五章》。

⑥ 虿(音chài):蝎子一类的毒虫。虺(音huǐ):毒蛇。螫(音shì),有毒腺的虫子刺人。

⑦ 据:按、抓。

⑧ 攫:鸟用爪迅速抓取。搏:击、扑。

弱筋柔而握固,未知牝牡之合而全作,精之至也。终日号而不嗄①,和之至也。知和曰常,知常曰明,益生曰祥,心使气曰强。物壮则老,谓之不道,不道早已。

这段话中有几个与"德"相关的语词值得注意:"精""和""知常""益生""使气""不道"。这些语词都是由"含德之厚,比于赤子"引出来的。类似的比喻还见于第 28 章:"常德不离,复归于婴儿。"从其下文"常德不忒,复归于无极""常德乃足,复归于朴"的话来看,"婴儿"与"无极""朴"的意义相近,都是指人初生之时无知无欲的原始状态。从"积德"角度看,"积德"就是要把自己修养到"含德之厚"如同赤子那样无知无欲的初生状态。在这种状态下,修养者能使自己回归到婴儿一样的"精之至""和之至"。这里"精"与"和"与后面"使气"的"气"相关,应是指"精气""和气"。与"心使气曰强"的"使气"相反,"精之至"(精气充足)、"和之至"(和气充足)状态下则是"骨弱筋柔"——这是由于其心无知无欲而没有"使气"所致。由此联系到"专气致柔,能婴儿乎"②(按:"专"为"抟"之借字,是积聚之意。③"专气"是存养积聚在人体内的气)的话,可以认为,"积德"的过程就是"专气致柔"以至于达到像婴儿一样"骨弱筋柔"。再联系"万物负阴而抱阳,冲气以为和"④的话,更可以认为,所谓"和"就是指人生来具有的阴阳调和之气,"精"是指和气(阴阳调和之气)中能使人身体柔软如婴孩,乃至充满像初生婴儿那样的旺盛生命力的精华部分(今俗语所谓元气是也)。老子认为,初生的婴儿和气最盛,精气最足,这是"含德之厚"的体现,故曰:"含德之厚,比于赤子。"积德养气能达到如婴孩般的"和之至",便是意味着"知和"——知道顺应阴阳和合的自然法则了。生活能顺应其自然法则而调和体内阴阳之气,则能使身体处于正常状态,故曰"知和曰常"。知道身体的正常状态在于体内阴阳之气调和,这叫"知常"。知道怎样调适体内的阴阳之气,使身体保持正常状态,这是一种大智慧,故曰"知常曰明"。

至于"益生曰祥",这是跟"心使气曰强"连在一起讲的,正如"知和曰常"

---

① 嗄(音 shà):喉咙哑。

② 《老子·二章》。

③ 参见许抗生:《帛书老子注译与研究》,浙江人民出版社 1985 年版,第 86—87 页。

④ 《老子·四十二章》。

是跟"知常曰明"连在一起讲的一样。我们知道，庄子有"不以好恶内伤其身，常因自然而不益生也"^①的观点，虽然庄子的思想与老子有差异，但在如何对待自然生命的问题上，他不太可能如此跟老子唱反调：老子主张"益生"，他却偏偏主张"不益生"。所以有理由认为，"益生曰祥"是在否定"益生"的意义上使用"祥"字，即此"祥"当作"凶兆"解。在老子看来，"益生"对维护身体的正常状态来说是不吉之兆。接下来"心使气曰强"的话，正在于说明，"益生"之所以有害于生命过程的正常进行，是因为它会导致"心使气"。"心使气"与"专气"正好相反："专气致柔"（犹言"专气则柔"或"专气曰柔"），而"心使气曰强"（犹言"心使气则强"或"心使气致强"）。

"专气"是指顺应阴阳和合的自然法则的养气方法。这种养气方法，本质上是关于阴阳（矛盾）关系的一种思维方式。在相反相成的辩证矛盾关系上，老子强调"有无相生，难易相成，长短相较，高下相倾，音声相和，前后相随"^②，其看重的是矛盾的相成性（统一性）方面，即其思维方式是以"亦此亦彼"为本质特征的。与此形成鲜明对照的是先秦名辩思潮中"辩者"的思维方式。《墨辩·经上》曰："辩，争彼也。辩胜。当也。"《经说上》释云："辩，或谓'之牛'，或谓'之非牛'。是争彼也。是不俱胜，不俱胜必或不当。不当若犬。"谭戒甫译："二人竞辩。以争'彼'故。辩的一方获胜。由于合理故。如甲说'这是牛'；乙说'这不是牛'。凡争彼的必定成辩。这是不能两胜的，不两胜必有一方不合理。不合理的如说'是犬'。"^③根据《墨辩·小取》的论述，"辩"是为了"处利害，决嫌疑"，其内容涉及"是非""同异""名实""治乱"四个方面，相应地"辩"有四个方面的任务："明是非""明同异""察名实""审治乱"。"辩"的目的是为了达到对"是非之分""治乱之纪""同异之处""名实之理"的认知；为了获得这些知识，须借助于"名"（概念）、"辞"（判断）、"说"（推理）等思维形式。从《墨辩·小取》将"是非""同异""名实""治乱"纳入"辩"的范围可知，"辩者"是以"非此即彼"的二元对立思维模式来看待相反相成的辩证矛盾，其"辩"是看重矛盾的相反性（对立性）方面。可以说，以"非此即彼"为特征的"辩者"思维方式是形式逻辑思维，以"亦此亦彼"为特征的老子思维方式是反形式逻辑的和合思维。

———————————

① 《庄子·德充符》。
② 《老子·二章》。
③ 谭戒甫：《墨经分类译注》，中华书局 1981 年版，第 103—104 页。

　　老子的和合思维方式体现在看待普遍存在于万物之中的阴阳二气的关系上,是重视阴阳交合,强调阴阳平和;其体现在关于"是非""善恶"等论辩上,则主张"善者不辩,辩者不善"①。在老子看来,"和"(和合)不仅是阴阳二气运行的自然法则,也是人类认识过程中的思维法则。所谓"善者不辩,辩者不善"的"善"与"不善",并不是"天下皆知美之为美,斯恶已;皆知善之为善,斯不善已"②的"善"与"不善";后者是属于伦理范畴的好(善良)与不好(不善良),前者是属于认知范畴的对(正确)与不对(不正确)。"善者不辩"是指坚持正确思维的人不参与那种非此即彼、非彼即此的争辩;"辩者不善"是指参与那种非此即彼、非彼即此的争辩的人是违背和合思维规律的。"不辩"只是指不参与那种非此即彼、非彼即此的争辩,这当然不等于"不言",然而第 56 章又分明说:"知者不言,言者不知。"③这话该如何理解?这两句话,帛书作:"知者弗言,言者弗知。"④许抗生译为:"知'道'的人不言说,言说的人不知'道'。"⑤许先生这样译法恐有所不妥。"知者"固然可理解为"知'道'的人",但"弗言"却不能简单地理解为"不言说"。事实上,老子本人就"著书上下篇,言道德之意五千余言"⑥,他作为"知'道'的人"(至少老子自己认为他是知"道"的)何尝"不言说"呢?"知者不言"应是对治理天下的"侯王"而言,是指"侯王"要成为"天下贵"(天下最受尊重的人),就应当像"知者"(得道的圣人)一样"行不言之教"。"行不言之教"一说见于第 2 章:

　　　天下皆知美之为美,斯恶已;皆知善之为善,斯不善已。故有无相
　　生,难易相成,长短相较,高下相倾,音声相和,前后相随。是以圣人处
　　无为之事,行不言之教。万物作焉而不辞,生而不有,为而不恃,功成而
　　弗居。夫唯弗居,是以不去。

①　《老子·八十一章》。
②　《老子·二章》。
③　《老子·五十六章》。
④　许抗生:《帛书老子注译·德篇注译》,载《帛书老子注译与研究》,浙江人民出版社 1985 年版,第34 页。
⑤　同上,第 35 页。
⑥　司马迁:《史记·老子列传》。

这一大段话有三个层次,分别讲了三层意思:第一层意思是讲现实世界中存在着各种矛盾,任何人只要他置身于这些现实关系中,他就必然有其对立面;第二层意思是讲"圣人"(善治者)对待现实矛盾所采取的态度——"处无为之事,行不言之教",即超然独立于现实矛盾之外,绝不介入天下的利益纷争,既不做与百姓争利的事,也不说与百姓争利的话;第三层意思则是讲超脱于现实的社会利益关系之外的"圣人"对于百姓的关系,即所谓"万物作焉而不辞"——对百姓之间的利益纷争不加干涉①,亦即不介入或不参与其纷争;"生而不有"即"衣养万物而不为主"②——解决了百姓的温饱而使其能够生存繁衍,但并不因此把自己当作百姓的主人,而是将他们视同为自己畜养的畜牲来任意宰割;"为而不恃"——不自以为有惠于百姓而指望其报恩;"功成而弗居"——不自以为有功于百姓而居功自傲;"夫唯弗居,是以不去"——坚信自己对百姓的无私奉献将被他们铭记在心而永不磨灭,亦即所谓"死而不亡寿"③也。这第三层意思归结起来,就是说"圣人无常心,以百姓心为心"④——善治者因其超脱了现实的社会利益关系,故而能毫无私利心地完全为百姓着想,一心一意奉献于百姓。要之,"行不言之教"是指不说与百姓争利的话。该章重点是讲"行不言之教"贵在"功成而弗居"。这里"言"是特指居功之言。居功之言无非是自以为有功于百姓而指望其回报,这种回报属于功利性报答,以居功之言而求百姓报答,意味着介入或参与百姓之间的利益纷争,实际上就是跟百姓争利。故"不言"就是无意于同百姓争利,一心一意为百姓服务而不求其回报,功遂身退而无居功之言。所谓"行不言之教",是相对于那些习惯于居功的统治者为谋取其私利而推行名教之治而言;"行不言之教"的主张具有反对名教的意义。在老子看来,名教是出于统治者的私欲,本质上是借助于自夸其功的教言来忽悠百姓,欲使百姓听信和服从其教言,以实现其同百姓争利的自私目的。

要之,"专气"作为一种养气方法,其外在表现是不与人争辩争利,其内在表现是无有争辩争利之心。无争辩之心是意味着对外部世界的矛盾不加分辨,也

---

① 据马叙伦先生的解说,"万物作焉而不辞"的"辞"是"治乱之治本字,古辞始音近而假"(参见许抗生:《帛书老子注译与研究》,浙江人民出版社 1985 年版,第 77 页),则"不辞"当作"不治""不理"解,这里把这个意思加以引申,作"不加干涉"解。

② 《老子·三十四章》。

③ 《老子·三十三章》。

④ 《老子·四十九章》。

就是"混而为一"①地看待外界事物,"虚其心"②地摒弃分辨之知;无争利之心是意味着"为腹不为目"③地只求"实其腹"④,"甘其食,美其服"⑤地知足于温饱,"见素抱朴,少私寡欲"⑥,不被五色、五音、五味、驰骋田猎、难得之货所惑而乱其心,乃至于"不欲以静"⑦。简言之,"专气"就是"致虚极,守静笃"⑧,以虚极静笃之心,积聚和抱守阴阳和合之气。由此可见,"专气"之"气"是和气、精气。

按老子的养气方法,和气、精气是在内心虚极静笃状态下积聚于体内而成为人的生命力的来源,其聚散完全是取决于内心的虚静程度,亦即取决于分辨之知和私欲之多寡。养气所能达到的最佳状态是内心无知无欲的虚极静笃状态,在这种心态下体内所积聚的和气最盛、精气最足,人的生命力也相应的最旺。"骨弱筋柔"的初生婴儿就处在这种极佳生命状态,这种状态是和气、精气的原生态,即完全没有受到分辨之知和私欲的影响、干扰的自然状态。而"心使气"则意味着产生了分辨之知和私欲,致使和气、精气的原生态遭到了破坏,和气、精气随之失散,其知欲愈多,其气失散也愈多。也就是说,"心使气"之"气"也是和气、精气。当"心使气"时,其心乃分辨之心、私欲之心;"使气"是表示原生态的和气、精气受到了分辨之心、私欲之心的影响,亦即受到了分辨之知和私欲的干扰。在"益生曰祥,心使气曰强"的具体语境下,"心使气"是指对生死、寿夭有分辨之知而有"益生"(延长自己寿命)之私欲。"心使气曰强"是指因受生死、寿夭之知和益生之私欲的影响与干扰,积聚在体内的和气、精气之原生态遭到破坏,导致和气、精气失散于体外,使得身体不再柔软而变得僵硬起来。所谓"物壮则老",则是指人的身体随着其变僵硬而老化。心起分辨之知而生"益生"之欲,这当然是同"深根固柢,长生久视之道"背道而驰的——所谓"不道"是也;背离"深根固柢,长生久视之道",就会导致自然生命过早结束——所谓"不道,早已"是也。也就是说,"益生"是指不懂得顺应阴阳和合的自然法则而妄求长

① 《老子·十四章》。
② 《老子·三章》。
③ 《老子·十二章》。
④ 《老子·三章》。
⑤ 《老子·八十章》。
⑥ 《老子·十九章》。
⑦ 《老子·三十七章》。
⑧ 《老子·十六章》。

生的行为。老子认为,违背阴阳和合的自然法则而妄求长生乃是凶多吉少,因为这种妄念一旦生起,就会破坏体内阴阳二气的平衡,导致阴阳失调,使身体不再柔软而变得僵硬起来,从而导致折寿而不能尽其天年。

老子的生命哲学是基于"万物负阴抱阳,冲气以为和"的"阴阳气和"论。这种阴阳理论应该是来源于西周末年思想家伯阳父的"天地(阴阳)之气有序"论。《国语·周语上》记载:

> 幽王二年,西周三川皆震。伯阳父曰:"周将亡矣! 夫天地之气,不失其序;若过其序,民乱之也。阳伏而不能出,阴迫而不能蒸,于是有地震。今三川实震,是阳失其所而镇阴也。阳失而在阴,川源必塞;源塞,国必亡。夫水土演而民用也。水土无所演,民乏财用,不亡何待?"

幽王是西周末代国王,幽王二年是公元前 780 年,是年西周境内发生了大范围的地震,伯阳父运用阴阳理论来解释这种地理现象,他把地震归因于天地之气的失序。伯阳父认为,阴阳之气本有其自然秩序,如果阴气伏在下面,受阴气的压迫而不能蒸升,那样就会导致地震的发生。当时泾、渭、洛三川的地震,就是由于阳气受阴气的镇压而不能上升而引起的。

伯阳父运用阴阳理论来解释地震现象,是对《周易》所蕴含的"观变于阴阳"[1] 哲学观念的继承和对这种观念的发展与应用。伯阳父对《易经》阴阳观的发展突出表现在:他不仅明确提出了"阴阳"概念,使《易经》中"—"和"- -"两种原始符号提升为哲学概念,更把这对哲学概念同"天地之气"联系起来,使"阴阳"成为与"气"密不可分的一组概念。

曾有学者猜想伯阳父与老子可能就是同一个人[2],但不管是否确实是如此,单从思想关系来看,伯阳父基于"阴阳"与"气"概念所建立起来的"天地(阴阳)之气有序"论和老子的"阴阳冲气为和"论之间是有明显相关性的,以至于可以说,前者为后者奠定了思想基础,后者是对前者的继承和发展。

---

[1] 参见《易传·说卦传》。

[2] 《史记》卷四《周本纪》:"幽王二年,西周三川皆震。伯阳甫曰:'周将亡矣。'"集解韦昭曰:"伯阳父,周大夫也。"唐固曰:"伯阳父,周柱下史老子也。"(司马迁:《史记》,裴骃集解,司马贞索隐,张守节正义,中华书局 1959 年版,第 145—146 页)

　　尽管老子对"阴阳"之"气"未有系统论述，但是从上文所引《老子》中与之相关的那些零散话语，还是可以把握到他的"阴阳冲气为和"论的基本观点，按照这种观点，由"常道"的自我运动所演化出来的天地万物，虽然其形质千差万别，但都是由阴阳之气构成的。万物所包含的阴阳之气，原本都是均衡调和的；人类也是如此，初生的婴儿都是体内阴阳平衡，和气十足，这是人类自然生命的最佳状态，因为阴阳平衡符合"损有余而补不足"的"天之道"①。具体论及"天之道"，老子有如此比喻："天之道，其犹张弓与？高者抑之，下者举之；有余者损之，不足者补之。"②这说明，老子是从观察当时社会生活中常见的拉弓现象中感悟到了平衡的重要意义：拉弓要拉得恰当到位，必须处理好拉弓过程中高下之间、足与不足之间的关系，使之达到一种平衡。老子将由此悟得的拉弓中的平衡原理上升到宇宙论高度，将其纳入"天之道"，使之成为"天之道"的内容。根据"故道大，天大，地大，王亦大。域中有四大，而王居其一焉。人法地，地法天，天法道，道法自然"③的论述，所谓"损有余而补不足"的"天之道"，完全可以被理解为"天法道"的体现，当然也可以被看作"道法自然"的体现，这样的"天之道"被称为"自然均平之理"④是完全合适的。按照这个原理来理解由阴阳之气所构成的生命体，其体内阳气与阴气之间均衡调和，当然是自然生命的最佳状态。老子认为，人类初生之时，心智未开，无知无欲，没有任何故意的行为，身体完全处于自然状态，其体内阴阳之气全靠自然而然的自我调适，而这正合"道法自然"的原理。所谓"专气致柔，能婴儿乎"，正是指心智已开、有知有欲的成人，如欲"积德"，就得抛弃让自己"心使气"的"益生"之欲，像婴儿那样纯粹自然的自我调节身体而不加任何故意的干预行为，在完全顺其自然的"无知无欲"状态下实现"专气致柔"，以达到"深根固柢，长生久视"。

　　老子所谓"长生久视"，是指"积德"者通过"专气"使自己的自然生命过程得以正常进行。这里"长久"与"不道早已"之"早已"相对，系指自然生命活动

---

① 《老子·七十七章》。
② 同上。
③ 《老子·二十五章》。
④ "损有余而补不足"的"天之道"在庄子哲学中被表述为"天钧"："是以圣人和之以是非而休乎天钧，是之谓两行。"（《庄子·齐物论》）唐成玄英疏："天均者，自然均平之理也。"（转引自陈鼓应《庄子今注今译》，中华书局 1983 年版，第 65 页）

的正常进行。按照老子的宇宙论原理，"常道"在"周行而不殆"^①的自我运动和自我演化的无限过程中，天地、万物和人类都是暂时性存在，只有"常道"本身才是永时性存在，所以，生命过程的正常进行也必有完结之时，不可能无限地进行下去。因此之故，老子绝无延长寿命的欲求，更没有长生不死的幻想，只是期望自然生命过程正常进行，达到"自然"的"长生久视"。

"自然"的"长生久视"与人为的延长寿命并非一回事，与长生不死更完全是两码事。长生不死的神仙思想其实是基于可以人为地延长寿命的观念，是这种观念的极端形式，即认为通过人为的修身养生，可以使寿命无限延长到不死的仙境。老子的"长生久视"论与道教的"长生不死"论的思想分际在于：老子只是期望通过"积德"修养而达到自然生命过程正常进行，道教则幻想通过修炼而达到肉体成仙或羽化升天成神仙。

（五）"常德"

《老子》中有三处出现"常德"一词，皆见于第28章：

> 知其雄，守其雌，为天下溪。为天下溪，常德不离，复归于婴儿。知其白，守其黑，为天下式。为天下式，常德不忒，复归于无极。知其荣，守其辱，为天下谷。为天下谷，常德乃足，复归于朴。朴散则为器，圣人用之则为官长。故大制不割。

这里列举了雄雌、白黑、荣辱三组既对立又统一的辩证矛盾，旨在以这三组矛盾为实例来泛指一切与之同类的矛盾；相应地，"知其雄，守其雌""知其白，守其黑""知其荣，守其辱"，可被归为"知其阳，守其阴"——简言之曰"知阳守阴"。这里"知阳守阴"之"知"，并非事实判断意义上的知道——知识，而是价值判断意义上的知道——赏识。"知阳守阴"之"知阳"，是指认识到了"阳"的价值而看重它，从而意味着想要得到它而追求之。"知阳守阴"之"守阴"是指为了得到"阳"所采取的求"阳"方法。这种方法所蕴含的逻辑是"守阴则得阳"。这种逻辑是基于对辩证矛盾同一性原理的认识，按照这种认识，对立面之

---

① 《老子·二十五章》。

间可以相互转化、互换其位。所谓"祸兮福之所倚,福兮祸之所伏"①,也是基于同一种认识。老子的历史本体论也正是基于这种认识,所以有"反者,道之动"②之说,即认为常道(宇宙本体)的自我运动是"有无相生"③地无限循环往复的过程。在感性世界中,这个无穷过程表现为诸如雄雌、白黑、荣辱之类的辩证矛盾及其矛盾双方各向其对立面转化的具体过程的无所不在。面对这无穷无尽的对立面之间的相互转化,人们当如何应对呢?"弱者,道之用"④就是老子提出的应对之策。在《老子》书中,"弱""柔"意义相近,所谓"人之生也柔弱,其死也坚强。草木之生也柔脆,其死也枯槁。故坚强者死之徒,柔弱者生之徒。是以兵强则灭,木强则折。强大处下,柔弱处上"⑤,就说明了"弱""柔"确乎是意义相近的同类概念,同时更说明了老子是从"人之生也柔弱,其死也坚强。草木之生也柔脆,其死也枯槁"的自然现象中抽象概括出"弱者,道之用"的生存法则和"强大处下,柔弱处上"的生活原理的。在第 28 章中所列举的"雄""雌"、"白""黑"、"荣""辱"三组矛盾中,"雄""白""荣"都是属于"强大"范畴的东西,"雌""黑""辱"都是属于"柔弱"范畴的东西;或者说,"雄""白""荣"都是象征"强大","雌""黑""辱"都是象征"柔弱"。所以接着"守其雌"的话乃有"为天下溪"——溪是山间的小河沟;接着"守其黑"的话乃有"为天下式"——式即平之如水的法⑥;接着"守其辱"的话乃有"为天下谷"——谷是两山之间的水流。因为在经验世界中"天下莫柔弱于水"⑦,所以老子都用表示柔弱的水类之物来比拟"守雌""守黑""守辱"的行为。故"知其雄,守其雌""知其白,守其黑""知其荣,守其辱"亦未尝不可被归为"知其强大,守其柔弱"——简言之曰"知强守弱"。"知强守弱"的内在逻辑是"守弱则得强",而其经验依据在于"天下莫柔弱于水,而攻坚强者莫之能胜"⑧,因此之故,"知强守弱"可以

---

① 《老子·五十八章》。
② 《老子·四十章》。
③ 《老子·二章》。
④ 同上。
⑤ 《老子·七十六章》。
⑥ 参见〔汉〕许慎:《说文解字·式》《法》。
⑦ 《老子·七十八章》。
⑧ 同上。

收到"天下之至柔,驰骋天下之至坚"①的实际效果。

据上分析,"常德"的含义是"守弱常得强",这是体察"道之动"而得享"道之用"的体现。

（六）"上德""下德"

"上德"与"下德"互相对举的提法,仅见于第38章。对此笔者曾有所考察和分析,指出:"上德"是因心体虚静而得"道"所成且常得无丧的朴实公平的道德;"下德"是因心体躁动而无得于"道"从而徒有"德"之名却无"德"之实的虚伪不公平的道德。②前者是老子所倡导的道德,后者是为老子所抨击和唾弃的道德。

另外,第41章有单提"上德"之言:"上德若谷"。"上德"作为朴实公平的道德是在心体虚静状态下得"道"所成,故用"谷"来比喻其心体之虚,意味着此心摒除了一切辨识具体事物所产生的知识而有得于"道",则其心体与其虚堪比"谷神"③的"道"。

（七）"广德""建德"

"广德""建德"仅见于第41章:

> 上士闻道,勤而行之;中士闻道,若存若亡;下士闻道,大笑之,不笑不足以为道。故建言有之:明道若昧,进道若退,夷道若颣。上德若谷,大白若辱,广德若不足,建德若偷,质真若渝。大方无隅,大器晚成,大音希声,大象无形。道隐无名,夫唯道善贷且成。

如果说"上德若谷"是指得道者的心体像山谷一样虚空的话,那么,"广德若不足"则是指得道者的虚空心体包容性极大,就仿佛它是不能使之充满(的容器)一样。至于"建德",许抗生据俞樾《诸子平议·老子》,认为其"建"字通

---

① 《老子·四十三章》。

② 详见周可真:《老子伦理观新探:"上德"与"上善"》,《中共宁波市委党校学报》2020 年第 3 期。

③ 参见《老子·六章》。

"健",其含义为"有所建为"①。依笔者之见,这里"建"字通"健"固然有《释名·释言语》"健,建也。能有所建为也"的解释作为依据,但并不能直接引用《释名》"有所建为"之语来解释《老子》"建德"一词中"建(健)"字的含义。因"德"意味着"得道",即本章所谓"上士闻道"之"闻道",而"上士闻道,勤而行之",则"建(健)德"之"建(健)"当为"勤行"(努力地去行动,不懈怠、不懒惰)之意,与后面"若偷"之"偷"(懈怠、懒惰)之意相反。"建德若偷"的意思是说,勤行之德的表现犹如行动怠惰一般。老子为什么这样说呢?"圣人云,我无为而民自化,我好静而民自正,我无事而民自富,我无欲而民自朴。"②这里"无为""好静""无事""无欲"正可作为"偷"(懈怠、懒惰)的注脚!而圣人(得道之人)之所以行动如此怠惰,恰恰是他作为得道之人守"常无为"之"道"③,勤而行之的表现!

---

① 参见许抗生:《帛书老子注译与研究》,浙江人民出版社 1985 年版,第 12—13 页。
② 《老子·五十七章》。
③ 《老子·三十七章》:"道常无为而无不为。侯王若能守之,万物将自化。"

王弼哲学诸范畴及其逻辑关系①

学术界对王弼哲学的研究已取得累累成果,然而对其哲学诸范畴作全面、系统、细致地考察和分析的论著,似乎迄今未见,本文拟在这方面作些探讨,以就教于方家。

一、"本"与"末"

"本"与"末"是体现王弼哲学思维方式的一对范畴,在其哲学中占有极重要的地位。

"本""末"最初是作为经济范畴的概念被提出来的,《韩非子·五蠹》中最早明确将农业定为"本",工商业定为"末"②,由此诞生了中国古代经济思想史上"农本工商末"的口号。将"本""末"概念运用于哲学,盖肇始于东汉学者王符(约85—约163),他提出:"民有性,有情,有化,有俗。性情者,心也,本也。化俗者,行也,末也。末生于本,行起于心。"③这里的"本""末"概念已具哲学意义。汉末哲学家仲长统(180—200)更提出"人事为本,天道为末"④的命题。仲氏所谓"天道"有两种含义:一是神学意义上的"天道";另一是天文历法意义上的"天道"。所谓"天道为末"是就前一种意义而言。他指出:"所以震威四海,布德生民,建功立业,流名百世者,唯人事之尽耳,无天道之学焉。然则王天下、作大臣者,不待于知天道矣。"⑤又说:"自审已善而不复恃乎天道,上也;疑我

---

① 本文原为作者的中国哲学史专业(中国哲学范畴研究方向)硕士学位论文(1985年),略作修改后曾以"王弼哲学范畴研究"为题发表于《东吴哲学》2001年卷(安徽人民出版社2001年版),因与本书主体内容有特殊关系,故附录于此。
② 《韩非子·五蠹》:"夫明王治国之政,使其商工游食之民少而名卑,以寡趣本务而趣末作。"
③ 〔汉〕王符:《潜夫论》第八卷《德化》。
④ 〔汉〕仲长统:《昌言》,〔唐〕魏征《群书治要》引。
⑤ 同上。

未善,引天道以自济者,其次也;不求诸己而求诸天者,下愚之主也。"① 可见,仲长统提出"天道为末",具有反对神学迷信,否定"天道"作用的意义。这里"末"是个贬义词,含有等而下之而不足取之意。在仲氏哲学中,"本""末"作为两个相互对立的概念,"本"指重要的、有价值的东西,"末"指无关紧要的、无价值的东西,其二者之间并无内在联系,故严格说来,其"本""末"概念还不是作为哲学上的一对关系范畴出现的。作为哲学上的一对关系范畴,"本""末"概念是由王弼首创。王弼将老子哲学中的"母""子"概念创造性地转换为"本""末"概念,用以说明"无"与"有"的关系,这是对老子哲学的继承和重要发展。

本末与母子是有所区别的。母与子是母生子的关系,在时间顺序上是母在先,子在后;但在空间排列上,母子是相互分离,各成一体的。故老子以母子关系来比喻道与万物的关系,虽能形象地说明万物生于道,却难于说明万物必须依赖于道才能存在,虽然在老子哲学中后一种意思也存在,尤其是当"母"被用来指称"常无为"之"道"时,它其实是指"道""生之""畜之"的"玄德",而"玄德"是万物赖以自主自由生长的根据;同时,以母子关系来比喻道与万物的关系,更无从说明道与万物之间具有一种内在的不可分割的统一关系,反倒容易使人们把它们的关系理解为彼此互相外在的机械关系。应该说,这正是老子哲学的一个理论缺陷,一个严重的理论缺陷。本与末则不然。许慎说"木下曰本"②,"木上曰末"③。王符说"末生于本"④。可见,本末关系原是木下与木上的关系,这是一种既相互对立又相互依赖而不可分离的辩证统一关系。尽管本末之间也存在着本生末的关系,但这不是母生子那样的一种关系。在母生子的关系中,母与子有时序上的先后;而在本生末的关系中,本与末并无时序上的先后,只有逻辑上的先后。这种逻辑上的先后关系在经验事实中则显示为空间上的上下关系。根据经验常识,在空间排列上处上位者必然是以处下位者为根基的,这种上下关系从逻辑上讲就是先后关系,即下为先、上为后,其意思就是:上必以下为前提、为基础。王弼把无与有的关系比作本末关系,就是要说明"无"是"有"的前提和基础,"有"必须依赖于"无"才能存在。

---

① 〔汉〕仲长统:《昌言》,〔唐〕魏征《群书治要》引。
② 〔汉〕许慎:《说文解字·本》。
③ 〔汉〕许慎:《说文解字·末》。
④ 〔汉〕王符:《潜夫论·德化》。

因此,本末作为哲学上的一对关系范畴的提出,乃标志着宇宙本体论的确立。

宇宙本体论和宇宙生成论有其共同点,即它们都试图从多样而纷乱的现实世界中去寻找其统一的基础。但是,宇宙生成论的世界统一观,是建立于万物皆出自同一祖先这一信念基础上的。这种信念,与包括图腾崇拜和祖先崇拜在内的原始宗教信仰有内在联系,它实际上是从后者发展而来的,即从原来的追寻本氏族或本部落成员的共同祖先发展到追寻宇宙万物的共同祖先。故宇宙生成论是一种较为原始的哲学形态,它还没有彻底摆脱原始宗教的意识形式。而宇宙本体论的世界统一观则是建立在万物的存在有其共同的根据这一信念基础上的。这种信念实际上也就是相信:万物的存在都是合理的!宇宙本体论之实质正在于从万物皆合理的观念出发,到宇宙中去寻求万物的"公理"——万物获得其现实性的总根据。它认为,这个"公理"是宇宙间唯一能够独立自存的实在,因而是宇宙间第一性的存在,正是由于它的存在,万物才得以存在。王弼哲学就是这样一种本体论哲学。

要确知王弼哲学中本末范畴的意义,仅靠上述这样孤立静态的分析和研究是远远不够的,尚须进一步考察王弼对这对范畴的具体运用,由此方能体得其真义。

二、"无"与"有"

《晋书·王衍传》云:"魏正始中,何晏、王弼等祖述老、庄,立论以为天地万物皆以无为本。""天地万物皆以无为本",是正始玄学的基本命题,也是王弼玄学的基本命题。该命题,王弼本人是这样表述的:"天下之物,皆以有为生。有之所始,以无为本。"[①] 简言之,可谓"有以无为本"。其意义,则应从他对该命题的具体论证中去把握它。他是怎样论证"有以无为本"的呢?

首先,王弼从正面论证了"有"的本质应该是"无"。

他认识到概念是反映事物本质的,并且认识到概念的内涵和外延成反比关系,即概念的内涵愈多,其外延愈少;反之,概念的内涵愈小,其外延愈大。因此,

---

[①] 〔魏〕王弼:《老子注·四十章》。

在他看来,若将概念的内涵减少至尽,即可获得最大的外延,这样的概念就是关于万物的本质的概念:"愈多愈远,损则近之,损之至尽,乃得其极。"① 这个"极"即"万物之极"或"万物之本",或称"至真之极",就是指宇宙最最实在的本质。王弼认为关于万物的本质的概念应当没有任何内涵的观点,在其下面的论述中可得到进一步印证,其曰:"自然之道,亦犹树也。转多转远其根,转少转得其本。"② 这意思就是说,在自然世界中,属性愈多的东西,就愈是远离这个世界的本质;属性愈少的东西,就愈是接近这个世界的本质。据以推之,世界的本质应该是没有属性的。

王弼根据他的名实观,认为没有属性的东西就不能有其名。"凡名生于形,未有形生于名者也。故有此名必有此形,有此形必有其分。仁不得谓之圣,智不得谓之仁,则各有其实矣"③。所以,"凡物有称有名"④,而"至真之极,不可得名。无名,则是其名也"⑤。"无名"就是"道"。按王弼的说法,"道"并非是一种"名号",而只是一种"称谓"。他说:"名号生于形状,称谓出于涉求。"⑥ "故涉之乎无物而不由,则称之曰道。"⑦ 他又说:"道者,无之称也。"⑧ 由此可见,在王弼哲学中,"道"与"无"是有区别的:"道"是"无"的称谓,它所表意的是"无"是"无物而不由",即天地万物皆由于"无"而存在;"无"是"道"指称的对象,其含义是"无形无名"⑨,即没有属性和没有规定性。另外,"道"和"无名"虽然同是指"无",其含义也有差异:"道"是表示"无"是"无物而不由";"无名"是表示"无"是"无形"(没有属性)而"不可得名"(因不可定性而不可定名)。

王弼通过非科学的抽象,得到了一个没有任何内涵的概念——"无名"。他认为"无名"就是关于万物的本质的概念。由此,他断定"无形无名"的东西——"无"——就是万物的本质,就是万物存在的前提和基础:"以无名阅万物始

---

① 〔魏〕王弼:《老子注·四十二章》。
② 〔魏〕王弼:《老子注·二十二章》。
③ 〔魏〕王弼:《老子指略》,载《王弼集校释》,楼宇烈校释,中华书局 1980 年版,第 199 页。
④ 〔魏〕王弼:《老子注·二十五章》。
⑤ 〔魏〕王弼:《老子注·二十一章》。
⑥ 〔魏〕王弼:《老子指略》,载《王弼集校释》,楼宇烈校释,中华书局 1980 年版,第 198 页。
⑦ 同上,第 197 页。
⑧ 〔魏〕王弼:《论语释疑·述而》,载《王弼集校释》,楼宇烈校释,中华书局 1980 年版,第 624 页。
⑨ 〔魏〕王弼:《老子指略》,载《王弼集校释》,楼宇烈校释,中华书局 1980 年版,第 195 页。

也。……吾何以知万物之始于无哉,以此知之也。"①

其次,王弼又从反面论证了"有"的本质不能是"有"只能是"无"。

他论证道:凡具体事物都有其特定的属性,譬如,就一种具体的音来说,它不是宫就是商——"有此形必有其分"②"有分则不宫而商矣"③。有某种属性,就必然受到其属性的限制,譬如,是商的音调,就不能同时又是宫的;是温的东西,就不能同时又是凉的——"若温也则不能凉矣,宫也则不能商矣"④。既然一切具体事物都有这种限制,那么,任何一种具体事物就都不能够成为其他事物存在的根据。"天地以本为心者也。……然则天地虽大,富有万物,雷动风行,运化万变,寂然至无是其本矣。……若其以有为心,则异类未获具存矣。"⑤ 这就是说,唯有"无"才能成为纷繁复杂的多样世界存在的根据;反之,假定以某种具体事物作为其他一切事物存在的根据,则现实世界就只能是单一的而不可能是多样的了。

基于上述论证,王弼得出结论说:"无形无名者,万物之宗也。不温不凉,不宫不商。听之不可得而闻,视之不可得而彰,体之不可得而知,味之不可得而尝。故其为物也则混成,为象也则无形,为音也则希声,为味也则无呈。故能为品物之宗主,苞(包)通天地,靡使不经也。"⑥"无",唯其没有属性,没有任何感性的形式,才适足以成为万事万物存在的根据。

再次,王弼还根据本质与现象相反相成的道理,来说明"无"与"有"也是相反相成的,从而进一步论证了"有"不能离开"无","无"也不能脱离"有"。

他说:"形躁好静,质柔爱刚。体与情反,质与愿违。"⑦ 意谓:本性虽然柔静无为,而表现出来却是刚健有为,这是本性与情欲相反。他认为这类情况是非常普遍的,他把这种普遍的情况概括为"道与形反",并且还作了形象的说明:"善力举秋毫,善听闻雷霆,此道之与形反也。"⑧——善力者并不表现在他能举起重

---

① 〔魏〕王弼:《老子注·二十一章》。
② 〔魏〕王弼:《老子指略》,载《王弼集校释》,楼宇烈校释,中华书局1980年版,第199页。
③ 〔魏〕王弼:《老子注·四十一章》。
④ 〔魏〕王弼:《老子指略》,载《王弼集校释》,楼宇烈校释,中华书局1980年版,第195页。
⑤ 〔魏〕王弼:《周易注·复卦》,载《王弼集校释》,楼宇烈校释,中华书局1980年版,第336—337页。
⑥ 〔魏〕王弼:《老子指略》,载《王弼集校释》,楼宇烈校释,中华书局1980年版,第195页。
⑦ 〔魏〕王弼:《周易略例·明爻通变》,载《王弼集校释》,楼宇烈校释,中华书局1980年版,第597页。
⑧ 〔魏〕王弼:《老子指略》,载《王弼集校释》,楼宇烈校释,中华书局1980年版,第187页。

量极大的东西,而恰恰表现在他能举起重量极轻的东西;善听者并不表现在他能听见音量极小的声音,而恰恰表现在他能听见音量极大的声音。这就叫做本质("道")与现象("形")相反。

王弼认为,彼此相反或互有差异的东西,它们才适足以相济相成。"近不必比,远不必乖。①同声相应,高下不必均也;同气相求,体质不必齐也。召云者龙,命吕者律②。故二女相违,而刚柔合体。"③同样道理,"无"与"有"也是相反而相成的。"有"是有形有象"运化万变"的,而"无"却是"寂然无体"④即守静无为无形无象的,此其相反也。唯其相反,乃能相成。就"无"对"有"的成济关系来说,"道以无形无为成济万物"⑤,而"万物虽贵,以无为用,不能舍无以为体也"⑥;就"有"对"无"的成济关系来说,"夫无不可以无明,必因于有"⑦。为什么"无必因于有"? 就因为"无"是无形无象的,它本身无从表现自己,故只能依赖于有形有象的"有",通过"有"表现出来。"有"也有成济"无"的功用,故"有"对于"无"来说,就不是可有可无、毫无意义的;"无"作为"有"存在的根据,它本身也在一定意义上依赖于"有",不能离开"有"而孤立存在。

认为"无""有"之间存在着一种相互成济的关系,肯定"有"也具有成济"无"的意义,这乃是王弼哲学区别于老子哲学的一大特点,后者则仅仅是讲"道"对于天地万物的意义,而绝口不谈天地万物对于"道"有什么作用。这种区别也是本体论哲学区别于宇宙生成论哲学的一个重要特点。

三、"道"与"理"

如上所述,王弼称"无"为"道",其理由是:"涉之乎无物而不由,则称之曰'道'。"这里"由"是经由之意,指万物都顺从"道"而运动、变化。显然,这个"无

---

① 此二句意为:相近者不一定亲近,相远者也不一定就疏远。
② 《汉书·律历志》:"律十有二。阳六为律,阳六为吕。"
③ 〔魏〕王弼:《周易略例·明爻通变》,载《王弼集校释》,楼宇烈校释,中华书局1980年版,第597页。
④ 〔魏〕王弼:《论语释疑·述而》,载《王弼集校释》,楼宇烈校释,中华书局1980年版,第624页。
⑤ 〔魏〕王弼:《老子注·二十三章》。
⑥ 〔魏〕王弼:《老子注·三十八章》。所谓"不能舍无以为体",意指"有"不能离开"无"而自以为用。
⑦ 《周易·系辞上》韩康伯注引王弼《大衍义》,转引自《王弼集校释·周易注·附》,楼宇烈校释,中华书局1980年版,第548页。

物而不由"的"道",是指万物运动变化的根本规律或最高法则。

在王弼哲学中与"道"意义相近的一个概念,是"理"。他说:"物无妄然,必由其理。"① 这个"理",是指具体事物("物")所具有的、使其无妄而有序地运动变化的内在根据,亦即具体事物运动变化的规律。

王弼肯定万物都有自己运动变化的规律,又认为具体事物的规律是可以概括穷尽的。他说:"夫事有归,理有会。故得其归,事虽殷大,可以一名举;总其会,理虽博,可以至约穷也。"② 他认为可以把广博的具体事物的理概括为一个理,并把这"至约"之"理"称作"理极",谓:"能尽理极,则无物不统。"③ 认为只要把握了"理极",就能统御一切事物。显然,他所谓的"理极"不过是"道"的代名词,既然"道"是"无物而不由"的,则掌握了"道",也就没有什么事物控制不住了。"道"作为"理极",又被称为"至理"。他指出:"举其至理,顺之必吉,违之必凶。"④ 这是强调必须按"至理"行事。

为了说明"道"是统御万事万物的根本法则,王弼从动静关系和一多关系两个方面展开其论证:

首先,从动静关系方面来说,天地万物"运化万变",是动的;然而"夫动不能制动"⑤,只能"不动者制动",故"静必为躁君"⑥。这个自己静止不动却能控制天地万物运动的"君",当然就是那"寂然无体"的"道"。⑦

其次,从一多关系方面来说,天地万物具有多样性,是众;然而"夫众不能治众。治众者,至寡者也"⑧。这个"治众"的"至寡者"(即一),就是"无"。王弼说:"万物万形,其归一也。何由致一? 由无乃一。"⑨ 正是由于"无",万事万物才归于统一而不散乱。他更举例说明之,谓:"毂所以能统三十辐者,无也。以其无能

---

① 〔魏〕王弼:《周易略例·明象》,载《王弼集校释》,楼宇烈校释,中华书局 1980 年版,第 591 页。
② 〔魏〕王弼:《论语释疑·里仁》,载《王弼集校释》,楼宇烈校释,中华书局 1980 年版,第 622 页。
③ 同上。
④ 〔魏〕王弼:《老子注·四十二章》。
⑤ 〔魏〕王弼:《周易略例·明象》,载《王弼集校释》,楼宇烈校释,中华书局 1980 年版,第 591 页。
⑥ 〔魏〕王弼:《老子注·二十六章》。
⑦ 王弼《论语释疑·述而》:"道者,无之称也,无不通也,无不由也。况之曰道,寂然无体,不可为象,是道不可体,故但志慕而已。"(楼宇烈:《王弼集校释》,中华书局 1980 年版,第 624 页)
⑧ 〔魏〕王弼:《周易略例·明象》,载《王弼集校释》,楼宇烈校释,中华书局 1980 年版,第 591 页。
⑨ 〔魏〕王弼:《老子注·四十二章》。

受物之故,故能以寡统众也。"①

王弼的上述理论,无非是要把以静制动、以寡统众说成是宇宙间的普遍法则,为其无为而治的政治主张做论证,为封建的君主集权制度作辩护。

王弼认为,"道"之所以能够使万物的运动变化无妄而有秩序,是因其无私无欲;以其无私无欲,万物亦无私无欲;万物皆无私无欲,故能不妄动,"私欲不行,何可以妄"②?

同时,在王弼看来,也正是由于万物皆无私无欲,它们才能够保全自身。他说:"无求无欲,不犯众物";"不犯于物,故无物以损其全也";"无物以损其身,故能全长也"③。不难看出,王弼其实是以他的处世原则来解释世界的。他目睹当时现实政治斗争中人们为了各自的私利而互相争夺、互相残杀的情形,深感生活在这种混乱的社会里谁都难以保全自身。依他之见,处在这样的乱世,想要保全自己而不受损害,唯一的办法就是做到不求于外,安分守己。他天真地认为,只要我不犯人,则人必不会犯我(这种思想反映了他政治上的不成熟)。因此,当其带着政治眼光来看待整个世界时,他就很自然地也用这种原则来解释世界,认为万物皆无求无欲,则其彼此互不侵犯,因此它们都能保全自己。

四、"性"与"情"

"应物而无累于物"是王弼论人性问题的一句名言④。王弼的人性论是其人生观的理论基础,"应物而无累于物"则是其处世的根本原则。

在王弼哲学中,"性"是从属于"道"的一个概念,与"道"有联系,又有区别。"道者,无之称也"。"性"则是与"真""朴""德"意义相同的概念,《老子注·四十五章》"静则全物之真,躁则犯物之性"⑤,"真"与"性"显然同义;《二十八

---

① 〔魏〕王弼:《老子注·十一章》。
② 〔魏〕王弼:《周易注·无妄卦》,载《王弼集校释》,楼宇烈校释,中华书局1980年版,第342页。
③ 〔魏〕王弼:《老子注·五十五章》。
④ 原文见〔晋〕何劭:《王弼传》,载《王弼集校释·附录一》,楼宇烈校释,中华书局1980年版,第639页。
⑤ 〔魏〕王弼:《老子注·四十五章》。

章》"朴，真也"①，《五十五章》"含德之厚者，无物可以损其德、渝其真"②，"德"与"真"亦同义。从上述王弼的论述中，更可看出"道"与"德"（"性"）之间的关系，他说："物生而后畜。""何由而生？道也。何得而畜？德也。"③ 又说："何以得德？由乎道也。"④ 这里他说明了两点：其一，物得德而畜，就是说，万物由"道"而生能够得以保存，是因为它们得到了"德"。换言之，"德"即是物赖以存在和发展的内在根据。其二，物由道得德，就是说，万物所具之"德"都是从"道"那里得来的。要之，"德"既依赖于"道"（因其得于"道"），而又不同于"道"（以其为"道"所赋予物者而非"道"本身）。

据王弼的看法，"道"所赋予万物的德性，从其内容说，就是无知无欲。他认为人的真性与物无异，亦是无知无欲。⑤ 然而，他又指出，人在和外界事物的接触过程中，必然产生情欲，即使圣人也不例外。圣人在受到外物的不同刺激时，同样不能不"应物"而产生各种情感。他举例说，孔圣人在遇见他的得意门生颜渊时就欢乐；当他听到颜渊死亡的消息时便悲哀。圣人亦"不能无哀乐以应物"⑥。王弼认为，圣人比一般人高明，是在于"夫明足以寻极幽微"，但圣人也"不能去自然之性"⑦。圣人亦是人；是人，就有人性；而性必然要表现为情。所以，王弼不同意何晏"圣人无情"的观点。何劭《王弼传》载：

> 何晏以为圣人无喜怒哀乐，其论甚精，钟会等述之。弼与不同，以为圣人茂于人者神明也，同于人者五情也。神明茂，故能体冲和以通无；五情同，故不能无哀乐以应物。然则，圣人之情，应物而无累于物者也。今以其无累，便谓不复应物，失之多矣。⑧

这里，王弼所着重强调的是"圣人同于人者五情，故不能无哀乐以应物"，坚持的

---

① 〔魏〕王弼：《老子注·二十八章》。
② 〔魏〕王弼：《老子注·五十五章》。
③ 〔魏〕王弼：《老子注·五十一章》。
④ 〔魏〕王弼：《老子注·三十八章》。
⑤ 《老子·三章》："常使民无知无欲。"王弼注："守其真也。"（〔魏〕王弼：《老子注·三章》）
⑥ 参见〔晋〕何劭：《王弼传》，载《王弼集校释》，楼宇烈校释，中华书局1980年版，第640页。
⑦ 〔晋〕何劭：《王弼传》，载《王弼集校释》，楼宇烈校释，中华书局1980年版，第640页。
⑧ 转引自楼宇烈《王弼集校释·附录一》，楼宇烈校释，中华书局1980年版，第640页。

是"圣人之情，应物而无累于物"。他认为，何晏是因为只看到"圣人茂于人者神明，故能体冲和以通无"的一面，所以，他就认为圣人既然"通无"而"无累于物"，则自然"不复应物"了。

何晏的"无情"观点，当来源于庄子哲学。《庄子·德充符》有云："有人之形，无人之情。有人之形，故群于人；无人之情，故是非不得于身。……惠子谓庄子曰：'人故无情乎？'庄子曰：'然。'惠子曰：'人而无情，何以谓之人？'庄子曰：'道与之貌，天与之形，恶得不谓之人？'惠子曰：'既谓之人，恶得无情？'庄子曰：'是非吾所谓情也。吾所谓无情者，言人之不以好恶内伤其身，常因自然而不益生也。'……"[1]按庄子本人的辩解，他所谓"无情"是从养生角度说的。他认为"好恶"之情违背"自然"而有害身体健康，所以主张"无情""无好恶"。何晏讲"圣人无喜怒哀乐"，显然同庄子的"无情"观点一脉相承。庄子的"无情"观点是与其"逍遥游"思想溶于一体的，作为一种处世哲学，其所反映的是一种混世、游世的生活态度。何晏身为吏部尚书而取"圣人无情"的哲学，这实际上是反映了其身处曹氏与司马氏两大统治集团政治斗争的旋涡之中而又企图从中游离出来的无可奈何的心态和消极无为的处世态度。

王弼则不同，他虽然少年老成，却毕竟涉世不深，对现实政治斗争的残酷性尚缺乏深切体验，因而仍不失其入世进取之心。他到朝廷任职之后，曾向当权者曹爽"论道移时"，就正体现了其积极参政议政的入世精神。也正是这种入世精神，才促使他在讨论人性问题时强调圣人"不能无哀乐以应物"的一面。他认为，圣人因其"神明茂于人"而"能体冲和以通无"，故而能"以情近性"[2]。能以情近性，则能久行其正，这叫作"情之正"。情欲正当，则不失其理（性），故"情近性者，何妨是有欲"[3]？这种"不妨有欲"的言论，恰是其积极入世的生活态度的写照。

但是，王弼毕竟没有把他的"应物"思想推向极端，而是主张以"无累于物"来限制"应物"的。从他同何晏的私人交情方面来说，其"无累于物"的思想，或可看作是他对何晏"无情"论主张的一种妥协；而就其同当时的社会现实的关系而言，"无累于物"又可以说是他对社会现实的妥协，反映出其虽有入世进取之心，却多少也看到了当时政治斗争的激烈和残酷，因而不愿牵缠进去，或者至

---

① 《庄子·德充符》。
② 〔魏〕王弼：《论语释疑·阳货》，载《王弼集校释》，楼宇烈校释，中华书局1980年版，第632页。
③ 同上。

少是不想卷入得太深。

"应物而无累于物",其实不仅是王弼人生哲学的根本原则,也是其全部哲学理论的精神内核。它集中地反映了其玄学的个性特点,对于我们正确理解其玄学思想具有十分重要的意义。

从上述引文来看,"应物而无累于物"是"圣人"境界,唯有"圣人"才能做到"应物而无累于物"。在王弼看来,"圣人"是"体无(道)"者,他是与"无(道)"为一的,因而是"无(道)"的化身,或曰人格化的"无(道)"。故由"圣人"的"应物而无累于物",可看出"无(道)"与"有(物)"的关系来:一方面,以"圣人"不能不"应物",可见"无"与"有"是不可分割的,"无"不是脱离"有"而存在的一种绝对独立的实体;另一方面,又以"圣人"是"无累于物"的,可见"无"虽依赖于"有",却并不以"有"为其存在的根据。换言之,"无"是自本自根的东西。"无"的自本自根性及其对"有"的依赖性,表明了"无"的确具有宇宙本体的特性。王弼哲学确实是地道的本体论哲学,它不再如本原论哲学那样去追溯宇宙的起源,而是把对象世界区分为现象与本体("末""本")两个方面,进而寻求现象世界背后的本体了。

五、"自然"与"名教"

在王弼著作中,"自然"一词有必然性、事物本来的样子、人的本能、自然物、"道"、"性"等多种含义,然而与"名教"相对而言的"自然",却只是指"性"。

在王弼看来,在同外界事物接触过程中,唯有"圣人"能"以情近性",有情而不失其理,所以能文明而动[①]。普通人却做不到这一点,其情不能不累于物(以其不能"体无"也)。情累于物,则必然"逐欲迁",而远其性;不能以情近性,则不能久行其正,这叫做"情之邪"[②]。情欲不正当,则失其理(性);失情理者,必不能"文明以动"。于是,社会上便生出各种事端来。[③]

---

① 〔魏〕王弼《周易注·丰卦》:"文明以动,不失其理也。"(楼宇烈:《王弼集校释》,中华书局 1980 年版,第 492 页)

② 参见〔魏〕王弼:《论语释疑·阳货》,载《王弼集校释》,楼宇烈校释,中华书局 1980 年版,第 632 页。

③ 〔魏〕王弼《老子注·二十八章》:"真散则百行出,殊类生"。又《老子指略》:"朴散真离,事有其奸。"

王弼认为,民性既然散失,他们就必然会因"逐欲"而发生彼此争夺,而使社会陷于混乱。社会若没有秩序,便不能够存在下去。因此,在他看来,社会能够存在至今,这是圣人的功劳。他说:"圣人因其分散,故为之立官长。以善为师,不善为资,移风易俗,复使归于一也。"① 圣人在人民失其真性的情况下,欲使其复归于自然,乃为之设立"官长",以教化不善者,改变民间的坏习气,使纷乱的社会重归于统一。他又说:"始制官长,不可不立名分以定尊卑,故始制有名。"② 这就是说,圣人若不造立名分以确定等级秩序,则虽设立了官长,亦仍达不到教化人民而使之复归于自然的目的。

既有了"名"(即确立了等级制度),"善者"(统治者)当如何施行教化,使"不善者"(庶民百姓)弃恶从善呢?王弼说:"我之教人,非强使人从之也,而用夫自然"③;"我之所欲唯无欲,而民亦无欲而自朴也"④。圣人并不采用强制性手段来使人民服从自己的命令,而是唯"道"是用("用夫自然"),即行无为之教来化导百姓的。故王弼亦称圣人"行不言之教"或"以不言为教"。

要之,依王弼之见,人性是无善无恶的,假如人性("自然")能保持不变的话,人们都无知无欲,就不会发生争夺,社会就不需要统治者,人与人之间亦不存在尊卑贵贱的差别,也就无所谓名教。但是,他认为,除了极少数"圣人"以外,绝大多数人都不能保持其本性,不能"守其真",名教正是在"自然"(民性)失守的情况下由圣人创立的,其作用就在于使人民复归于无知无欲的状态,从而使社会保持应有的秩序,倘使没有名教,则社会必然混乱不堪,乃至于不能够存在下去。显而易见,王弼首先是为了突出圣人的地位,把圣人说成是人类的救世主;其次是为了论证名教的合理性,把名教说成是"守自然"的依据。这是王弼唯心史观的突出表现。

据上所述,可以把王弼关于名教与自然的理论概括为"名教守自然"。这一理论包含着如下两层意思:

其一,"名教"和"自然"是统一而不可分割的。一方面,"名教"以"自然"为根据,是适应"守自然"的需要而产生,并为"自然"服务的,故"名教"决不能

---

① 〔魏〕王弼:《老子注·二十八章》。
② 〔魏〕王弼:《老子注·三十二章》。
③ 〔魏〕王弼:《老子注·四十二章》。
④ 〔魏〕王弼:《老子注·五十七章》。

脱离"自然"。另一方面,"自然"以"名教"为条件,是靠"名教"而维持其存在的,故"自然"也决不能离开"名教"。

其二,在"名教"和"自然"的统一体中,"自然"处于主导地位,并通过"名教"来保存自己;"名教"则处于从属地位,它适应"自然",起维护"自然"的作用。

就上述第一层意思而言,所谓"名教守自然",是在于说明,"名教"和"自然"对于社会都是不可或缺的。就其第二层意思而言,所谓"名教守自然"则在于说明,"名教"和"自然"对于社会具有不同的意义,即:"自然"是社会存在的基础,"名教"则是社会存在表现的方式。"名教"这种社会存在形式,是由"自然"决定的,是合乎"自然"的要求的。也就是说,"名教"是合乎人性要求的。

不难看出,王弼"名教守自然"的理论,其实质在于论证封建等级制度是合乎人性的。

正是因为王弼把"自然"看作社会存在的基础,认为"名教"是因"自然"而设,其意义仅仅在于"守自然",所以在他看来,倘若离开"自然"而去追求"名教",则其所求"名教"对于"自然"来说,就不仅毫无积极意义,反而是有害于"自然"的了。这种危害"自然"的所谓"名教",是王弼坚决反对的;并且正是在这个意义上,他才提出了"绝仁弃义"的主张。他所要抛弃的"仁义",在他看来并非是真正的"仁义",而乃是假仁假义,即违背"自然"的"仁义",故曰:"绝仁非欲不仁也,为仁则伪成也。"[①] 此所谓"为仁",是指在非"自然"的意义上去追求"仁"。如此"为仁",当然会导致"伪成"。"伪"也者,失其真也,即不能"守自然"也。离开"守自然"的本旨而"为仁",这便是累于"名教",这种做法是王弼所极力反对的。

六、"体"与"用","言"与"意"

王弼认为,圣人之所以能做到"应物而无累于物",是因其"神明茂,故能体冲和以通无"。这里涉及"体无"或"体道"的问题,这是王弼哲学中很重要的一个问题。

---

① 〔魏〕王弼:《老子指略》,载《王弼集校释》,楼宇烈校释,中华书局 1980 年版,第 199 页。

"体道"一词初见于《庄子·知北游》："夫体道者,天下之君子所系焉。"①《韩非子·解老》中也提道："夫能有其国、保其身者,必且体道。"② 何劭《王弼传》中提道："……弼曰:'圣人体无,……'"③ 王弼之后,宋代理学家张载也在《正蒙·大心》中提道："身而体道,则为人也大矣。"然而,究竟何谓"体道",其具体涵义是什么,却至今未见有详明而确切的解说。笔者注意到国内一些《庄子》研究专家对《知北游》所谓"体道者"所作的解释,如陈鼓应先生将"体道者"解释为"体现道的人"④;又如,刘笑敢则把"体道者"解释为"直接体认道的人"⑤。这两种解释显然很不一致,而且似乎未免都过于笼统而抽象。由于《庄子》原文中对于"体道"的含义未有明确的交代,故若仅仅限于《庄子》来理解其书所谓"体道者"的含义,则恐怕永远只能是智者见智,仁者见仁。

据笔者考察,我国古代虽有许多哲学家都曾直接谈到过"体道"问题,但能使我们对"体道"的真实含义有比较明确了解的,是荀子的有关论述。《荀子·解蔽》云:

> 人何以知道? 曰:心。心何以知? 曰:虚壹而静……未得道而求道者,谓之虚壹而静。作之:则将须道者之虚,则人(引者按:当为"入");将事道者之壹,则尽;将思道者静,则察。知道,——察、知道,行、体道者也。

由这段话,至少可以获得如下信息:

(1)"体道"是"知道"的一种特殊形式。由上引原文可知,荀子所谓"知道",有广、狭二义:广义的"知道"包括"知道"(狭义)和"体道"两种形式;狭义的"知道"则不包括"体道"在内。

(2)"体道"就是通过"行道"来"知道"。从荀子的原话看,"体道"和"知道"(狭义)这两种"知道"形式,各有其特殊的认识方法:"知道"(狭义)是通过"察

---

① 《庄子·知北游》。

② 《韩非子·解老》。

③ 〔晋〕何劭:《王弼传》,载《王弼集校释·附录一》,楼宇烈校释,中华书局 1980 年版,第 639 页。

④ 陈鼓应:《庄子今注今译》,中华书局 1983 年版,第 578—579 页。

⑤ 刘笑敢:《庄子哲学及其演变》,中国社会科学出版社 1988 年版,第 177 页。

（道）"；"体道"是通过"行（道）"。

（3）"体道"是"行道"和"知道"的统一。"体道"作为"知道"的一种特殊形式，其实质在于"知道"，其方法在于"行道"。这里，"知道"和"行道"是统一而不可分割的，这个统一体被称作"体道"。

将上述这些信息综合起来作进一步的分析，可知，我国古典哲学认识论中"体"是标志知行统一的范畴。故"体"既具有知的意义，又具有行的意义。《淮南子·氾论训》云："圣人以身体之。"高诱注："体，行。"[1] 这是在行的意义上使用"体"概念的例子。《春秋繁露·精华》则有"体天之微"之说，这显然是在知的意义上来使用"体"概念的。至于《庄子·知北游》所谓"体道者"的"体"，从其后文强调"道不可言""道不当名"来看，应是"行"之意；"体道者"，即行道之人。

对"体道"与"知道"（狭义）的关系，儒、道两家有不同的看法。在儒家荀子那里，"体道"与"知道"的内在联系是一种辩证统一的关系，即：一方面，"体道"依赖于"知道"；另一方面，"知道"又有待于发展到"体道"。荀子指出："不闻不若闻之，闻之不若见之，见之不若知之，知之不若行之，学至于行之而止矣。"[2] 他这里所讲的"知"，是指"察、知道"；"行"是指"行、体道"。所谓"知之不若行之，学至于行之而止矣"，就是说，"体道"是比"知道"更高一级的阶段，是整个认识过程的最高阶段。由于荀子把"体道"看作是高于"知道"而又基于"知道"的认识活动，故他虽然极重"体道"，却绝不排斥"知道"，相反十分重视"知道"，并因而强调"察""辩"的重要性，谓"非至辩莫之能分"[3]，认为离开"察""辩"就不能分别是非，也就没有认识。反之，道家庄子则认为"道"不是"知"或"辩"的对象，而只是"体"的对象，而且为了"体道"，更必须"去知""去言"；唯有"无思无虑"，"不谴是非"，才能"体道"。显然，在庄子看来，"体道"和"知道"是绝对相互排斥的。

王弼作为儒道兼综的玄学的主要创始人之一，其"体道"观究竟是怎样呢？

王弼的人性论认为，无知无欲乃是人的自然本性，且圣人之性与常人之性无异，故他是否认有所谓先知先觉者存在的。他指出，所谓"前识者"不过是"前

---

① 〔汉〕刘安等编：《淮南子》，上海古籍出版社 1989 年版，第 139 页。

② 《荀子·儒效》。

③ 《荀子·正论》。

人而识"①,即比别人先一步认识而已。在他看来,知识正像欲望一样,是人们在同外界事物的接触过程中产生的,亦即是"应物"的结果。但是,由于人与人之间在天赋的"神明"(即悟性或理性)方面存在着差异,各人的认识深度也就不同:圣人以其"神明"茂于常人,能"体冲和以通无",所以能"得本以知末"②;而常人却是"舍本以逐末"③,只能是"见形而不及道者"④。

然则,圣人是通过怎样的途径"得本"的?从"得本以知末"的话,可见"得本"与"知末"具有某种同一关系,即"得本"则"知末",但还看不出王弼是如何看待"知末"对于"得本"的意义的。从其本体论思想看,他认为"夫无不可以无明,必因于有",据此看法,"无"是通过"有"表现出来的,则理所当然可以通过"有"来把握"无"。他是否真的认为可以如此"得本"呢?

王弼有一段话值得注意。他在解释《老子·四十七章》中"其出弥远,其知弥少"这段话时指出:"无在于一,而求之于众也。道视之不可见,听之不可闻,搏之不可得。如其知之,不须出户;若其不知,出愈远愈迷也。"⑤他这里所讲的"如其知之,不须出户;若其不知,出愈远愈迷",究竟是什么意思呢?是否可以理解为他像老子一样认为"得道"无须依赖于经验知识,甚至经验知识会妨碍"得道"呢?我们不妨对这段话先作一番语义分析,然后再作判断。这段话中值得注意和推敲的是"知之"与"不知"两组词。如果说王弼的认识论思想与老子相同,那么,这里的"知之"就应该解释为"欲知道";相应地,"不知"应解释为"不欲知道"。但是,这样的解释,对照原文是说不通的。根据原文,"知之"只能理解为"知道";"不知"只能理解为"不知道"。据此,当然不能认为王弼是主张不须出户就可以知"道"的。从其前文所申述的理由来看,"道视之不可见,听之不可闻,搏之不可得"是说"道"不是经验的对象,它不可以为感觉所感知。按照王弼的观点,"道"乃是"神明"(即理性)的对象;必须依靠"神明",才能把握到"道"。所谓"知之"与"不知",皆是就"神明"对"道"的关系而言。"知之",是指以其"神明"茂而知"道";"不知",是指"神明"不够茂而不知"道"。

---

① 〔魏〕王弼:《老子注·三十八章》。
② 〔魏〕王弼:《老子注·五十二章》。
③ 同上。
④ 〔魏〕王弼:《老子指略》,载《王弼集校释》,楼宇烈校释,中华书局 1980 年版,第 197 页。
⑤ 〔魏〕王弼:《老子注·四十七章》。

若"神明"不够茂而不知"道",则靠积累和增加经验知识就能知"道"了吗？当然不能。故曰："若其不知,出愈远愈迷也。"

欲知王弼"得本"的真思想,还须进一步考察和分析其言意观。

王弼的言意观认为,语言是不能够充分表达思想的。他说："凡言义者,不尽于所见,中有意谓者也。"① 意思是：人们通过言语来表达思想("义"),总是不能够将所表达的意思全部表达出来,因而内心总是存在着想要说明却未能表达出来的意思。从这种言意观出发,王弼提出要改革传统经学中流行的注经释典的旧方法。他以过去经学对于《周易》的研究为例,指出,以往人们研究《周易》,存在着一种陋习,即总是拘泥于其中的"言""象",由是"案文责卦"而"伪说滋漫",结果是"从复或值,而义无所取"②。他认为,研究《周易》的宗旨应该是"得意",即把握圣人"立象""重画"的意蕴。他说："夫象者,出意者也；言者,明象者也。"③ "象"是表达"意"的；"言"是说明"象"的。因此,对于易学家来说,言与象、象与意,就像蹄和兔之于捉兔者,筌和鱼之于捕鱼者,前者不过是工具,后者才是所要得到的东西,所以,当借助于工具达到了目的("得兔""得鱼""得象""得意"),就不应再纠缠于工具("忘蹄""忘筌""忘言""忘象")。不过,在王弼看来,"得意"和"得兔""得鱼"还不完全是一回事。他说："得意在忘象,得象在忘言。故立象以尽意,而象可忘也；重画以尽情,而画可忘也。"④ 这就是说,只有不纠缠于"言""象",才能真正"得意"。

这里有必要指出的是,有很多学者都根据上述引文而断定王弼主张"得意在忘象,得象在忘言",就是认为言象不能表达意,所以必须抛开言象才能得意。其实,这是一种误解。事实上,王弼并没有把"言"和"象"、"象"和"意"割裂开来；恰恰相反,他不仅认为"夫象者,出意者也；言者,明象者也",更认为"尽意莫若象,尽象莫若言"⑤。王弼这个观点显然是同他的"夫无不可以无明,必因于有"的本体论思想完全一致的。因此,不应也不能认为他是主张抛开"言"而去求"象",抛开"象"而去求"意"的,正如我们不能断定他认为只有赤手空拳

---

① 〔魏〕王弼：《周易注·姤卦》,载《王弼集校释》,楼宇烈校释,中华书局1980年版,第439页。
② 〔魏〕王弼：《周易略例·明象》,载《王弼集校释》,楼宇烈校释,中华书局1980年版,第609页。
③ 同上。
④ 同上。
⑤ 同上。

才能"得兔""得鱼"一样。人们之所以会产生这样一种误解,一个重要原因恐怕是由于其曲解了王弼所讲的"忘言""忘象"之"忘"的意思,认为"忘"即是忘掉、抛开之意。其实,这乃是望文生义。从王弼思想的实际情况来看,我们是无论如何也不能够把他所说的那个"忘"理解为忘掉、抛开之意的。

在王弼看来,"言"与"象","象"与"意"的关系,正如"有"与"无"或"物"与"道"的关系一样,也是既对立又统一的,因此,作为"得象"者、"得意"者,他就应该像"得道"的"圣人"对于"物"的态度(即"应物而无累于物")那样,对于"言""象"亦保持一种不即不离的关系,即既"寻言""寻象"(犹"应物"也),又"忘言""忘象"(犹"无累于物"也)。他所谓的"忘",实是不受牵累之意。他主张"得意在忘象,得象在忘言",一如其认为圣人之所以能"体冲和以通无",就是因为其"应物而无累于物";若"累于物",则不能"体无"矣。

王弼强调"忘象""忘言",一方面是在于反对"舍本以逐末"的经验主义,另一方面是在于张扬"得本以知末"的理性主义。他认为现象("形""末")与本体("道""本")是相反相成的关系,"言"与"象"、"象"与"意"的关系,同样是如此。因此,虽然"可寻言以观象""可寻象以观意"[①],但由于圣人"立象以尽意""重画以尽情",其情其意"不尽于所见,中有意谓者也",所以光靠"寻言""寻象"的经验积累,是不足以"得意"的,更必须发挥"神明"的作用,才能达到目的。

根据王弼的思想,靠感觉固然不能把握到本体,而"神明"也并非是在任何条件下都能够把握到本体。他说:"玄,物之极也。言能涤除邪饰,至于极览,能不以物介其明,疵其神乎?则终于玄同也。"[②]他认为,唯有"神明"不为邪念物欲所玷污,使内心达到无欲空虚的境界,才能把握到宇宙的本体("物之极")。为何必须如此?照王弼的看法,是由于"万物始于微而后成,始于无而后生。故常无欲空虚,可以观其始物之妙"[③]。这段话中前三句的意思与他下面一段话的意思相同:"道以无形无为成济万物。故从事于道者,以无为为君(居),不言为教。"[④]故前一段话的中心意思实是说:如能保持"无欲空虚","以无为为君","以

① 〔魏〕王弼:《周易略例·明象》,载《王弼集校释》,楼宇烈校释,中华书局1980年版,第609页。
② 〔魏〕王弼:《老子注·十章》。
③ 〔魏〕王弼:《老子注·一章》。
④ 〔魏〕王弼:《老子注·二十三章》。

不言为教", 则可以体会到"道"常无为而无不为的神妙作用。而所谓"无欲空虚"，"以无为为君，不言为教"，也就是"以无为用"。王弼说："以无为用，则得其母，故能己不劳焉而物无不理。"[①] 可见，在王弼看来，"体"是不离乎"用"的，必须在"用无"中"体无"。这里"用无"就是由"道"而行，"体无"就是由行"道"而知"道"。王弼"圣人体无"的思想就在于主张寓体于用，寓知于行，追求体用统一、知行统一的圣人境界。

由于"体无"不仅要求"神明"不受邪念物欲的干扰，而且要求行为的"无为""不言"，所以，王弼在"得意"问题上也要求"忘言""忘象"，以免受"言""象"的牵累。在这里，"无为"体现在不"案文责卦"；"不言"体现在不"伪说滋漫"。这便是"忘言""忘象"的具体含义。

综上所述，王弼的"体无"思想是一种儒道兼综的"体道"观，其特点是主张透过现象看本质，反对"舍本以逐末"的经验主义，提倡"得本以知末"的理性主义。就其承认而不是否定关于现象的经验知识对于把握本质的积极意义而言，是吸取了儒家关于"知道"的思想；就其强调把握本质对于理解现象的重大意义而言，则是吸取了道家老子关于"既得其母，以知其子"的思想。应该说，这种思想是具有相当合理性的，可以说，这是王弼哲学的精华所在。它作为一种认识方法，就是在今天，也仍有其"古为今用"的价值。

---

① 〔魏〕王弼：《老子注·三十七章》。

参考文献

一、中文文献

（一）马克思主义经典著作

中共中央马克思恩格斯列宁斯大林著作编译局,编译.马克思恩格斯选集:第1—4卷[M].北京:人民出版社,2012.

（二）专著

任继愈.中国哲学史论[M].上海:上海人民出版社,1981.

《哲学原理发展概述》编写组.哲学原理发展概述[M].福州:福建人民出版社,1981.

郭沫若,主编.甲骨文合集[M].北京:中华书局,1978—1982.

罗根泽,编著.古史辨[M].上海:上海古籍出版社,1982.

曹础基.庄子浅注[M].北京:中华书局,1982.

曹伯言,张哲永.中国古代思想家列传编注[M].上海:华东师范大学出版社,1985.

许抗生.帛书老子注译与研究:增订本[M].第2版.杭州:浙江人民出版社,1985.

刘笑敢.庄子哲学及其演变[M].北京:中国社会科学出版社,1987.

方立天.中国佛教与传统文化[M].上海:上海人民出版社,1988.

中国道教协会研究室,编.道教史资料[M].上海:上海古籍出版社,1991.

王卡,点校.老子道德经河上公章句[M].北京:中华书局,1993.

张岱年.张岱年全集:第2卷[M].石家庄:河北人民出版社,1996.

冯友兰.贞元六书[M].上海:华东师范大学出版社,1996.

荆门市博物馆.郭店楚墓竹简［M］.北京：文物出版社,1998.

华东师范大学中国文字研究与应用中心.金文引得:殷商西周卷［M］.南宁：广西教育出版社,2009.

杨义.韩非子还原［M］.北京：中华书局,2011.

(三) 古籍

黄宗羲,撰.全祖望,续修.陈叔谅,李心庄,重编.宋元学案［M］.南京：国立编译馆,1947.

杨伯峻.孟子译注［M］.北京：中华书局,1960.

郭庆藩.庄子集释［M］.北京：中华书局,1961.

许慎.说文解字［M］.北京：中华书局,1963.

高亨.商君书注译［M］.北京：中华书局,1974.

上海师范学院古籍整理组,校点.国语［M］.上海：上海古籍出版社,1978.

张载.张载集［M］.北京：中华书局,1978.

高亨.周易大传今注［M］.济南：齐鲁书社,1979.

汪继培,笺.彭铎,校正.潜夫论笺［M］.北京：中华书局,1979.

楼宇烈.王弼集校释［M］.北京：中华书局,1980.

杨伯峻.论语译注［M］.北京：中华书局,1980.

楼宇烈.王弼集校释［M］.北京：中华书局,1980.

阮元,校刻.十三经注疏［M］.北京：中华书局,1980.

袁愈荌,译诗.唐莫尧,注释.诗经全译［M］.贵阳：贵州人民出版社,1981.

《韩非子校注》编写组.韩非子校注［M］.南京：江苏人民出版社,1982.

司马迁.史记［M］.北京：中华书局,1982.

戴震.孟子字义疏证［M］.北京：中华书局,1982.

陈鼓应.庄子今注今译［M］.北京：中华书局,1983.

梁启雄.荀子简释［M］.北京：中华书局,1983.

朱熹.四书章句集注［M］.北京：中华书局,1983.

朱骏声.说文通训定声［M］.武汉：武汉古籍书店,1983.

王焕镳.墨子校释［M］.杭州：浙江文艺出版社,1984.

许维遹.吕氏春秋集释［M］.北京：中国书店,1985.

黄宗羲,撰.吴光,主编.黄宗羲全集[M].杭州:浙江古籍出版社,1985.

孙星衍.尚书今古文注疏[M].北京:中华书局,1986.

赵守正.管子注译[M].南宁:广西人民出版社,1987.

李定生,徐慧君.文子要诠[M].上海:复旦大学出版社,1988.

吴云,李春台.贾谊集校注[M].郑州:中州古籍出版社,1989.

刘安,等.淮南子[M].上海:上海古籍出版社,1989.

董仲舒.春秋繁露[M].上海:上海古籍出版社,1989.

郑玄,注.孔颖达,等,正义.黄侃,句读.礼记正义[M].上海:上海古籍出版社,1990.

吴光,等,编校.王阳明全集[M].上海:上海古籍出版社,1992.

华学诚.杨雄方言校释汇证[M].北京:中华书局,2006.

韩平格,主编.魏晋全书[M].长春:吉林文史出版社,2006.

孔安国.尚书正义[M].上海:上海古籍出版社,2007.

邵雍,撰.郭彧,整理.邵雍集[M].北京:中华书局,2010.

顾炎武.顾炎武全集[M].上海:上海古籍出版社,2012.

范应元.宋本老子道德经[M].北京:国家图书馆出版社,2017.

(四)译著

亚里士多德.形而上学[M].吴寿彭,译.北京:商务印书馆,1959.

伯特兰·罗素.西方哲学史[M].何兆武,李约瑟,译.北京:商务印书馆,1963.

W·C·丹皮尔.科学史及其与哲学和宗教的关系[M].李珩,译.北京:商务印书馆,1975.

北京大学哲学系外国哲学史教研室,编译.西方哲学原著选读[M].北京:商务印书馆,1981.

伯特兰·罗素.我的哲学的发展[M].温锡增,译.北京:商务印书馆,1982.

文德尔班.哲学史教程[M].罗达仁,译.北京:商务印书馆,1987.

梯利,著.伍德,增补.西方哲学史[M].葛力,译.北京:商务印书馆,1995.

弗兰西斯·培根.新工具[M].许宝骙,译.北京:商务印书馆,1997.

迈克尔·达米特.分析哲学的起源[M].王路,译.上海:上海译文出版社,

2005.

（五）期刊论文

周勤.论庄子的自由观与人生哲学——"逍遥游"三境界辨析［J］.中国社会科学,1985(1).

周可真.老子之"道"新解［J］.江苏社会科学,1993(5).

李廉.亚里士多德的归纳逻辑［J］.学海,1996(3).

邓球柏.内圣外王之道:《郭简·老子》的主题［J］.哲学研究,2004(1).

周可真.儒家学说中关于"天"的观念和信仰及其历史演变［J］.周易研究,2004(2).

周光庆."名"族词考论［J］.江汉大学学报(人文科学版),2007(6).

周可真.中国哲学、西方哲学、马克思主义哲学在哲学观上的会通——对当代中国哲学创新的元哲学及方法论思考［J］.中国社会科学(英文版),2009(3).

（六）论文集

黄钊.竹简《老子》的版本归属及其文献价值探微［C］∥.郭店楚简国际学术研讨会论文集,武汉:湖北人民出版社,2000.

二、外文文献

Christopher Hodgkinson.Toward a Philosphy of Administration ［M］. Oxford:Basil Blackwell Publisheder limited.

后　记

　　老子是中国学术史上深入系统地"究天人之际，通古今之变"的第一人，是中国传统哲学的奠基人和创立者。这是我对老子在中国学术史上的地位与作用的基本认识。研究中国哲学，必须研究老子哲学，以老子哲学研究作为中国哲学研究的基础，这是我对中国哲学研究路子的基本看法。

　　我对《老子》之书的研究，起初是出于撰写硕士学位论文(《王弼哲学诸范畴及其逻辑关系》)的需要，后来的研究是凭兴趣爱好，在自发状态下"业余"地进行的。因为从 1990 年起，我的有计划的学术研究是以"顾炎武"为课题，此项研究持续了近二十年，这期间顾炎武研究成为我学术研究的"正业"，但偶然还会利用"业余"时间，写《老子》研究论文。

　　本书是从我以往的《老子》研究成果中自选的一本论文集，共 13 篇(其中有7 篇被中国人民大学报刊复印资料全文转载，1 篇被《新华文摘》摘要转载)，分上下两卷：上卷为专题研究论文，内容包括《老子》的时间哲学、知识论、伦理观和治国智慧；下卷为比较研究论文，内容包括老庄思想的整体比较、儒道二家诚信观念的比较、儒道法三家内圣外王思想及国家治理思想的比较，以及儒释道三家思想之会通研究、老子哲学与古希腊亚里士多德哲学的整体比较。其中上卷以《论老子的时间哲学》(2019)为代表作，下卷以《历史哲学与思辨哲学之间：老子哲学与亚里士多德哲学之比较》(2023)为代表作，故以"老子的时间哲学和历史哲学"为书名。各卷篇次依论文发表时间先后编排。由于各个不同时期的正式出版物及同一时期的不同期刊在学术形式上的标准化要求互有差异，而出于种种原因其原文又或多或少存在着一些文字上的讹误与疏漏，故编辑本书时据时下正式出版物的普遍要求对收入本书的论文进行了统一修订，纠正了原文中的一些文字错误和表达错误,并对原文有少许删削和修改,还增补了个别注文,但所有原文的整体面貌一仍其旧,以尊重历史事实。

本书是缘起于我的硕士学位论文,故将此文和另外三篇与本书内容直接相关的文章一并附于书后。

周可真

2024 年 6 月 1 日,于姑苏寓室